W0012511

Über die Autorin

Dr. Gabi Pörner ist Psychologin, Expertin für Persönlichkeitsentwicklung und den Aufbau mentaler Stärke. Sie ist NLP-Lehrtrainerin, ausgebildet in Hypnotherapie und Somatic Experiencing, einer hochwirksamen Methode zur Lösung von massivem Stress und Trauma. Seit 25 Jahren ist sie selbstständige Trainerin und Coach für Führungskräfte, Hochleistungssportler und Privatpersonen. Ihr Ziel ist es, Menschen zu ermutigen und zu inspirieren, ihre eigenen Kraftquellen zu aktivieren, wirksame Lösungen zu finden und ihr wahres Potenzial zu leben. Dabei verbindet sie einen praxisnahen, stärkeorientierten Ansatz mit Lebensfreude und Humor.

Gabi Pörner

NEIN sagen will gelernt sein

Erfolgreich Grenzen setzen

Ullstein

Besuchen Sie uns im Internet:
www.ullstein-taschenbuch.de

Allegria im Ullstein Taschenbuch

Ullstein Taschenbuch ist ein Verlag der
Ullstein Buchverlage GmbH, Berlin.
Originalausgabe im Ullstein Taschenbuch
1. Auflage Oktober 2013
2. Auflage 2013
© 2013 by Ullstein Buchverlage GmbH, Berlin
Umschlaggestaltung: ZERO Werbeagentur München
Umschlagillustration: © FinePic®, München
Satz: Keller & Keller GbR
Gesetzt aus der Caslon
Papier: Pamo Super von Arctic Paper Mochenwangen GmbH
Druck und Bindearbeiten: CPI books GmbH, Leck
Printed in Germany
ISBN 978-3-548-74570-1

Inhalt

Bewusst das Leben ändern – jetzt oder nie!

> In dem Augenblick, in dem du
> von etwas überzeugt bist,
> von diesem Augenblick an wird
> dein Traum Wirklichkeit werden.
>
> Paul Collier (*1949)

Vielleicht kommt Ihnen das bekannt vor:

- Sie haben fast immer ein offenes Ohr für die Sorgen und Nöte anderer Menschen.

- Sie haben immer wieder das Gefühl, dass alles nur an Ihnen hängen bleibt.

- Sie lassen sich von bestimmten Personen immer wieder überrumpeln und können sich schlecht wehren.

- Sie haben Angst vor Fehlern, Kritik und Konflikten.

- Sie haben ein schlechtes Gewissen, wenn Sie die Bitte eines anderen abschlagen.

- Sie arbeiten zu viel und haben kaum einen Feierabend.

Wenn das so ist, dann geht es Ihnen ähnlich wie vielen anderen Menschen. Willkommen im Klub!

Es gibt eine Vielzahl von Situationen – beruflich wie privat –, in denen es uns schwerfallen kann, Nein zu sagen, uns abzugrenzen und uns für unsere ureigenen Belange einzusetzen. Dafür übernehmen wir Aufgaben für andere, lassen uns vieles aufbürden oder wollen alles perfekt erledigen. Wir fühlen uns überwältigt von äußeren Anforderungen und Erwartungen und tanzen kräftezehrend auf verschiedensten Hochzeiten. Wir glauben, immer mehr in immer kürzerer Zeit leisten zu müssen, fühlen uns hektisch getrieben und dauergestresst, bewegen uns wie der berühmte Hamster im Rad und kommen kaum noch zur ersehnten Ruhe. Wir kommen kaum mehr zu uns. Wer sich viel aufbürdet, hat schwer zu tragen!

Und möglicherweise kennen Sie auch das: Sie bleiben wieder länger im Büro, wollen nur noch schnell diese eine dringende Aufgabe erledigen, obwohl Sie längst müde sind und sich nicht mehr konzentrieren können. Oder Sie haben sich fest vorgenommen, bei einer bestimmten Person das nächste Mal Nein zu sagen. Aber im entscheidenden Moment sagen Sie doch wieder Ja und ärgern sich über sich selbst nach dem Motto »Ich Depp, hab ich es wieder nicht geschafft, Nein zu sagen!«.

Damit bleibt alles beim Alten. Nicht ganz – innere Unzufriedenheit, Frust und Unmut wachsen, und das Selbstwertgefühl geht langsam, aber sicher in den Keller. Es können auch noch Symptome wie Rückenschmerzen, Konzentrations- oder Schlafstörungen hinzukommen und schließlich ein Burn-out als Ende vom Lied.

Doch das muss nicht sein.

Frauen haben oft Schwierigkeiten, sich in Beziehungen abzugrenzen, Männer dagegen bei ihrer Arbeit. Wer immer wieder die Erfahrung gemacht hat, in bestimmten Situationen Ja zu sagen, obwohl er eigentlich Nein sagen will, hat nicht selten das ungute, nagende und überaus frustrierende Gefühl, festzustecken. Doch genau wegen solch unliebsamer Gefühle beginnt ein wichtiger Erkenntnisprozess: In Ihrem Inneren bahnt sich etwas Neues an, und eine leise, vage Ahnung kann sich urplötzlich in die sichere Gewissheit verwandeln:

»So kann es nicht weitergehen!«

»Jetzt reicht es – ich muss was ändern!«

Diese Entschiedenheit ist die wichtigste Voraussetzung für eine Veränderung, denn jetzt wissen und spüren Sie klar und deutlich: **Ich muss und will etwas ändern – und zwar jetzt!**

Allein dieser Entschluss verändert Ihr mentales, emotionales und körperliches System. Von diesem Augenblick an gehen Ihre Gedanken in eine neue Richtung: Sie fragen sich nicht mehr: »Wieso kann ich nicht Nein sagen?«, sondern:

»Wie komm ich aus der Sackgasse raus?« »Wie schaff ich es, mich rechtzeitig abzugrenzen und Nein zu sagen?« »Wie kann ich mich selbst behaupten?«

Damit verbunden ist eine gewisse Aufregung und Neugier. Verschüttete Lebensgeister werden wach, Kraft und Energie werden aktiviert. Mit dieser inneren Klarheit eröffnen sich neue Wege. Jetzt sind Sie nicht mehr bereit, eine verletzende, kränkende Situation hinzunehmen. Jetzt sind Sie von innen heraus motiviert, Ihr Leben aktiv in die Hand zu nehmen, auch wenn Sie noch nicht genau wissen, wie es gehen soll.

Alles Leiden hat einen tieferen Sinn. Es kratzt an den Grundfesten unseres Selbstbildes und rüttelt uns so lange, bis wir an den Punkt kommen, konkret etwas zu verändern und Neues tatkräftig anzupacken. Unzufriedenheit und Ärger, aber auch Neugier auf Neues wecken die Bereitschaft, uns auf ungewohntes Terrain einzulassen, und sind ein Zeichen der Sehnsucht nach einem authentischen, eigenen Leben.

Mich interessiert seit vielen Jahren das Thema, nicht zuletzt deshalb, weil auch ich erst lernen musste – und in manchen Situationen immer noch lerne –, mich angemessen und konstruktiv abzugrenzen. Früher sagte ich oftmals fraglos Ja, ging mit zum Skifahren, obwohl ich lieber zu Hause geblieben wäre, nahm Einladungen an, obwohl ich müde war. Ich ließ mich von der Verkäuferin überreden, Klamotten zu kaufen, obwohl sie mir nicht sonderlich gefielen. Oder ich stieß andere Menschen mit meinem abrupten Nein völlig vor den Kopf. Zufrieden war ich mit beiden Verhaltensweisen nicht, ich fühlte mich in beiden Fällen unwohl.

Ich stellte aber auch fest, dass es vielen Menschen ähnlich geht wie mir … sowohl im Berufs- als auch im Privatleben. Deswegen erforschte ich, was uns wirklich daran hindert, uns erfolgreich abzugrenzen, und wie wir wertschätzend und mit gutem Gewissen Nein sagen können. Systematisch beschäftigte ich mich mit folgenden grundlegenden Fragestellungen:

- Warum sagen wir Ja, obwohl wir Nein sagen wollen?

- Was müssen wir verändern, damit wir erfolgreich Grenzen setzen können?

- Wie können wir in unserer Kraft und Stärke bleiben, dabei wertschätzend mit Kritik, Konflikten und Grenzen umgehen?

Wer Ja sagt, obwohl er eigentlich Nein sagen will, verurteilt sich oft dafür und hält sich für schwach. Jedoch wird dabei vergessen, dass das Ja-sagen-Können auch eine wesentliche Stärke und wichtige Kompetenz ist. Durch das Jasagen haben wir gelernt, uns auf andere Menschen einzustellen. Wir können uns – je nach Situation – mit anderen freuen, sie trösten, ermutigen und geben ihnen alles, was diese brauchen. Wir machen es anderen recht, schenken ihnen unsere ganze Zuwendung und nehmen uns selbst bescheiden zurück. Diese Fähigkeiten sind essenzielle Grundqualitäten, die maßgeblich zum Erhalt und Fortbestand einer jeden Gesellschaft beitragen. Gleichgültig, ob bei Kindererziehung, in sozialen Berufen, bei Teamarbeit oder wertschätzender Kommunikation – diese Fähigkeiten gehören zum elementaren Rüstzeug des Miteinanders.

Doch genauso wichtig ist das Ausdrücken der eigenen Individualität, das sichere Abgrenzen, das selbstbewusste Vertreten der eigenen Ansichten.

Jeder Mensch hat das Recht, *eigensinnig* zu sein. Er hat das Recht, die *eigenen* Vorstellungen in ihrer ganzen Vielfalt zu leben und das Leben aktiv so zu gestalten, wie es für ihn stimmig ist.

Und er hat das Recht, sich um sich selbst zu kümmern, der *eigenen* inneren Stimme Gehör zu schenken und den *eigenen* Standpunkt effektiv zu vertreten.

Ist das nicht zu egoistisch? So fragen Sie sich vielleicht.

Natürlich können Sie weiterhin andere unterstützen, natürlich können Sie sich um andere kümmern, doch auch Sie brauchen Tankstellen für Ihre Kraft und Energie. Auch Sie brauchen Zeit für sich, für Rückzug und Regeneration, damit Sie dann wieder engagiert nach außen gehen können. Auch Sie brauchen intakte Grenzen, damit Sie eine dynamische Balance von Geben und Nehmen, von Engagement und Erholung, von Nähe und Distanz herstellen können.

In diesem Buch geht es um Sie. Es bietet Ihnen Raum für neue Erfahrungen und gibt Anregungen, wie Sie selbstbewusst zu sich stehen und sich angemessen abgrenzen können.

Im Einzelnen werden Sie

- verstehen, warum Sie bisher zu viel gegeben und zu wenig bekommen haben,

- lernen, mehr auf sich zu hören, die eigenen Bedürfnisse zu beachten sowie übernommene Glaubenssätze, Normen und Regeln zu hinterfragen,

- lernen, sich freundlich und erfolgreich abzugrenzen *und* über die eigenen Grenzen hinauszuwachsen, aber auch Grenzen anderer zu beachten,

- Ihre Beziehungen zu anderen Menschen entscheidend verbessern und dabei gelassener bleiben,

- erprobte Methoden kennenlernen, wie Sie sicher mit Kritik und Konflikten umgehen, ohne andere vor den Kopf zu stoßen.

Letztlich geht es aber um etwas viel Grundsätzlicheres: Es geht um Ihre eigene innere Stärke und Autorität, um Ihre Selbstachtung, um Selbstwertgefühl und Selbstvertrauen. Dabei spielen Selbstverantwortung, Akzeptanz, Mitgefühl mit sich selbst, Dankbarkeit und Vergebung eine bedeutende Rolle. In jedem Kapitel des Buches wird eine andere Facette des Themas behandelt. Es ist wie bei einem Puzzle, bei dem alle Teile gebraucht werden, damit sich am Schluss ein vollständiges Bild ergibt.

Das Ziel ist nicht, dass das frühere Ja jetzt durch ein kategorisches Nein ersetzt werden soll.

Das Ziel ist vielmehr,

- dass Sie bewusst und flexibel wählen können, was für Sie in der jeweiligen Situation sinnvoll erscheint – ob Sie Ja oder Nein sagen wollen.

- dass Sie bewusst Ja zu Ihrem Ja sagen und sich dabei wohlfühlen.

- dass Sie sicher Ja zu Ihrem Nein sagen und die Auswirkungen akzeptieren. Sie sind dann vielleicht nicht mehr so beliebt, aber stehen zu Ihren Bedürfnissen, Zielen und Ihrem Wort ... und werden gehört, geachtet und respektiert.

Nein sagen will gelernt sein!

Sie erhalten vielfach erprobte Übungen und Werkzeuge, mit deren Hilfe Sie für sich selbst gerade stehen, klar und ehrlich kommunizieren, mutig Konflikte lösen und beherzt leben können.

Doch gute Kommunikationsinstrumente allein reichen nicht. Mindestens genauso wichtig ist, unbewusste innere Bremsen zu lösen und Stolpersteine aus dem Weg zu räumen, damit Sie die hier vorgestellten Werkzeuge bei herausfordernden Gesprächen auch tatsächlich umsetzen können.

Vielleicht wundern Sie sich über Wiederholungen –, sie sind gewollt, denn nur Übung macht den Meister. Zudem beschränke ich mich der Einfachheit halber auf die sprachübliche männliche Form, indem ich zum Beispiel »derjenige« oder »der andere« schreibe.

Geben Sie sich ausreichend Zeit, sich offen und neugierig dem anstehenden Veränderungsprozess zu stellen und zu spüren, wie die einzelnen Themen, Beispiele und Übungen auf Sie wirken und was Sie konkret davon umsetzen wollen, getreu dem Motto:

Es gibt nichts Gutes, außer – Sie tun es!

Das Leben ist zu bunt, um Trübsal zu blasen!

Zu oft Ja gesagt – langfristiger Preis bei kurzfristigem Gewinn

> Das Übermaß an Leiden erfordert,
> dass wir uns jede Heilungs-
> möglichkeit zunutze machen.
>
> Tom Johanson

Jedes Verhalten hat Konsequenzen, manche sind angenehm und bestätigen uns, manche sind unangenehm – und wir bezahlen einen hohen Preis.

Denken Sie zum Beispiel an ein wunderbares, abwechslungsreiches Abendbuffet, bei dem es all die erlesenen Köstlichkeiten gibt, die Sie so gerne mögen … angefangen von den feinsten Vorspeisen, Salaten über schmackhafte Hauptgerichte bis hin zu leckeren Desserts und exquisiten Süßigkeiten. Wie leicht kann es da passieren, dass Sie, obwohl Sie längst satt sind, doch noch einen Nachschlag holen. Das mag zwar an dem Abend ein ausgesprochen vergnüglicher Genuss sein, doch wenn Sie dann am nächsten Tag auf der Waage stehen, zeigt sie ein Kilo mehr an. Wahrscheinlich mögen Sie diese Konsequenz des vorangegangenen Schlemmerbuffets nicht so gerne!

Oder eine Freundin bittet Sie, bei einer Sportmesse am Stand auszuhelfen. Obwohl Sie müde sind und wenig Kraft haben, sagen Sie zu und schleppen sich dann kraftlos durch den Messetag.

Warum Ja und nicht Nein?

Bestimmt haben auch Sie schon den einen oder anderen Preis für Ihr Verhalten bezahlt, weil Sie zu diesem bestimmten Zeitpunkt nicht rechtzeitig zu sich oder anderen Menschen Nein gesagt und Ihre wirkliche Meinung verschwiegen haben.

»Wahrheit macht frei« heißt es ... Und es stimmt. Wahrheit macht frei, frei für ein erfülltes und selbstbestimmtes Leben.

Doch sie kann auch erst einmal wehtun, wenn uns bewusst wird, welche tatsächlichen schmerzlichen Auswirkungen es hat, wenn wir andere über uns bestimmen lassen und das Heft – ungewollt – aus der Hand geben, wie folgendes Beispiel aus dem Berufsleben zeigt:

Britta und Nathalie waren Kauffrauen in einem IT-Unternehmen. Beide waren fachlich kompetent, und eine von beiden sollte Teamleiterin werden. Beide machten sich Hoffnungen darauf. Nathalie ging ihren eigenen Aufgaben nach, war freundlich und entgegenkommend, doch mit einem gewissen Abstand zu allen. In Meetings vertrat sie ihre Meinung, auch wenn nicht immer alle damit einverstanden waren. Sie war anerkannt und respektiert. Britta war das Arbeitstier im Team – sie war unermüdlich im Einsatz, blieb abends länger, riss diverse lästige Arbeiten, die in der Abteilung anfielen, an sich, kaufte kleine Geschenke für die Geburtstage ihrer Kollegen und organisierte die Weihnachtsfeiern. Sie war zudem Ansprechpartnerin für deren Sorgen und Nöte oder arbeitete neue Mitarbeiter ein. Sie erledigte dies mit Feingefühl, Elan und Tatkraft, war allseits beliebt, hatte für jeden ein aufmunterndes Wort und machte insgesamt einen guten Job. In Meetings orientierte sie sich an ihrem Chef, pflichtete ihm stets bei, wenn er etwas sagte. Sie wollte Konflikte und Konfrontationen vermeiden.

Nathalie wurde Teamleiterin mit der Begründung: »Britta, Sie setzen sich so für unser Unternehmen und die Kollegen und Kolleginnen ein, es wäre eine Überforderung, wenn Sie jetzt auch noch Teamleiterin würden ... Und wir glauben, dass Sie noch nicht über die genügende Autorität verfügen, auch mal unbequeme Entscheidungen mitzutragen und durchzusetzen.«

Britta war enttäuscht und verletzt, schämte sich, fühlte sich missverstanden und benachteiligt. Sie hatte doch nur das Beste für die Firma gewollt!!!

Dieses einschneidende Erlebnis war für Britta Anlass, über ihr Verhalten nachzudenken, denn eines war ihr klar: Sie wollte aus dieser Erfahrung lernen, damit ihr das nicht noch mal passierte!

Was waren die Gründe, warum Britta den Job als Teamleiterin nicht bekam, obwohl sie fachlich gute Voraussetzungen mitgebracht hatte?

- Britta lag so viel an einem guten Verhältnis zu Kollegen, dass sie sich zu sehr von anderen vereinnahmen ließ und daraus ihr Selbstwertgefühl bezog.

- Sie spielte die Rolle der selbstlosen Helferin in der Abteilung und versprach sich dadurch beruflichen Aufstieg. Ihre Aufmerksamkeit war ständig bei den anderen – sie war stets darauf bedacht, sich möglichst beliebt zu machen und wurde von ihren Kollegen übervorteilt, ohne dies wirklich zu bemerken.

- Hinter ihrem Rücken wurde getuschelt: »Die macht doch alles, wenn man sie nur nett bittet.« Sie wurde nicht mehr ernst genommen und in ihrer Fachkompetenz unterschätzt.

- Sie verlor die Priorität ihrer ureigenen Aufgaben aus den Augen und kam manchmal erst abends dazu, diese zu erledigen.

- Sie hatte Angst davor, einen eigenen Standpunkt zu beziehen. Es war so, als ob sie ein inneres Selbstbestimmungsverbot hatte. Dadurch traute ihr Chef ihr nicht zu, eigene Entscheidungen zu treffen und sich gegenüber anderen durchzusetzen.

Insgesamt hatte Britta durch ihr Jasagen und ihre außerordentliche Hilfsbereitschaft einen hohen Preis bezahlt:

Sie hatte weder den Job, den sie wollte, noch die Anerkennung von den Kollegen und ihrem Chef bekommen. Das war sehr bitter für sie!

Welchen kurzfristigen Gewinn brachten ihre Verhaltensweisen?

Indem sie sich in Meetings auf die Seite ihres Chefs schlug, fühlte sie sich geschützt, entlastet und war automatisch auf der richtigen Seite. Ihr war harmonische Atmosphäre wichtig, daher scheute sie Auseinandersetzungen und Konflikte. So schluckte sie jede kleine Meinungsverschiedenheit ihrerseits hinunter, um den vermeintlichen Frieden zu sichern.

Indem sie sich sehr für andere einsetzte, erntete sie – kurzfristig – ein Lächeln, einen Dank und fühlte sich in ihrer Rolle als »Mutter der Abteilung« bestätigt, anerkannt und wichtig.

Was nun?

Nachdem sich Britta von ihrem Schock, nicht befördert worden zu sein, erholt hatte, will sie nun aufrichtig

- ihre Einstellungen und ihre Verhaltensweisen auf Sinnhaftigkeit, Zweckdienlichkeit und Nutzen untersuchen.

- herausfinden, warum sie sich bislang nicht getraut hatte, ihren eigenen Standpunkt zu vertreten.

- sich mehr um ihre eigenen Angelegenheiten und Aufgaben kümmern.

- Nein sagen üben und lernen, erfolgreich Grenzen zu setzen.

Keine leichte Aufgabe, aber lohnenswert!

* * *

Nicht nur im Beruf, sondern auch im Privatleben zieht unser Verhalten Konsequenzen nach sich, wenn wir automatisch Ja sagen und die Erwartungen anderer erfüllen. Vielfach schleicht sich zwischen Partnern nach und nach ein bestimmtes Verhaltensmuster ein, das beiden nicht bewusst ist, doch unliebsame Auswirkungen haben kann!

Rudi und Elke waren seit mehreren Jahren verheiratet, beide arbeiteten. Rudi, Ingenieur, liebte sie sehr und tat alles für eine gute Beziehung. Er kaufte ein, kümmerte sich um den Hund, kochte abends und wollte es gerne gemütlich haben. Elke, Immobilienfachfrau, war sehr selbstbewusst. Sie wusste genau, was »richtig« und was »falsch« war, und tat dies bei jeder Gelegenheit kund. Rudi wollte abends seine Ruhe, hatte kein Interesse an ewigen Diskussionen, Auseinandersetzungen, Konflikten und passte sich ihr mehr und mehr an in der Hoffnung, Elke würde irgendwann auch mal ruhiger. Doch das Gegenteil war der Fall. Je mehr Rudi sich zurückzog, desto mehr mäkelte Elke an allem herum, was Rudi sagte, bis er gänzlich auf seine Meinung verzichtete und ihr von vornherein recht gab. Sie mischte sich ein, wie er sich kleidete, was er aß und trank – kontrollierte schließlich sein ganzes Leben und fühlte sich wie eine strenge Mutter, die ihrem Kind sagen musste, was es zu tun hatte. Rudi ärgerte sich zwar innerlich über ihr ungehöriges Verhalten, litt aber äußerlich stumm vor sich hin, wurde antriebslos, frustriert.

Er zog aus dem gemeinsamen Schlafzimmer in den Hobbykeller des Hauses, als Elke sich darüber beschwerte, wie laut er nachts atmete (!). Schließlich bekam Rudi starke Magenschmerzen und wurde krank.

Wie konnte es sein, dass Elke immer »böser« wurde, er immer »braver« und alles für sie tat, um sie zu besänftigen? Wieso mischte sie sich in alle Bereiche seines Lebens ein? Warum machte sie ihm ständig Vorschriften, wie er zu sein hatte und was er tun sollte, sodass er nur noch den Ausweg sah, in den Keller zu ziehen, um – wenigstens dort – ungestört sein zu können?

Dieses Beispiel zeigt, was geschehen kann, wenn wir andere wichtiger nehmen als uns selbst.

- Je mehr sich Rudi gefallen ließ, desto mehr zog er sich in sein Schneckenhaus zurück.

- Er orientierte sich an seiner Frau und tat alles, um ihren Erwartungen zu entsprechen.

- Er konzentrierte sich auf ihre Bedürfnisse und Wünsche, gab zunehmend seine Selbstverantwortung ab und fühlte sich fremdbestimmt.

- Er litt unter Schuld- und Schamgefühlen, weil sie immer etwas an ihm auszusetzen hatte. Er strengte sich an, es ihr doch noch recht zu machen, und wollte dafür anerkannt werden.

- Er bekam die Anerkennung nicht, wurde zunehmend frustriert, passiv, hilflos ausgeliefert und handlungsunfähig, während sie ihn immer mehr kontrollierte.

- Er konnte sich ihr gegenüber nicht abgrenzen und zog in den Keller, um Abstand zu bekommen und endlich seine Ruhe zu haben.

- Er fühlte sich als Opfer seiner übermächtigen Frau und wurde schließlich krank.

Offensichtlich war es ihm nicht möglich, den Forderungen seiner Frau gegenüber Einhalt zu gebieten. Er litt massiv unter einem Aggressions- und Selbstbestimmungsverbot. Seine Eltern waren streng gewesen, sie hatten keinerlei Widerspruch geduldet. Und falls er doch etwas Eigenständiges gemacht hatte, war er sehr hart bestraft worden. Er hatte gelernt, sein *Eigenes* zu schützen, indem er sich innerlich zurückzog und tat, was seine Eltern von ihm erwartet hatten. Er passte sich ganz deren Wünschen und Forderungen an, auch um die überlebenswichtige Bindung zu seinen Eltern aufrechtzuerhalten, und tat so, als ob alles in Ordnung wäre! Diese Loyalität ihnen gegenüber war als Kind wichtig, doch sie dominierte auch sein Erwachsenenleben. Er verhielt sich weiterhin entsprechend den Regeln, die er als Kind gelernt hatte. So ist Rudis Verhalten aus seiner Lebensgeschichte heraus nachvollziehbar. Während er in seiner Ehe in die Rolle des Kindes zurückgefallen war, hatte seine Frau die der strengen Mutter übernommen. Nachdem ihm die Dynamik allmählich bewusst wurde, hat er jetzt die Chance, diesen Kindheitsmustern zu entwachsen und eigene Wege zu gehen. Nun kann er vom Opfer zum Regisseur und Gestalter seines Lebens werden.

Wer sich als Opfer fühlt, hat keine Wahl

Was bedeutet es, wenn man sich als Opfer erlebt?

Mich hatte es zunächst interessiert, woher der Begriff »Opfer« stammt. Ursprünglich wurde er im religiösen Sinn verwendet und bezeichnet

• das Überreichen von lieb gewonnenen und wertvollen Gegenständen an eine Gottheit, eine übermenschliche Macht oder aber an einen Menschen,

• die man zu seinen Gunsten beeinflussen und milde stimmen, deren Anerkennung und Achtung man erringen will,

• um auf diese Weise ein verloren gegangenes Gleichgewicht wiederherzustellen.

Mit dem Opfern verbunden ist also der freiwillige Verzicht auf etwas, weil man etwas noch Wichtigeres, noch Bedeutenderes damit erreichen will.

In fast jeder Kultur gibt es Opfergaben mit den zugehörigen Opferritualen, so auch im Christentum. Wie stark dieser zweckgebundene Opferglaube ist, zeigt die christliche Nächstenliebe, das selbstlose Handeln im Dienst am Nächsten in der Hoffnung auf einen sicheren Platz im Himmel. Opfergaben können aus Angst vor Gewalt, wobei es tatsächlich um das Überleben gehen kann, aus Scham, Schuld, Sorge, aus Sünde zur Wiedergutmachung eines vermeintlichen, realen oder moralischen Unrechts gegeben werden. Sie können aber auch als ein freiwilliger Verzicht auf etwas Wertvolles, aus Liebe, Hingabe, Ehrfurcht und Dank erfolgen.

Im heutigen säkularisierten Sinn wird als »Opfer« jemand bezeichnet, der etwas erleidet, und als »Täter« jemand, der aktiv etwas tut, wobei sich das Opfer als abhängig vom Täter erlebt.

Dabei ist es wichtig, die Dynamik, Wechselwirkung und Art der Kommunikation zwischen beiden zu betrachten, denn oftmals fühlt sich der »Täter« selbst als »Opfer,« und das »Opfer« kann nicht wahrnehmen, dass es oftmals auch »Täter« ist.

Ich möchte an dieser Stelle darauf hinweisen, dass ich in diesem Buch nicht über die Auswirkungen sexueller oder handgreiflicher Gewalt, nicht über gravierende Schocktraumen schreibe, sondern über alltägliche Situationen, die schmerzlich genug sind und bei denen wir uns als Opfer fühlen können.

Wir können uns als unschuldiges Opfer des schrecklichen Chefs, des egoistischen Partners oder der ignoranten Familienmitglieder fühlen, wir können den anderen die Schuld an unserem Leid zuschieben, in Selbstmitleid versinken und ihnen heimlich oder tatsächlich Vorwürfe machen, weil diese uns missverstehen, unseren Einsatz nicht genug würdigen und unsere wahre Größe nicht erkennen. Doch das ändert nichts.

Wir können uns noch so sehr wünschen, dass die anderen sich für uns verändern mögen und endlich unsere Erwartungen erfüllen, damit es uns besser geht, doch in aller Regel tun sie's nicht. Leider!

Um eine Beziehung zu anderen zu verbessern, müssen wir unser eigenes Denken und Verhalten genau unter die Lupe nehmen, unseren eigenen Anteil an der Beziehungsdynamik erkennen und unsere *eigenen* Denk- und Verhaltensweisen verändern, wenn wir das wollen.

Wer sich als Opfer fühlt, hat keine Wahl

Kein Mensch, der sich als Opfer fühlt, macht das bewusst. Er kann in dem Augenblick nicht anders denken und handeln, sonst würde er es tun. Wer sich als Opfer fühlt, lebt ständig in der Angst, dass etwas Unangenehmes passieren könnte oder dass er »nicht gut genug« ist. Er ist ständig auf der Hut, in Habachtstellung, will den anderen beschwichtigen, es ihm recht machen und erfüllt im vorauseilenden Gehorsam dessen Bedürfnisse und Erwartungen, um ja keinen Konflikt oder gar Streit herbeizuführen. Doch genau dadurch, dass er dem anderen beinahe selbstverständlich zustimmt und sich zurücknimmt, entstehen langfristig Ressentiments und unausgesprochene Konflikte zwischen ihm und anderen. Und – schwelende Konflikte rauben Kraft, die uns dann bei unserer aktiven Lebensgestaltung fehlt.

Demjenigen, der sich zurückhält, geht es nicht gut. Er fühlt sich langfristig unwohl in seiner Haut, doch irgendetwas hält ihn zurück, seine eigene Meinung zu äußern. Er ist blockiert, spürt eine Diskrepanz zwischen dem, was er will, und dem, wie er sich nach außen darstellt. Er spielt unbewusst die Rolle des Kindes, das niemandem wehtun und von Mutter und Vater geliebt werden will. Diese unbewusste Rolle geht auf Kosten seiner Eigenständigkeit. Er wird unzufrieden, sabotiert seine Würde und Selbstachtung.

Zudem erzeugt eine Opferhaltung in anderen Menschen Ärger sowie Verachtung, führt nicht selten zu sadistischen Verhaltensweisen dem »Opfer« gegenüber, sodass dieses sich zunehmend unterwürfiger verhält, um den »Täter« versöhnlich zu stimmen, wie Sie auch am folgenden Beispiel sehen können.

Eva, 42, war lange Zeit mit einem über 15 Jahre älteren erfolgreichen Kaufmann verheiratet. Sie hatten zwei Kinder, die beide das Gymnasium besuchten. Der Ehemann war über die Maßen fordernd, flirtete mit sämtlichen Frauen – auch gerne in ihrem Beisein, wertete sie vor anderen ab und schrie sie nicht selten an. Eva nahm dieses schweigend hin. Sie tat alles für ihn, war eine wunderbare Köchin, versorgte alleine das große Haus mit dem riesigen Garten und war eine gute Gastgeberin, wenn ihr Mann überraschend Gäste mit nach Hause brachte. Bei diesen Gelegenheiten gab er sich großzügig und gönnerhaft.

Sie sprach recht leise, hatte eine leicht gebeugte Haltung, war nachsichtig und langmütig. »Er kann halt nicht anders«, meinte sie. Freundinnen schüttelten immer wieder den Kopf und rieten ihr: »Geh doch endlich weg, leb dein eigenes Leben.« Als ob das einfach so ginge!

Eva konnte sich lange nicht gegen ihren Mann wehren, sie schluckte seine Aggressionen, seinen Zynismus, seine Abwertungen. Indirekt nahm sie Rache und flirtete tagsüber im Fitnessstudio oder beim Einkaufen mit anderen Männern.

Um selbstständiger zu werden und sich für den Arbeitsmarkt fit zu machen, machte sie an der IHK eine Weiterbildung zur Immobilienfachwirtin und begann, zunächst halbtags bei einem Makler zu arbeiten. Ihr Mann ärgerte sich über ihre zunehmende Eigenständigkeit und konnte schlecht damit umgehen, dass sie langsam seinen Kontrollen entglitt und eigene Wege beschritt. Als sie in ihrem Beruf sicherer wurde, schaffte sie es, sich von ihrem Mann zu trennen. Inzwischen arbeitet sie ganztägig in dem Immobilienbüro und ist sehr zufrieden mit ihrem Leben.

Wie lässt sich diese Dynamik nachvollziehen?

Viele Jahre klammerte sich Eva an ihren Mann, sah in ihm die unangefochtene Autorität, die ihr finanzielle Sicherheit gewährte. So musste sie nicht selbst für ihr Einkommen sorgen. Als ungelernte Arbeitskraft hatte sie Angst, in das Berufsleben einzusteigen. Mit der Geburt ihrer Kinder empfand sie ihre Stellung innerhalb der Familie als gefestigt, hatte sie doch ihre Pflicht getan und für Nachwuchs gesorgt. Zudem wurde sie durch ihren Mann aufgewertet, genau wie er, der sich mit einer jungen, attraktiven Frau an seiner Seite schmücken konnte. Eva hatte exzellente Manieren und spielte unbewusst die Rolle der wohlerzogenen Tochter. Sie forderte so von ihrem Mann Aufmerksamkeit, Zuwendung und Unterstützung; zudem war es vordergründig bequem und praktisch, ihm die Verantwortung für das eigene Leben zu überlassen. Sie machte sich selbst klein, damit wurde er automatisch größer.

Solche komplementären Rollenkonstellationen, bei denen der Mann den Starken verkörpert und die Frau die Schwache (gelegentlich auch in umgekehrter Dynamik), sind in unserer Gesellschaft prototypisch. Sie besitzen oft eine erstaunliche Stabilität und verlangen unbewusst, dass beide Partner das gemeinsame Muster anerkennen und beibehalten.

Evas Ehemann ähnelte ihrem Vater. Auch dieser war sehr fordernd gewesen und hatte ein eigenes Geschäft. Eva hatte früh gelernt, dass sie charmant sein, ihn unterstützen und bei seinen Launen stillhalten musste. So orientierte sie sich zuerst an ihrem Vater, später an ihrem Mann und unterdrückte weitgehend ihre eigenen Bedürfnisse und Wünsche. Mit dessen Vorwürfen über ihre beginnende Selbstständigkeit wollte der Ehemann sie ins Unrecht setzen, ihr Schuldgefühle einjagen, damit sie sich wieder mit ihrer alten Rolle begnügen sollte!

»Das Opfer vergisst nicht so schnell wie der Täter.«

Gert von Paczensky

Eva hatte sich über Jahre als Opfer erlebt, ihren eigenen Ärger weitgehend unterdrückt und sich mit den Werten und Normen ihres Vaters, dann mit denen ihres Mannes identifiziert und sich deren Erwartungen unterworfen. Lange glaubte sie, nichts ändern zu können. Das geschieht keineswegs bewusst, sondern ist das Resultat eines langen Konditionierungsprozesses, der oftmals mit einem Entwicklungstrauma verbunden ist, bei dem Angst, Hilflosigkeit und Ohnmachtsgefühle so stark sind, dass Unterwerfung unter den Willen eines anderen als einziges Mittel der Wahl gesehen wird, um die Angst aushalten zu können. Dabei wird das *Fremde* aus Selbstschutz übernommen. Taucht nun im Erwachsenenleben eine vergleichbare Situation auf, so ist der Regressionsdruck so stark, dass eine Überlappung der frühkindlichen mit der gegenwärtigen Situation entsteht – verbunden mit allen plötzlich wieder auftauchenden Ängsten und körperlichen Reaktionen von früher inklusive der Unterwerfung unter ihren Mann. Ihre unbewusste Hoffnung war, dass er sie endlich lieben würde, wenn sie nur lange genug nachsichtig, lieb und nett war! Das war ihre unrealistische Erwartung. Deshalb hat Eva für ihren Mann alles getan, was er wollte.

Doch es regten sich immer wieder eigene Strebungen, die sofort massiv alte Ängste, Schmerzen und Schuldgefühle aktivierten. »Ja, ich weiß, dass ich ihn verlassen müsste. Ja, ich weiß, er behandelt mich wie ein kleines Kind, aber ich weiß auch nicht, warum ich bei ihm bleibe«, sagte Eva oft und nahm dabei lange Zeit weder ihre Angst noch ihre Identifikation mit den Werten ihres Mannes wahr. Sie glaubte lange, dass sie selbst »irgendwie nicht in Ordnung« war und Schuld hatte an den Launen ihres Mannes.

Durch ihre zunehmende Bewusstheit verstand sie diese Zusammenhänge allmählich und erkannte, dass auch sie einen Anteil an der Situation hatte. Sie nahm wahr, dass ihre unbewussten Einstellungen ihrem Mann erlaubt hatten, sie immer wieder abzuwerten und schlecht zu behandeln. Sie erkannte, dass sie früher – wie auch ihre Mutter - geglaubt hatte: »Ich muss alles tun, damit mein Mann zufrieden ist.« Und: »Ich muss brav sein, damit ich geliebt werde.«

Sie erkannte, dass sie *jetzt* andere Wahlmöglichkeiten hatte als früher. »Schließlich bin ich auch wer«, stellte sie klar und lernte durch das Coaching, sich aus den Schatten der Vergangenheit zu lösen. Sie konnte sich nicht nur aus der Rolle der braven Tochter befreien, sondern auch aus der einer folgsamen Ehefrau. Sie wurde lebendiger, bekam mehr Energie und lernte, mehr auf ihre eigenen Bedürfnisse zu achten. Sie lernte, klar Stellung zu beziehen, sich erfolgreich abzugrenzen – und blieb dabei, obwohl ihr Mann entweder durch Schmeicheleien oder erneute Abwertungsversuche sie wieder in die Schranken weisen wollte. Während sie sich früher oft fremdbestimmt fühlte, hatte Eva nun entdeckt, dass es durchaus Spaß machte, zu sich selbst zu stehen und bewusst Ja oder Nein zu sagen. So entwickelte sie sich zu einer erwachsenen Frau mit eigenen Vorstellungen, Bedürfnissen und Interessen und war schließlich in der Lage, sich ganz aus diesem System zu lösen.

Gefangen in der Opferrolle

Ich glaube, dass viele Menschen das tiefe Leid und die innere Verzweiflung eines Menschen, der sich als Opfer fühlt, nicht wirklich wahrnehmen und nachvollziehen können. Sie verstehen nicht, dass sich »Opfer« ausweglos gefangen fühlen, sich als hilflos, ohnmächtig und manchmal sogar hoffnungslos erleben. »Opfer« haben die Werte und Vorstellungen des »Täters« übernommen und sich mit ihnen identifiziert. Sie leiden unter mangelndem Selbstwertgefühl und sind vom Wohl und Wehe des anderen abhängig. Sie setzen sich unendlich ein, tun fast alles, um andere zu unterstützen, deren Ansprüche perfekt zu erfüllen und ihnen zu gefallen.

Dabei fühlen sie sich übergangen, missachtet, isoliert … und meinen oftmals, dass alle anderen besser, kompetenter, durchsetzungsfähiger, erfolgreicher sind als sie. Ihre negativen Gedanken halten sie für real. Sie grübeln und überlegen, was andere über sie denken könnten, haben Angst vor negativen Bewertungen und haben immer wieder das Gefühl, dass sie anders sein sollten, als sie sind. Bei Auseinandersetzungen und Kritik fühlen sie sich persönlich und als ganze Person angegriffen und schämen sich dafür, wenn ihnen ein Fehler passiert ist. Sie zweifeln an der eigenen Kompetenz.

Sie zweifeln an allem, nur nicht an ihrem Zweifel! Sie gehen hart mit sich ins Gericht. Selbstvorwürfe und Selbstbestrafung kommen bei ihnen wesentlich öfter vor als Selbstlob! Dadurch können sich Selbstwertgefühl und Selbstvertrauen nicht stärken und stabilisieren. So ist nachvollziehbar, dass sich im Lauf der Zeit immer mehr Groll und Aggressionen in ihnen anstauen, auch wenn diese noch so sehr unterdrückt werden. Und weil die Wut nicht direkt ausgedrückt werden darf, wendet sie sich nach innen und zeigt sich in Form von Nörgeln, Jammern, Klagen, Meckern, aber auch in Form von Depression oder Süchten aller Art.

Weil sie sich schlecht wehren können, laufen sie Gefahr, zum Mobbingopfer abgestempelt zu werden oder zum Sündenbock, genau wie Angehörige anderer Kulturen, Kinder und alte Menschen. Auf sie kann dann ungeniert die eigene Schwäche und Wut, der ganze Frust über das eigene Leben stellvertretend entladen werden. Auch Facebook oder Blogs sind eine ideale Plattform, um anonym und ohne Konsequenzen seinen Frust, Ärger oder gar Hass loszuwerden. Hier kann man andere hemmungslos schlechtmachen, sie erniedrigen und sich selbst dabei erhöhen. Nur, ändert das am eigenen Leben etwas? Wird es dadurch befriedigender?

Durch solcherlei Abreaktionen entlädt sich kurzfristig ein Überdruck, doch grundsätzlich bewegt sich nichts. Der Ärger über das eigene noch nicht gelebte Leben ist weiterhin da, und je mehr wir gelernt haben, den Erwartungen anderer zu entsprechen und unser eigenes Sein zu unterdrücken, desto frustrierter werden wir langfristig und desto größer wird auch die Möglichkeit, krank zu werden.

Doch auch Krankheit will letztlich etwas Gutes für uns: Sie entlastet uns eine Weile, uns dem Leben mitsamt der Verantwortung, seinen vielfältigen Aufgaben und Herausforderungen zu stellen. Sie gibt uns die Möglichkeit, uns von kränkenden Situationen zurückzuziehen und den notwendigen Abstand zum Alltag zu gewinnen. Wir können wieder zu uns finden, uns erholen und neue Kräfte sammeln.

Identifizieren sich Menschen unbewusst mit ihrer Rolle als Opfer, können sie nicht erkennen, dass sie oftmals mit ihren Verhaltensweisen andere manipulieren – andere sollen sich ihnen zuwenden oder sollen sie »retten«, sollen nicht zu viel von ihnen verlangen oder sollen sich für sie ändern.

Doch nicht jeder muss sich gleich als Opfer fühlen, wenn er bisher Schwierigkeiten hatte, Nein zu sagen und sich abzugrenzen. Wichtig ist aber zu wissen, welch langfristigen Preis wir bezahlen, wenn wir automatisch Ja sagen.

Langfristiger Preis für das Jasagen

• Wir geben unsere Selbstverantwortung ab und schieben anderen die Schuld zu, wenn es uns nicht gut geht, bzw. finden Rechtfertigungen, warum wir zum Beispiel in einer unbefriedigenden Ehe oder in einem Job bleiben, der uns längst nicht mehr erfüllt.

• Wir nehmen uns selbst nicht ernst, machen uns von anderen abhängig, können uns anderen gegenüber schwer abgrenzen.

• Wir übergehen unsere eigenen Grenzen – überfordern uns, sind im Dauerstress und können langfristig krank werden.

• Wir sind unsicher, wissen oder sagen nicht, was für uns wirklich wichtig ist, und beschwören dadurch Missverständnisse und Konflikte herauf.

- Wir schlucken viel herunter, sind frustriert oder ärgern uns über uns oder andere, jammern, klagen und beschweren uns indirekt.

- Wir konzentrieren uns zunehmend auf Schwächen und sind nicht mehr in der Lage, Talente, Fähigkeiten und Stärken zu sehen – weder bei uns noch bei anderen.

- Wir können Chancen im Berufs- und Privatleben nicht erkennen und nutzen.

- Wir bleiben gewohnheitsmäßig in unserer Komfortzone und trauen uns nicht, Neues zu beginnen.

- Motivation, Kraft und Energie, Lebensfreude, Lebensqualität sinken, und wir verlieren an Selbstwertgefühl, Selbstvertrauen, Selbstbewusstsein und Selbstachtung.

- Andere nehmen uns nicht ernst. Sie nutzen zwar willig unser Entgegenkommen, doch verachten sie uns auch wegen unserer Anhänglichkeit, Gutmütigkeit und mangelnden Eigenständigkeit.

Wie geht es Ihnen, wenn Sie ehrlich den Preis für das automatische Jasagen wahrnehmen? Was fühlen und denken Sie dabei? Welche körperlichen Empfindungen spüren Sie dabei?

Sind Sie bereit, langfristig die Konsequenzen des Jasagens in Kauf zu nehmen? »Mir hat es noch mal richtig wehgetan zu erkennen, was ich jahrelang mit mir gemacht habe«, sagte ein Trainingsteilnehmer. »Aber ich habe es damals nicht besser gewusst.«

Gerade haben Sie viel über die langfristigen Nachteile des Jasagens erfahren, von denen Ihnen einige sicher bekannt sind, aber es gibt durchaus kurzfristige Vorteile, die sich gut anfühlen!

Kurzfristiger Gewinn für das Jasagen

Wir hätten längst gelernt, Nein zu sagen und angemessenen Abstand zu anderen herzustellen, wenn das Jasagen für uns nicht so viele Vorteile mit sich bringen würde.

- Die absolut positive Funktion des Jasagens liegt ursprünglich in der Anpassung an die Gemeinschaft und dient zuallererst zum Überleben. Und das wurde bei uns allemal erreicht, sonst könnten Sie diese Zeilen nicht lesen und ich sie nicht schreiben.

- Durch unsere Anpassung an die Bedürfnisse anderer oder im vorauseilenden Gehorsam wollen wir die Verbindung und Nähe zum anderen Menschen aufrechterhalten, uns Zugehörigkeit sichern. Wir erlauben dem anderen, uns für seine Zwecke einzuspannen, und erwarten, dass der andere uns dafür belohnt.

- Wir fühlen uns von Verantwortung entlastet und erleichtert, denn andere bestimmen über uns und entscheiden auch, was zu tun ist. Wir fühlen uns dadurch geschützt, sicher und gut, weil wir dem anderen recht geben und uns ihm unterordnen.

- Wir fühlen uns gebraucht, in unserem bisherigen Selbstbild, in unseren Werten und im Verhalten bestärkt und anerkannt. Durch einen kurzen Satz wie »Wenn wir dich nicht hätten« oder »Was wär ich ohne deine Hilfe« oder »Toll, dass du dich so einsetzt« fühlt sich unser Ego aufgewertet. Wir sind stolz, dass wir auf dem »richtigen« Weg sind, und fühlen uns bestätigt, dass andere unsere Qualitäten erkennen.

Nun kennen Sie den kurzfristigen Gewinn, aber auch den langfristigen Preis, die Konsequenzen, wenn Sie weiterhin Ja sagen würden. Was immer Sie tun, die Entscheidung liegt bei Ihnen.

Logbuch oder Erfolgstagebuch

Sinnvoll und nützlich ist es, wenn Sie sich ein Heft besorgen und dies als »Logbuch« oder »Erfolgstagebuch« betiteln, in das Sie Ihre Erfahrungen und die verschiedenen Übungen aufschreiben.

Übung

Tragen Sie in Ihr Logbuch ein, bei wem Sie bis jetzt Probleme hatten, sich abzugrenzen.

Schreiben Sie zudem auf:

○ Welchen Preis bezahlen Sie, wenn Sie bei dieser Person weiterhin Ja sagen? Wie fühlen Sie sich dabei?

○ Welchen kurzfristigen Gewinn haben Sie, wenn Sie bei dieser Person Ja sagen? Wie fühlen Sie sich dabei?

○ Wie wäre es, wenn Sie die Wahl hätten, ob Sie Ja oder Nein sagen wollen?

Was wäre, wenn …
Drama oder Erfolgsfilm?

In 20 Jahren werden Sie eher von den
Dingen enttäuscht sein, die Sie nicht
getan haben, als von denen, die Sie getan
haben. Lichten Sie also die Anker und
verlassen Sie den sicheren Hafen. Lassen
Sie den Passatwind in die Segel schießen.
Erkunden Sie. Träumen Sie. Entdecken Sie.

Mark Twain (1835–1910)

Was wäre, wenn Adam damals Nein gesagt und den Apfel von
Eva ausgeschlagen hätte? Was wäre anders gelaufen, wenn er
nichts vom Baum der Erkenntnis gegessen hätte? Was wäre gewesen, wenn er stattdessen eine Birne seiner Wahl zu sich genommen hätte? Die Antworten darauf, egal wie sie klingen mögen,
sind Fantasie, nette Spielerei.

Was wäre jedoch, wenn Sie selbstbewusst zu sich stehen, Ihren Standpunkt klar äußern, sich selbstverständlich abgrenzen
könnten? Was würde sich für Sie dadurch verändern? Wie würde
sich dadurch Ihr Selbstvertrauen und Ihr Selbstwertgefühl verändern?

Natürlich sind die Antworten darauf zunächst auch nur Fanta-
sieprodukte, doch es gibt wesentliche Unterschiede zum ersten
Beispiel: Während das erste nichts mit Ihnen zu tun hat und sich
auf die Vergangenheit bezieht, geht es beim zweiten um Sie selbst,
um Ihre Zukunft. Und die liegt ja bekanntlich noch vor Ihnen.

Wenn Ihre Gedanken in die Zukunft wandern, so können Sie
sich die Zukunft entweder in düsteren Farben mit wolkenverhan-
genem Himmel vorstellen oder eine helle Zukunft mit neuen Visionen, Zielen, Chancen, Möglichkeiten. Beides ist möglich.

Wenn Sie neue Vorstellungen in Ihrem Leben zulassen, können diese Wirklichkeit werden! Je klarer, lebendiger, sinnlicher Sie sich neue, erwünschte Situationen vorstellen, desto leichter sind diese später in die Tat umsetzbar.

Unser Gehirn lernt durch Schmerz und Freude

Es gibt zwei grundlegende Strategien, uns selbst zu motivieren:

Entweder wir wollen weg von unangenehmen Situationen, wollen weg von Schmerz und bauen eine Weg-von-Motivation auf, oder wir verbinden unser Handeln mit Freude und kreieren dadurch eine Hin-zu-Motivation. Wie können Sie sich nun diesen einfachen, aber wirkungsvollen Mechanismus zunutze machen?

Sie überlegen sich ein Verhalten, das Ihnen bei sich selbst missfällt und das Sie verändern wollen. Zum Beispiel: »Ich sage Ja, obwohl ich lieber Nein sagen würde.« Dabei stellen Sie sich zuerst Ihr bisheriges Verhalten vor mit allen Nachteilen und negativen Konsequenzen, die damit verbunden sind. Dann stellen Sie sich die negativen Konsequenzen für alle betreffenden Bereiche Ihres Lebens vor – wie sich Ihr Verhalten auf Ihre Gefühle, Ihre Energie und Kraft, auf Ihre Motivation, auf Ihren Beruf, auf Ihre Beziehung auswirkt. Dadurch merkt Ihr Gehirn plötzlich: »Das tut weh. Das schmerzt. So will ich mich auf keinen Fall mehr verhalten!« Dadurch bauen Sie eine starke Weg-von-Motivation auf.

Wenn Sie sich aber einen Erfolgsfilm, in dem Sie sich gezielt abgrenzen, vorstellen und dies mit ermutigenden, aufbauenden Gefühlen verbinden, so erzeugen Sie eine kraftvolle, anziehende Hin-zu-Motivation. Sie erkennen, was Sie gewinnen, wenn Sie Ihre neuen Vorstellungen in die Tat umsetzen. Ihr Gehirn verbindet den Erfolgsfilm mit Freude und Belohnung – Sie sind motiviert, ihn zu realisieren.

(Am Ende des Kapitels finden Sie dazu die konkrete Übung.)

Zunächst möchte ich Ihnen das Beispiel aus einem Coaching-prozess vorstellen.

Helen, 42 Jahre, von Beruf Architektin, war innerlich oft unruhig und gereizt. Sie machte regelmäßig Überstunden, fühlte sich nach der Arbeit ausgelaugt, unzufrieden und konnte sich abends zu nichts mehr aufraffen. Sie gab einem bestimmten Kollegen die Schuld, dass es ihr so schlecht ging. »Wir arbeiten an einem Großprojekt zusammen. Er macht fast täglich spitze Bemerkungen über mich und wertet meine Arbeit und Ideen ab, sodass ich hinterher wieder eine Weile brauche, um mich konzentrieren zu können. Ich überlege dann, was ich hätte sagen können, wie ich mich hätte wehren sollen, und mache mir Vorwürfe, dass ich seine Kritik wieder mal schweigend hingenommen habe. Er müsste doch wissen, dass sein Verhalten nicht in Ordnung ist … Trotzdem nagt es an mir, ich zweifle an mir und meinen Fähigkeiten und ordne mich seinen Vorstellungen unter, obwohl meine Ideen manchmal wirklich besser sind als seine.«

Helen war seit Wochen sauer auf ihren Kollegen und hoffte, dass er endlich sein Verhalten ändern würde, damit es ihr besser ginge!

Nachfolgend können Sie einen Einblick in die verkürzte Sequenz einer Coachingsession mit Helen gewinnen. Dabei arbeite ich mit der Technik »Drama oder Erfolgsfilm«, die ursprünglich von Anthony Robbins entwickelt wurde.

*Ich frage Helen, ob sie bereit ist, diese Motivationstechnik kennenzulernen. Sie ist einverstanden. **Wir beginnen mit dem** »Drama«.*

Was wäre, wenn Sie so weitermachen wie bisher?
Helen schüttelt den Kopf. Das wäre schrecklich.
Was wäre so schrecklich daran?
Dann wäre ich noch frustrierter. Ich würde mich weiter über ihn und sein Verhalten ärgern, käme mir immer kleiner vor und hätte keine Lust mehr, zur Arbeit zu gehen.

Was wäre dann?
Dann wäre mein Chef unzufrieden, und ich würde irgendwann eine Abmahnung bekommen.
Wenn das so wäre, wie würden Sie sich dabei fühlen?
Es ginge mir total schlecht. Ich hätte keine Kraft und Energie mehr. Ich wäre völlig hilflos.
(Helen schüttelt weiter den Kopf, ihre Stimme wird leiser, sie blickt zu Boden und schweigt eine Weile.)
Und was wäre dann mit Ihrem Selbstwertgefühl … Ihrem Selbstbewusstsein?
Das hätte ich nicht mehr.
Was wäre dann mit Ihrem Privatleben?
Ich würde mich nur noch verkriechen, mit meinem Mann ginge es mir nicht gut, und meine Kinder würden mir auf dem Kopf rumtanzen … (Sie macht eine lange Pause, setzt sich aufrecht hin, schaut mich an und sagt entschieden:) Das will ich nicht, auf keinen Fall.
Ich mache auch eine kleine Pause und sage eindringlich: Das war alles nur Fantasie. Die Zukunft kann ganz anders sein.
Dann bitte ich sie aufzustehen, im Zimmer umherzugehen und Gegenstände zu benennen, die ihr gut gefallen. (Dadurch wird das vorangegangene Negativmuster unterbrochen.) Danach setzt sich Helen wieder.

Jetzt kommt der »Erfolgsfilm« an die Reihe.

Was wäre anders, wenn Sie selbstbewusst zu sich selbst stehen und sich abgrenzen könnten?
Helen lächelt und atmet hörbar tief aus.
Was dann anders wäre? – Ich hätte keine Angst mehr davor, ihm meine Meinung zu sagen.
Was wäre, wenn Sie keine Angst mehr davor hätten?
Dann würde ich mir vertrauen. (Sie macht eine lange Pause und atmet tief aus.)
Was wäre, wenn Sie sich vertrauen?

Ich könnte sehen, dass sein Verhalten nicht in Ordnung ist.

Was wäre, wenn Sie erkennen, dass sein Verhalten nicht in Ordnung ist?

Dann müsste ich einsehen, dass er sich mir gegenüber immer wieder anmaßend verhalten hat …

Was wäre dann?

Er hat mich verletzt – nein, ich bin verletzt …(Pause, sie atmet hörbar aus.) Ich will nicht, dass er so mit mir umgeht! (Sie spricht entschieden und setzt sich aufrecht hin.)

Und was wäre dann, wenn Sie nicht wollen, dass andere Menschen so mit Ihnen umgehen?

Dann mache ich meinen Mund auf und sage ihm deutlich, was mir an seinem Verhalten genau missfallen hat.

Und was wäre dann?

Das wäre prima. Ich wäre stolz, dass ich das geschafft habe.

Was wäre, wenn Sie stolz auf sich sind und es geschafft haben, ihm Ihre Meinung zu sagen?

Ich wäre erleichtert und wie von einer Last befreit.

Und was wäre, wenn Sie von dieser Last befreit sind?

Dann geht es mir gut, und ich bin selbstbewusst!

Was wäre, wenn Sie selbstbewusst sind?

Ich weiß, was ich will, was mir guttut, und setze mich auch dafür ein.

Was wäre, wenn Sie sich für sich selbst einsetzen?

Dann denk ich an mich und kann meinen Standpunkt vertreten – für mich.

Was wäre, wenn Sie an sich denken und entsprechend handeln?

Dann ist es mir nicht mehr so wichtig, was er über mich denkt. Dann bin ich mit meiner Aufmerksamkeit bei mir.

Was wäre, wenn Sie mit Ihrer Aufmerksamkeit bei sich sind?

Dann geht es mir gut … bin ich glücklich – das ist das schönste Gefühl. (Sie schließt die Augen und spürt eine Weile nach.) Ich fühle mich entspannt und gelassen. (Sie atmet langsam und tief, legt ihre Hände auf den Bauch.)

»*Ich fühle mich frei, frei, frei. (Sie lacht.) Ich hab viel mehr Kraft und Energie.*«

Und was ist dann?

Ich weiß, dass ich in Ordnung bin.

Was ist, wenn Sie wissen, dass Sie in Ordnung sind?

Dann kann ich endlich das tun und sagen, was ich für richtig halte.

Was denken Sie dann über sich?

Ich habe das Recht, so zu sein, wie ich bin! (Das sagt sie selbstbewusst und fügt entschlossen hinzu:) Ich hab das Recht, meine Meinung zu sagen und anderen Menschen Grenzen zu setzen.

Was ist dann?

Dann stehe ich zu mir, sag, was ich will. Ich kann auch Nein sagen, wenn mir etwas nicht gefällt.

Nun lade ich Sie ein, sich vorzustellen: Was wäre, wenn Sie nun schon fünf Jahre ganz selbstverständlich zu sich stehen und Ihren Standpunkt angemessen und auf gesunde Weise vertreten?

Das wäre wunderbar – dann könnte ich zu Recht stolz auf mich sein. Ich hätte viel mehr Selbstbewusstsein.

Wie fühlt sich das körperlich an, wenn Sie das so sagen?

(Helen ist ruhig, atmet tief, lächelt und richtet sich auf.) Jetzt bin ich mit mir verbunden und fühle mich klar, kompetent und sicher ... Ein sehr gutes Gefühl. (Pause – sie spürt lange nach.)

Und – wer ist nun dafür verantwortlich, ob Sie das auch umsetzen?

Ich.

Durch diesen Was-wäre-wenn-Prozess, den sich Helen bunt und in bewegten Bildern sinnlich vorgestellt und in den sie sich hineinversetzt hat, weiß sie genau, was sie nicht mehr will. Sie stellt sich immer deutlicher und konkreter vor, was sie will und was sie gewinnt, wenn sie sich bewusst abgrenzt und sich für ihre Belange einsetzt – sie stärkt ihre innere Autorität, ihr Selbstvertrauen wächst, sie kommt in Kontakt mit ihren eigenen Gefühlen und kann sich nun gut vorstellen, sich ihrem Kollegen gegenüber abzugrenzen.

Zudem lernt Helen eine zielführende Kommunikationstechnik kennen, die wir in einem Rollenspiel miteinander durchspielen. Dabei gibt Helen ihrem Kollegen selbstbewusst Feedback, unterstrichen durch eine aufrechte Körperhaltung, durch kraftvolle und klare Stimme und beständigen Blickkontakt (siehe auch Seite 207). In ihrem Gehirn entwickeln sich durch Visualisierung und Probehandlungen neue neuronale Bahnen, die es ihr leichter machen, zu sich selbst zu stehen und ihre Ziele zu erreichen.

Wenn Sie zu sich selbst stehen

Wenn Sie zu sich selbst stehen und sich abgrenzen können, dann

- nehmen Sie wahr und spüren, was für Sie richtig und wichtig ist, bejahen sich selbst sowie Ihre eigenen Bedürfnisse, Interessen, Ziele und Wünsche und setzen sich dafür ein;

- können Sie Spannungen und Widersprüche aushalten und begreifen Kritik und Konflikte als Feedback und können daraus lernen;

- würdigen Sie Ihre eigenen Grenzen, aber auch die der anderen;

- zeigen Sie sich mehr und mehr, so wie Sie sind – authentisch und aufrichtig;

- haben Sie Mitgefühl mit sich, können aber auch andere Menschen unterstützen oder um Hilfe bitten;

- erwarten Sie weder von sich noch von anderen Perfektion und nehmen das Leben zunehmend mit Humor wahr!

Vielleicht denken Sie jetzt: »Oh je, das klingt ja idealistisch.« Stimmt, doch hier soll aufgezeigt werden, in welche Richtung Entwicklung gehen kann und was Sie gewinnen, wenn Sie bewusst für sich einstehen und Grenzen setzen, wenn es für Sie richtig erscheint.

Sie werden dadurch zunehmend unabhängiger von der unbedingten Anerkennung anderer und freuen sich über Anerkennung, wenn sie denn kommt. Sie geben sich mehr und mehr die Freiheit, so zu sein, wie Sie sind – jenseits der erlernten Konditionierungen. Sie erkennen aber auch an, dass andere so sind, wie sie nun mal sind, und dass Sie andere nicht verändern können. Veränderung beginnt bei uns selbst, nirgendwo sonst – auch wenn wir es manchmal gerne anders hätten!

Weil Sie zu sich stehen und anerkennen, dass andere Menschen eigene Vorstellungen vom Leben haben, schätzen Sie ein klares, offenes Wort, gleichgültig, ob es von Ihnen oder von Mitmenschen kommt. Mit einem eindeutigen Ja oder einem entschiedenen Nein wissen alle Beteiligten, woran sie sind.

Je klarer Sie wissen, was Sie wollen, desto größer wird Ihre Motivation und damit die Chance, dass Sie im Einklang mit Ihren Zielen und Bedürfnissen handeln. Wenn Sie aussprechen, was für Sie stimmig ist, dann verändert sich auch etwas in der Beziehung zu Ihrem Umfeld. Sie sind glaubwürdig in dem, was Sie sagen. Es werden nicht alle mögen, was Sie sagen, doch sicher ist: Sie handeln integer und werden für Ihre klare Kommunikation respektiert, gewinnen an Konturen und Profil. Und selbst dann, wenn Sie mit Ihrer Meinung mal alleine dastehen, bleibt Ihnen die Wertschätzung für sich selbst dafür, dass Sie für sich eingestanden haben.

Das stärkt ganz nebenbei Ihre Selbstachtung, Ihr Selbstvertrauen, Ihr Selbstwertgefühl und erweitert Ihr Selbstbild.

Und das ist doch viel wert, oder?

Übung
DRAMA ODER ERFOLGSFILM?

Stellen Sie sich nun eine Situation mit einem anderen Menschen vor, bei dem Sie sich bisher wiederholt gescheut haben, Ihre Meinung zu sagen, dies aber gerne tun würden:

1. Visualisieren Sie ganz bewusst ein **Drama**:

   ○ Stellen Sie sich das »Drama« als einen Film auf der Leinwand vor, die drei Meter von Ihnen entfernt ist.

   Was wäre, wenn Sie bei diesem Menschen weiterhin Ja sagen würden ...

   (Zum Beispiel übernehmen Sie weiterhin Aufgaben eines Kollegen, obwohl Sie selbst mehr als genug zu tun haben ... Oder: Was wäre, wenn Sie weiterhin schweigen, wenn Ihr Mann Sie abwertet?)

   Fragen Sie sich: »Was wäre, wenn ich so weitermachen würde wie bisher?«

   ○ Sehen Sie dies mit Abstand als Film. Sie können dabei ruhig übertreiben. Was sehen, hören, fühlen Sie? Wollen Sie wirklich, dass Ihr Leben so aussieht?

   ○ Welche Auswirkungen hätte dieses Verhalten auf Ihr weiteres Leben ? Hätten Sie dann mehr oder weniger Energie? Wie würde sich das auf Ihre Beziehung, auf Ihre Arbeit auswirken? Sind Sie dann mehr oder weniger zuversichtlich, was Ihre Zukunft anbelangt? Was ist mit Ihrem Selbstwertgefühl, Ihrem Selbstbewusstsein und Selbstvertrauen? Was ist mit Ihrer Selbstbestimmung?

2. Danach stehen Sie auf, bewegen sich, schauen zum Fenster hinaus und machen sich klar: Der Katastrophenfilm war <u>nur</u>

eine Fantasie. Er war nichts weiter als ein Hirngespinst und hat nichts mit der Realität zu tun.

3. Nun können Sie Ihren ganz persönlichen **Erfolgsfilm** erfinden – groß, bunt, nah. Versetzen Sie sich dabei in die Situation hinein.

○ Stellen Sie sich mit allen Sinnen vor, wie es wäre, wenn Sie in der gleichen Ausgangssituation wie vorher mit diesem bestimmten Menschen sind.

○ Was wäre, wenn Sie jetzt ganz bewusst *Ihre eigenen* Gedanken, Gefühle und Empfindungen in der Situation wahrnehmen und ernst nehmen?

○ Was wäre, wenn Sie sich in dieser Situation selbst vertrauen? Erlauben Sie sich zu spüren und zu fühlen, wie es ist, sich selbst zu vertrauen.

○ Was wäre, wenn Sie spürten, dass Sie das Recht haben, sich von der anderen Person abzugrenzen und Ihren Standpunkt mit gutem Gewissen zu vertreten?

○ Was wäre, wenn Sie der anderen Person wertschätzend und klar beschreiben würden, wie deren Verhalten auf Sie wirkt, und ihr mitteilen, was für Sie wichtig ist.

○ Stellen Sie sich das konkret, farbig, lebendig vor. Was sehen, hören, fühlen und spüren Sie dabei?

○ Was verändert sich in Ihrem Leben, wenn Sie sich für sich selbst stark machen? Und mit welchen Gedanken, Gefühlen, mit welchem Körpergefühl können Sie das verbinden?

○ Stellen Sie sich noch einmal mit allen Sinnen vor, wie Sie sich selbstsicher, klar und kompetent abgrenzen und spüren, **wie gut** es Ihnen tut, Ihre ureigene Wahrheit auszudrücken. Erlauben Sie sich, dieses intensiv zu spüren.

Auch das ist vorerst nur eine Fantasie, eine Imagination. Doch die Frage ist, welchen der beiden Filme – Drama oder Erfolgsfilm – würden Sie vorziehen? Welche Gedanken und inneren Bilder unterstützen Sie in Ihrer Entwicklung? Welcher Film ist aufbauend und ermutigend für Sie, sodass es sich lohnt, diesen in die Tat umzusetzen?

Am nachhaltigsten wirkt diese Übung, wenn Sie Ihren Erfolgsfilm in Ihrem Logbuch beschreiben.

Sie können aber auch die wichtigste Szene mit Farben malen oder ein Symbol dafür finden, das Sie gut sichtbar in der Wohnung aufstellen. Sie können zum Beispiel einen Stein benutzen, der für Sie »Fels in der Brandung« bedeutet, an dem alles abprallt, oder einen Tigerkopf als Bild verwenden, der für Sie signalisiert: »Hey, ich bin präsent, wach und klar ... und kann mich abgrenzen, wenn du mir zu nahe kommst.«

Perspektivenwechsel – endlich in Freiheit leben!

> Wir tragen in uns die Wunder,
> die wir außerhalb von uns suchen.

Sir Thomas Browne (1605–1682)

Aus dem alten Orient gibt es folgende Geschichte:

Es war einmal ein Mann, der hatte eines Nachts einen Traum. In diesem Traum hörte er eine Stimme, die ihm sagte: »Geh nach Osten, dort findest du einen alten, knorrigen Baum mit einem kleinen Haus daneben. In diesem Haus befindet sich der wertvollste Schatz. Er wird dich unermesslich reich machen.«

»Aber es gibt so viele Häuser mit einem alten Baum davor, woran soll ich es denn erkennen?«, fragte er.

Und die Stimme antwortete: »Wenn du dieses Haus siehst, wird dein Herz vor Freude hüpfen.«

Der Mann verließ am nächsten Morgen sein Zuhause, begab sich auf den Weg nach Osten. Er kam durch viele Dörfer, reiste durch viele Städte, immer auf der Suche nach dem kleinen Haus mit dem alten, knorrigen Baum, immer in Erwartung auf den versprochenen Schatz. Er befragte unterwegs etliche Menschen, die ihn mal hierhin, mal dorthin schickten. Jeder kannte ein Haus mit einem alten Baum. Jedes Mal war er voller Hoffnung, befolgte, was andere ihm rieten. Er fand viele alte Häuser, doch sein Herz rührte sich nicht.

Er war lange, lange Zeit unterwegs, machte viele Umwege und mancherlei Erfahrungen zu Land und zu Wasser. Als er müde war vom Suchen und schon fast die Hoffnung aufgegeben hatte, kam er in eine Gegend, die ihm irgendwie bekannt vorkam. Sein Herz begann, vor Freude zu hüpfen – und als er um die Ecke bog, da sah er einen alten, knorrigen Baum mit einem kleinen Haus davor. Er

traute seinen Augen nicht: Es war sein Haus, das er vor Jahren
verlassen hatte. Er ging hinein – und fand im Inneren den Schatz!

Die meisten Menschen suchen Erfüllung und Glück in der Außenwelt, doch egal, wie wohlhabend sie geworden sind, egal,
welch tolle Karriere sie gemacht haben oder wie berühmt sie geworden sind – dauerhaftes Glück, wirkliche Sicherheit, Wertschätzung, Liebe können wir letztlich nicht von der Außenwelt
bekommen, so sehr wir uns dieses wünschen und so berechtigt
unsere Sehnsüchte auch sein mögen.

Solange wir nach außen schauen und uns fragen, was die anderen von uns erwarten, haben wir keine Chance, herauszufinden,
wer wir sind, was uns selbst wichtig ist, welche Bedürfnisse, Interessen und Ziele wir selbst haben. Was wir daher brauchen, ist
eine grundsätzlichen, Umorientierung, einen grundsätzlichen
Wechsel der Perspektive. Es gilt, und das kann ich nicht oft genug wiederholen, unsere Aufmerksamkeit von der Außenwelt hin
zu unserer eigenen Innenwelt zu verlagern. Den wahren Schatz
finden wir in uns selbst. Er ist immer da und wartet darauf, von
uns entdeckt zu werden. Wir haben alle erforderlichen Qualitäten in uns und können uns weiter entfalten, sodass es zunehmend
möglich ist, erfüllt und erfolgreich zu leben. Das bedeutet nicht,
dass wir hinfort nur noch um uns selbst kreisen, sondern dass
wir unsere Innenwelt erforschen, um uns selbst besser kennenzulernen.

Wie wollen Sie leben?

Wenn Sie früher automatisch darauf geachtet haben, was die anderen brauchen, so können Sie heute ganz bewusst Ihre Aufmerksamkeit um 180 Grad drehen und sich bewusst fragen, ob Sie so
leben, wie Sie leben wollen. Erlauben Sie sich, eine Vision zu
entwickeln, in der Sie sich selbst zum Mittelpunkt Ihres Lebens
(auch wenn es zunächst schwerfällt) machen. Sie haben das Recht,

sich um Ihre eigenen Angelegenheiten zu kümmern, und malen sich ein Bild von einer Zukunft aus, in der Sie sich wohlfühlen, in der Sie erfüllt und erfolgreich Ihr Leben gestalten. Wie könnte diese optimal für Sie aussehen? Eine Zukunft, in der Sie authentisch und selbstbestimmt leben, in der Sie je nach Situation Ja oder Nein sagen, genug Freiraum für sich zur Regeneration haben, aber auch Zeit für Ihre Familie und Freunde.

Fragen Sie sich:

- Was will ich ändern, sodass ich mich richtig wohlfühle? Welche Menschen spielen dabei eine Rolle?

- Was sind meine Stärken? Und: Wie kann ich meine Stärken noch mehr einbringen?

- Was sind meine Schwächen, und was muss ich noch unbedingt lernen?

- Was ist mir wichtig?

- Was tut mir gut? Und: Wie kann ich gut für mich sorgen?

- Was denke ich jetzt über mich, wo ich dabei bin, die Dinge zu ändern, die ich ändern will?

- Wie erweitert sich dadurch meine Rolle zu Hause, bei Freunden, in der Arbeit?

- Was sagen andere Menschen zu meiner Weiterentwicklung und neu gewonnenen Stärke?

- Wie verändern sich die Beziehungen zum Partner, Freunden, Kollegen oder zum Chef?

- Welche weiteren Qualitäten (Freude, Dankbarkeit, Akzeptanz, Lebenslust) will ich in meinem Leben vertiefen, sodass ich erfüllt und erfolgreich mein Leben gestalte?

Gerade wenn Sie sich viel um die Bedürfnisse von anderen Menschen gekümmert haben, ist es wichtig herauszufinden, was Sie selbst wollen. Erlauben Sie sich, sich immer wieder zurückzuziehen und sich eine Vision Ihres zukünftigen Lebens vorzustellen. Zielführend ist es, Sie schreiben die Antworten in Ihr Logbuch oder machen eine Collage, wie Sie sich Ihre Zukunft vorstellen. Sie können auch einen Slogan erfinden, der zu Ihrer neuen Vision passt.

Dadurch wird Ihnen immer klarer, in welche Richtung Ihr Leben sich entwickeln soll, und Sie sind zunehmend zuversichtlicher, dass Sie sich dafür stark machen können.

In Trainings führe ich oft diese Übung durch: Die Teilnehmer nehmen ein Blatt Papier und teilen es in zwei Spalten. In die linke Spalte schreiben sie ihre Stärken, in die rechte ihre Schwächen. Ergebnis: Frauen haben oft eine lange Liste mit ihren Schwächen, ihre Stärken erkennen sie oftmals nicht und stellen ihr Licht unter den Scheffel. Männer listen mehr Stärken als Schwächen auf. Also, liebe Frauen, erlaubt euch, eure Stärken zu zeigen.

Ein alter Spruch heißt »Klappern gehört zum Handwerk«.

Wenn Sie im Job als kompetent wahrgenommen und geachtet werden wollen, ist es notwendig, dass Sie Ihre Stärken in den Vordergrund rücken. Damit erhöhen Sie die Chance um ein Vielfaches, bei einer Beförderung oder Gehaltserhöhung berücksichtigt zu werden.

Tipp: Wenn Sie jemanden kennen, der seine Kompetenzen gut zeigen kann, schauen Sie genau hin: Welche Haltung hat derjenige? Wie drückt er sich aus? Welchen Tonfall hat er? Sie können sich von ihm eine Scheibe abschneiden und Haltung, Tonfall, Ausdruck für sich selbst anpassen und auf diese Weise von anderen rasch lernen.

Richtungswechsel – wie kann er aussehen?

Folgende Sätze höre ich immer zum Abschluss in Trainings zum Thema »Nein sagen will gelernt sein!«.

- Während ich früher gut für andere sorgen musste, lerne ich jetzt, gut für mich selbst zu sorgen.

- Während ich früher automatisch anderen geholfen habe, kann ich jetzt auch um Hilfe bitten oder mich für meine eigenen Sachen stark machen.

- Während ich mich früher selbstverständlich zurückgehalten habe, darf ich jetzt auch im Mittelpunkt stehen.

- Während ich früher über meine Grenzen gegangen bin, kann ich jetzt zunehmend auf meine Grenzen achten, mich zurückziehen und meine Batterien wieder aufladen.

- Während ich mich früher angepasst habe, kann ich mir jetzt erlauben, mich so zu zeigen, wie ich bin.

- Während ich früher alles 150-prozentig machen musste, kann ich jetzt auch mit 90 Prozent zufrieden sein.

- Während ich früher Angst hatte, Nein zu sagen, darf und kann ich jetzt Nein sagen und mich um meine Angelegenheiten kümmern.

- Während ich früher Ja zu anderen gesagt habe, sage ich jetzt auch Ja zu mir.

Wie Sie merken, geht es nicht um ein *Entweder-oder*, sondern um eine Erweiterung Ihrer Möglichkeiten, um Flexibilität, sodass Sie wieder in eine dynamische Balance kommen.

Ein Grundmechanismus von Wahrnehmen und Denken ist die Polarität. Wir nehmen Unterschiede über Gegensätze wahr – so wie es Hell und Dunkel gibt, Tag und Nacht, so gibt es Anspannung und Entspannung, Grenzenlosigkeit und Grenzen, Freude und Schmerz, Nähe und Distanz, Gut und Schlecht, Ja und Nein. Die jeweiligen Pole bedingen einander, sind wie die zwei Seiten einer Medaille. Sagen wir zu etwas Ja, dann sagen wir zeitgleich Nein zu etwas anderem. Sagen wir zum Beispiel Ja zu Schwimmen mit einer Freundin, sagen wir zum Beispiel implizit Nein zu einem entspannten Tag zu Hause. Tun wir unserem Kollegen einen Gefallen und helfen ihm bei seiner Arbeit, bleibt unsere Arbeit gleichzeitig liegen. Wir können nicht beides zur gleichen Zeit machen. Das erfordert von uns, dass wir unsere grundsätzliche Wahlfreiheit erkennen. Dann können wir klar entscheiden, welche Seite für uns in dem Augenblick stimmig ist. Wenn wir bewusst wählen, leben wir selbstbestimmt, und uns stehen beide Pole zur Verfügung. Wer nicht bewusst wählt, der folgt seinen konditionierten inneren Mustern und lebt fremdbestimmt.

Aufgrund unserer Erziehung und äußerer Einflüsse geschieht es dann oft, dass wir den einen Pol als gut, den anderen als schlecht bezeichnen. Wir streben dem einen nach und unterdrücken den anderen. Wir leben dadurch normgemäß, aber einseitig. Das ist so, als ob wir nur einatmen würden, aber niemals ausatmen wollten, als ob es immer Tag, aber niemals Nacht sein dürfte, als ob es immer Ebbe und niemals Flut geben dürfte. Doch in der Natur folgt alles seinem eigenen Rhythmus, folgt seinem natürlichen, lebendigen Fluss.

Wenn wir die bisherige Dominanz des einen Pols verstehen und akzeptieren, wird es möglich, den anderen Pol ans Licht kommen zu lassen und ihn zu integrieren. Das ist nicht immer so einfach. Immer wieder kommen alte Ängste, Verbote und unangenehme Gefühle dabei hoch. Doch es wird auch eine Menge an unbewusst festgehaltener Energie frei, die wir nun in Form einer gesunden Aggressionsfähigkeit zur Verfügung haben, um selbstbewusst mit Problemen, Herausforderungen, Konflikten konstruktiv umgehen und uns auf gesunde Weise abgrenzen zu können. Wir unterscheiden dann immer mehr zwischen dem gegenwärtigen erwachsenen Ich und unserem »inneren Kind von damals«, das heute noch in uns lebt und beachtet werden will. Wir können das innere Kind besser verstehen und es liebevoll annehmen. Dadurch lässt der Sog, dem Alten zu folgen, nach. Wir werden zunehmend frei und spüren die innere Gewissheit, dass wir durchaus in der Lage sind, uns für uns selbst einzusetzen und unserem eigenen inneren Weg zu folgen.

Wesentliche Voraussetzung dafür ist, dass wir jetzt die volle Verantwortung für unser Denken, Fühlen und Handeln übernehmen.

Radikale Selbstverantwortung

> Wir sind nicht nur verantwortlich
> für das, was wir tun, sondern
> auch für das, was wir nicht tun.
>
> Molière (1622–1673)

Für manche Menschen ist *Selbstverantwortung* nur ein Wort, mit dem sie wenig anfangen können. Manche Menschen sagen: »Klar bin ich selbst für mein Leben verantwortlich, wer sollte es sonst sein?« Bei näherem Durchleuchten des Themas wird schnell klar, dass sie 1001 Tricks haben, um Selbstverantwortung zu vermeiden. Und wieder andere Menschen wollen gar keine Verantwortung für ihr Leben übernehmen. Sie suchen jemanden, der für sie sorgt, ihnen sagt, wo's langgeht, und für sie die Kohlen aus dem Feuer holt. Sie warten auf den Prinzen oder glauben an den Weihnachtsmann. Märchen sind bisweilen schön, aber sie bleiben einfach Märchen.

Tatsache ist: Jeder Mensch ist für die Qualität seines Lebens selbst verantwortlich, niemand sonst!

Weder der Partner noch die Chefin noch das Wetter noch nicht einmal der Papst – ist dafür verantwortlich, wie es Ihnen geht und wie Sie leben. Dafür sind ausschließlich *Sie selbst* verantwortlich.

Nach Reinhard Sprenger ist Selbstverantwortung eine innere Einstellung. Diese ist verbunden mit der Bereitschaft, bewusst und proaktiv zu handeln, dabei die Chancen und Risiken abzuwägen und für die Konsequenzen des eigenen Denkens, Fühlens und Handelns geradezustehen.

Sie sind für Ihr Denken verantwortlich

Mit unserem Denken, Fühlen und Handeln erschaffen wir unsere Wirklichkeit. Wir sind also für unsere Einstellungen, Vorstellungen, Glaubenssätze, aber auch für unsere Ziele, Interessen, Weiterentwicklung, Wünsche und wie wir damit umgehen selbst verantwortlich. Selbstverantwortung beginnt bereits bei der Wahrnehmung. Wir nehmen ja schon die Außenwelt durch unsere subjektiv gefärbte Brille wahr und bewerten das, was wir wahrnehmen, wiederum subjektiv, halten dies aber oftmals für die objektive Wirklichkeit.

Dabei ist das, was wir denken, keineswegs die ultimative Wahrheit, sondern eine höchst persönliche, höchst individuelle Angelegenheit – *ohne* Anspruch auf Allgemeingültigkeit, obwohl Menschen in der gleichen Gesellschaft natürlich viele ähnliche oder übereinstimmende Einstellungen, Überzeugungen und Glaubenssätze haben.

Dennoch ist es – gerade wenn wir mit einem anderen Menschen reden – wichtig, sich immer wieder daran zu erinnern, dass wir in unserer eigenen subjektiven Welt leben und der andere in seiner. Das ist eine gute Basis, auf der wir wertschätzend und klar mit anderen kommunizieren können.

Weil wir verantwortlich sind für das, was wir denken, ist es wichtig, unsere Gedanken zunehmend bewusst wahrzunehmen.

Was denken Sie über sich selbst? Was denken Sie über Menschen, mit denen Sie gut auskommen? Was denken Sie über Menschen, mit denen Sie nicht so gut auskommen? Woran könnte das liegen, und wie könnten Sie die Beziehungen zu diesen Menschen verbessern?

Nehmen Sie zum Beispiel einen Tag lang bewusst wahr: Denken Sie generell überwiegend konstruktiv oder haben Sie eher pessimistische Gedanken? Unsere Gedanken haben immer Auswirkungen auf unser Denken selbst, auf unser Selbstbild, auf unsere Gefühle, auf unseren Körper, unsere Handlungen *und* auf unsere sozialen Beziehungen zu anderen Menschen.

Wer pessimistisch denkt, dessen Aufmerksamkeit liegt oft auf seinen eigenen Schwächen sowie auf den Schwächen anderer. Er nimmt bei einer Rose nur die Dornen wahr und dass er sich daran stechen könnte. Er sieht sich von Schwierigkeiten und Ungerechtigkeiten umzingelt, hängt oft am Vergangenen fest, zweifelt, wird engstirnig, stur und hat nicht selten Katastrophenerwartungen. Er fühlt sich leicht verärgert, jammert und nörgelt, ist ungeduldig, frustriert, hat wenig Energie oder ist verspannt und gestresst. Sein Handlungsspielraum beschränkt sich auf das Gewohnte, Neues ist ihm suspekt. Selbstwertgefühl, Selbstvertrauen und Selbstbewusstsein sind geschwächt. Seine Beziehungen sind alles andere als befriedigend. Er kritisiert gerne und viel, verurteilt andere und weiß alles besser.

Er ist sich selbst kein guter Freund und mag sich selbst nicht besonders gern.

Wer dagegen konstruktiv denkt, sieht durchaus, dass eine Rose auch Dornen hat, doch er konzentriert sich auf seine Lernmöglichkeiten. Er hat Interesse, sich weiterzuentwickeln, er sieht seine Schwachpunkte und will dazulernen. Er weiß, dass es zum Menschsein gehört, nicht perfekt zu sein, und ist neugierig auf Neues. Er ist durchaus bereit, bewusst Risiken einzugehen, bei denen er Chancen auf Erfolg sieht. Dadurch bleibt er lebendig, zuversichtlich, zielstrebig und ausdauernd. Durch seine Erfahrungen wird er immer sicherer, ist motiviert, hat Kraft und Energie und gewinnt zunehmend an Handlungsspielraum. Es macht ihm Spaß, sich für seine eigenen Belange einzusetzen, und er gibt sein Bestes, das natürlich von der jeweiligen Tagesform abhängig ist. Dabei überfordert er sich nicht, sondern kennt seine Grenzen. Selbstwertgefühl, Selbstvertrauen und Selbstachtung steigen, da er immer wieder Herausforderungen annimmt und meistert. Er weiß, dass er ein Lernender ist. Er anerkennt sich selbst und andere Menschen, ist sich selbst ein guter Freund und mag sich.

Beide Denkweisen sind schwarz-weiß beschrieben, kein Mensch ist ausschließlich das eine oder das andere. Auf welcher Seite sehen Sie sich überwiegend? Und – wo können Sie dazulernen?

Sie sind für Ihre Gefühle verantwortlich

»Für meine Gefühle soll ich verantwortlich sein? Wenn mich jemand ärgert, dann ist ja wohl der andere schuld!« Wirklich? Sind Sie da ganz sicher?

Viele Menschen schieben anderen die Schuld zu, wenn sie sich ärgern oder leiden. Sie sagen: »Die war so gemein.« Oder: »Der hat mich ausgenutzt.« Der andere mag Auslöser für Ihre Gefühle sein, doch Sie sind sowohl für Ihre Gefühle verantwortlich als auch dafür, wie Sie damit umgehen. Wenn Sie sagen: »Der andere ist schuld daran, dass ich mich ärgere«, dann lehnen Sie in dem Augenblick die Verantwortung für Ihre Gefühle ab und geben dem anderen Macht über Sie. Dieser soll sich ändern, damit es Ihnen besser geht. Er soll sich so verhalten, wie Sie das wollen! Doch ein anderer handelt so, wie er es selbst will. Der andere trifft bei Ihnen lediglich einen wunden Punkt. Er gibt Ihnen die Chance, nachzuforschen, welcher Punkt dies ist.

Wenn Sie sich über jemanden ärgern, dann hat derjenige in aller Regel Ihr Selbstbild, einen Ihrer Werte oder Glaubenssätze getroffen oder aber eine Grenze überschritten. Ihr Ärger hat also mit Ihnen selbst zu tun und wenig mit dem anderen! Dieser ahnt womöglich nicht einmal, welche Gefühle er in Ihnen ausgelöst hat.

Überprüfen Sie beim nächsten Mal, wenn Sie sich über jemanden geärgert haben, was der Auslöser hierfür gewesen sein könnte und worauf Ihre Gefühle Sie aufmerksam machen wollten.

Sie sind für Ihren Körper verantwortlich

Unser Körper ist ein lebendiger Organismus, der in jedem Augenblick wahre Wunder vollbringt. Solange er gut »funktioniert«, nehmen wir ihn oft nicht einmal wahr! Er ist unser ganzes Leben für uns da, versorgt uns mit allem, was wir brauchen. Es ist so selbstverständlich für uns, dass er uns zu Diensten ist und seine Aufgaben erledigt. Gerade in unserem hektischen Alltag ist es wichtig, immer wieder wahrzunehmen, was wir spüren, denn unser Körper liefert uns täglich Rückmeldungen und Signale, wie es ihm geht und was er braucht.

Leider leben wir in einer sehr verstandesorientierten Gesellschaft, in welcher unser Körper einfach nur seine Arbeit tun und reibungslos funktionieren soll. Wir haben nicht gelernt, unseren Körper wertzuschätzen und auf ihn zu hören. Daher nehmen viele Menschen Körpersignale nicht wahr oder nicht ernst. Sie übersehen dadurch zum Beispiel die Mitteilung ihres Körpers, dass er längst müde ist und dringend Erholung braucht. Sie reißen sich zusammen, disziplinieren sich über die Maßen, übergehen chronische körperliche Stresssymptome und machen oftmals weiter, bis sie nicht mehr können.

Auch Emotionen sind körperlich verortet. Und so ist es sinnvoll, genau hinzuspüren, was Sie wahrnehmen, und sich Zeit zu geben, Verbindung zu dem jeweiligen Körpergefühl aufzunehmen und konkret zu beobachten, was in diesem Augenblick – also gerade jetzt – in Ihrem Körper vorgeht, wie Sie atmen, wie Sie sitzen, wie Sie sich dabei fühlen und mit welchen Gedanken, Bildern, Situationen Sie diese Körpergefühle verbinden können.

Auf solch einfache Weise können Sie immer mehr lernen, Ihren Körper wahrzunehmen und auf ihn zu hören. Sie sind verantwortlich, wie gut Sie für Ihren Körper sorgen, wie Sie sich ernähren, wie Sie Zeit für Bewegung *und* Erholung finden ...

Hilfreich, um ins Handeln zu kommen, ist immer wieder die Frage:

»Was passiert, wenn ich jetzt die volle Verantwortung übernehme und nach Abwägung der Konsequenzen das tue, was ich in dieser Situation für sinnvoll halte?«

In unserem Buch »Das Phönix Prinzip«, das meine Kollegin Ingrid Kraaz von Rohr und ich gemeinsam geschrieben haben, haben wir ausführlich das Thema »Selbstverantwortung« beschrieben. Ich verweise in diesem Zusammenhang auf dieses Buch, um zu vermeiden, mich hier zu sehr zu wiederholen.

Selbstverantwortung – *das* grundlegende Prinzip für ein erfülltes und erfolgreiches Leben

Sie sind für Ihr Handeln *und* für die daraus resultierenden Konsequenzen verantwortlich.

Sie sind dafür verantwortlich, was Sie unterlassen, und für die daraus resultierenden Konsequenzen.

Sie sind dafür verantwortlich, was Sie sagen, aber auch für das, was Sie nicht sagen.

Sie sind dafür verantwortlich, worauf Sie sich im Leben konzentrieren, welche Ziele Sie haben, ob Sie 100-prozentig bereit sind, sich für Ihre Ziele einzusetzen, wissend, dass es manchmal nicht genau so klappt, wie Sie sich das vorgestellt haben.

Sie sind dafür verantwortlich, wie ausdauernd Sie am Ball bleiben und sich für Ihr Ziel engagieren oder ob Sie es modifizieren.

Sie sind dafür verantwortlich, wie gut Sie für sich selbst sorgen, ob und auf welche Weise Ihnen Ihr Wohlbefinden wichtig ist und wie Sie auf Ihre Grenzen achten.

Sie sind auch dafür verantwortlich, wie Sie mit anderen Menschen kommunizieren, wie Sie Ihre eigenen und die Grenzen anderer achten, wie mitfühlend und klar Sie mit sich selbst und anderen umgehen.

Auf der Grundlage von Selbstverantwortung können Sie bewusst wählen, was Sie wollen, aber auch, wie Sie sich entscheiden und handeln. So kann es zum Beispiel sein, dass Sie müde sind und sich auf einen ruhigen Abend zu Hause gefreut haben. Da ruft eine Kollegin an und lädt Sie spontan zum Abendessen ein. Nun können Sie bewusst wählen, was Sie tun wollen. Entweder Sie sagen der Kollegin zu oder Sie sagen der Kollegin ab und nehmen in beiden Fällen die möglichen Konsequenzen in Kauf.

Problemorientierung oder Zielklarheit – wofür wir KLARe Ziele brauchen

Nur wer sein Ziel kennt,
findet den Weg.

Laotse (Er lebte im
6. Jahrhundert v. Chr.)

Die Nacht zum Neujahr ist die Nacht der guten Vorsätze. Viele Menschen nehmen sich für das jeweils kommende Jahr etwas vor, das sie verändern wollen. Im Brustton der Überzeugung verkünden sie vor Freunden und Bekannten: »Ich will nicht mehr so viele Überstunden machen.« Oder: »Ich will mich im nächsten Jahr nicht mehr so abhetzen.« Sie sind motiviert und zuversichtlich, doch kaum sind ein paar Wochen ins Land gezogen, sind schon die meisten guten Vorsätze wieder vergessen. Warum versanden sie so schnell?

Es ist schon gut zu wissen, was wir nicht oder nicht mehr wollen, denn damit sind wir motiviert, uns aus alten Mustern zu lösen. Wir wollen einen unbefriedigenden Zustand, eine frustrierende Erfahrung, die wir schon x-mal in Variationen erlebt haben, hinter uns lassen, wollen weg von einer unangenehmen Situation. Leider formulieren Menschen ihre Ziele oftmals schwammig oder negativ, zum Beispiel: »Ich will mich nicht mehr ausnutzen lassen.« Damit schauen Sie immer noch auf das Problem, und Ihr Gehirn weiß nicht, was es stattdessen tun soll. Das ist so, wie wenn Sie in einem Restaurant bei der Bestellung zum Kellner sagen würden: »Ich will keine Muscheln essen.« Dann weiß der Kellner zwar, was Sie nicht wollen, doch er weiß deshalb noch lange nicht, was Sie essen wollen. Der Kellner kann mit dieser Aussage keine Bestellung aufnehmen. Er weiß nicht, ob Sie chinesisches Gemüse mit Nudeln süß-sauer, Wiener Würstchen mit Kartoffelsalat, gebackenes Hähnchen mit Sommersalaten oder etwas ganz anderes essen wollen.

Das Interessante ist, dass wir aus jedem Problem ein KLAR ormuliertes Ziel entwickeln können. Dazu ist es notwendig, die Denkrichtung zu wechseln. Zur Bestandsaufnahme schauen Sie sich zuerst Ihr Problem noch einmal ganz konkret an. Was genau ist das Problem? Um im obigen Beispiel zu bleiben: Von wem genau fühlen Sie sich ausgenutzt? Was genau meinen Sie mit ausnutzen? In welcher konkreten Situation fühlten Sie sich ausgenutzt? Wie haben Sie sich dabei verhalten, dass der andere Sie ausnutzen konnte? Wenn Sie die problematische Situation, die Sie ändern wollen, ganz konkret beschrieben haben, dann ist es Zeit, die Blickrichtung zu wechseln und zu fragen: Was wollen Sie stattdessen? Was genau wollen Sie in einer vergleichbaren Situation anders machen?

Während Visionen allgemein sind und die grobe Richtung, in die wir gehen wollen, vorgeben, sind KLARe Ziele sehr konkret. Durch KLARe Ziele wissen wir, was wir wollen, es eröffnen sich uns neue Perspektiven. Wir lenken unseren Blick bewusst nach vorn, sind motiviert, zuversichtlich und ermutigt, sie umzusetzen.

KLARe Ziele haben einen großen Aufforderungscharakter, vereinfachen unser Leben, helfen uns, bei Durststrecken durchzuhalten, am Ball zu bleiben und unsere Ziele zu erreichen. Zudem fördern Ziele unsere Selbstdisziplin und stärken unsere Selbstachtung.

Mit der KLARen Zielformulierung können Sie sofort beginnen, für Ihre eigenen Zwecke ein hirngerechtes Ziel aufzubauen, um dies in die Tat umzusetzen. Auf diese Weise erreichen Sie das, was Sie wirklich wollen.

Schon Laotse wusste: »Wenn meine Ziele klar sind, erreiche ich sie ohne übertriebene Geschäftigkeit.«

Motiviert durch KLARe Ziele

Wie sieht nun ein KLAR formuliertes Ziel aus? Was steckt hinter den einzelnen Buchstaben?

K = konkret-bildhaft, kraftvoll, klar,

   konstruktiv formuliert (ohne Negation) – Was wollen Sie wirklich?

   körperlich spürbar

   Kriterien – woran erkennen Sie genau, dass Sie Ihr Ziel erreicht haben?

   Stellen Sie sich Ihr Ziel konkret-bildhaft mit allen Sinnen vor – sehen Sie es groß, bunt, positiv-konstruktiv vor sich, hören, was es zu hören gibt, spüren, wie Sie sich kraftvoll fühlen, sich vertrauen und auf konstruktive Weise zu sich stehen. Erleben Sie dabei, wie gut Sie sich fühlen, weil Sie sich für sich selbst stark machen und einsetzen.

   Schließlich: Woran erkennen Sie konkret, dass Sie Ihr Ziel erreicht haben? Dies ist wichtig, damit Sie auch wirklich wissen, wann Sie das ersehnte Ergebnis erreicht haben.

   Unser Gehirn schätzt konstruktive Formulierungen. Wenn Sie sich Ihr Ziel dann noch mit möglichst vielen Sinneskanälen (sehen, hören, fühlen, spüren, riechen, schmecken) vorstellen, weiß Ihr Gehirn genau, in welche Richtung die Entwicklung gehen soll, und kann die Aufmerksamkeit darauf lenken.

L = leidenschaftlich

   lebendig

   loslassen

Lernchancen

Sind Sie wirklich bereit, Ihre Energie und Kraft für Ihr Ziel zu bündeln und sich leidenschaftlich für Ihr Ziel einzusetzen? Erkennen Sie, welche Lernchancen und Entwicklungsmöglichkeiten Sie auf dem Weg zum Ziel haben? Stellen Sie sich auch das wieder bildhaft-konkret, groß, bunt und lebendig vor. Das gibt Ihnen einen Extraschub an Motivation und Durchhaltevermögen.

Welche bisherigen inneren Einstellungen lassen Sie dafür los, damit sich Raum für Neues eröffnet?

Erinnern Sie sich daran: Sie wollen das Ziel *für sich selbst* erreichen – Sie machen das für Ihre Selbstachtung, für Ihr Selbstwertgefühl!

A = angemessene Größe

attraktiv

»Als-ob-jetzt«-Formulierung des Ziels in Gegenwartsform

aktiv handeln

allgemeinverträglich

Ist der Schritt, den Sie machen wollen, angemessen – weder zu groß noch zu klein? Wenn das Ziel zu klein ist, ist es nicht mehr attraktiv, Sie verlieren die Motivation. Diese verlieren Sie auch, wenn das Ziel zu groß ist. Achten Sie darauf, dass das Ziel für Sie zwar eine Herausforderung darstellt, aber erreichbar ist.
Für ein größeres Ziel können Sie kleinere, angemessene Unterziele formulieren, die für Sie im Bereich des Machbaren liegen. Ist Ihr Ziel für Sie zudem attraktiv – motivierend und herausfordernd? Ist es in der Gegenwartsform formuliert?

Was tun Sie konkret, um Ihr Ziel zu erreichen? Es ist Ihr Job, Initiative zu ergreifen und aktiv zu handeln!

Ist das Ziel so, dass alle Seiten dabei gewinnen, auch wenn es im ersten Augenblick möglicherweise nicht so scheint?

R = realistisch

ressourcenorientiert

Rückfall einkalkulieren

Liegt Ihr Ziel im Rahmen Ihrer Möglichkeiten? Ist es realistisch, dass Sie dieses Ziel erreichen?

Was können Sie schon, um Ihr Ziel zu erreichen? Wann haben Sie zum Beispiel schon erfolgreich Nein gesagt und sich abgegrenzt? Wie geht es Ihnen dabei, wenn Sie das Ziel in anderen Situationen schon erreicht haben und es jetzt nur noch auf eine neue Situation zu übertragen haben?

Natürlich hätten wir alle gerne, dass wir gradlinig auf unser Ziel zugehen und dies dann ohne Umschweife erreichen. Doch gerade wenn es darum geht, innere Einstellungen und Verhaltensweisen zu verändern, kann schon mal ein Rückfall in alte Gewohnheiten passieren. Dann stellen Sie ernüchtert fest, dass der Weg zum Ziel doch nicht so gradlinig und reibungslos verläuft, wie Sie sich das vorgestellt haben. Ja, es kann auf dem Weg zum Ziel Umwege geben; doch Umwege erhöhen die Ortskenntnis!

Wenn Sie bewusst Rückschläge einkalkulieren und wissen, dass das normal ist, können Sie gelassen damit umgehen. Zudem können Rückschläge als

Motivationstest verstanden werden, als Test, ob Sie sich weiterhin für Ihr Ziel engagieren wollen. Verbinden Sie in jedem Fall einen Rückschlag mit einer Realitätsprüfung – vielleicht müssen Sie Ihr Ziel abändern, in kleinere Häppchen einteilen. Vielleicht gibt es Gedanken und Gefühle, die noch im Widerspruch zu Ihrem Ziel stehen. Diese gilt es aufzuspüren und zu bearbeiten.

Es ist noch nie ein Meister vom Himmel gefallen, doch durch Übung, Übung, Übung erreichen Sie Ihr Ziel.

Übung
ZIELE ERREICHEN

Tragen Sie Ihr Ziel nach der KLAR-Methode ins Logbuch ein.

Einen noch stärkeren Ansporn für Ihr Ziel erhalten Sie, wenn Sie Ihr KLARes Ziel mit Ihrem Selbstbild, Ihren Bedürfnissen, Werten und Fähigkeiten verbinden.

Folgende Fragen dienen zur Anregung:

○ Wofür ist es für Sie wichtig, dieses Ziel zu erreichen?

○ Welche neuen Verhaltensweisen zeigen Sie, nachdem Sie Ihr Ziel erreicht haben?

○ Welche Fähigkeiten haben Sie auf dem Weg zum Ziel erweitert?

○ Welche neuen Einstellungen haben Sie gewonnen, nachdem Sie Ihr Ziel erreicht haben?

○ Welche Ihrer Werte haben Sie unterstützt, Ihr Ziel zu erreichen?

○ Was haben Sie davon, wenn Sie Ihr Ziel erreicht haben?

○ Was denken Sie über sich, nachdem Sie Ihr Ziel umgesetzt haben?

Haben Sie sich nun 100 prozentig dafür entschieden, sich jetzt für Ihr KLARes Ziel stark zu machen?

○ Was ist Ihr erster Schritt auf dem Weg zum Ziel innerhalb der nächsten 72 Stunden?

Vielleicht kennen Sie die berühmte 72-Stunden-Regel: Die Chance ist groß, Ihr Ziel zu erreichen, wenn Sie innerhalb von 72 Stunden aktiv mit der Umsetzung beginnen.

Während unser Ziel in der Zukunft liegt und wir darauf hinarbeiten, spielt sich unser Leben in der Gegenwart und ausschließlich in der Gegenwart ab. Wer nur auf sein Ziel starrt, verpasst den gegenwärtigen Augenblick – und in dem leben wir ja schließlich!!!

Sie können *klare* Ziele in jedem Bereich Ihres Lebens nutzen! Vielfach machen wir das ohnehin – manchmal bewusst, manchmal mehr intuitiv.

Wenn Sie Ihre Ziele KLAR formulieren, sind Sie motiviert, sie in die Tat umzusetzen, denn durch bildhaft-konkrete und lebendige Vorstellungen in Verbindung mit Ihren Gefühlen bilden sich im Gehirn neue neuronale Vernetzungen, die dann durch mentale Wiederholung, inneres Probehandeln und konkrete Umsetzung weiter verfestigt werden. Dadurch schwächen sich die alten automatisierten Muster allmählich ab.

Obwohl Sie nun wissen, wie Sie Ihre Ziele KLAR formulieren, ist es notwendig herauszufinden, was uns wirklich daran hindert, uns abzugrenzen und Nein zu sagen. Was sind die wirklichen Ursachen dafür?

Warum sag ich Ja,
obwohl ich Nein sagen will?

Es ist kein Zeichen geistiger Gesundheit,
gut angepasst zu sein an eine kranke Gesellschaft.

Jiddu Krishnamurti (1895–1986)

Wenn ich im Training die Frage stelle: »Was befürchten Sie, wenn Sie Nein sagen?«, so kommen häufig folgende Antworten:

- Ich will den anderen nicht verletzen.

- Ich will nicht egoistisch sein.

- Ich trau mich nicht.

- Ich habe Angst, etwas falsch zu machen.

- Vielleicht hat der andere ja doch recht.

- Ich habe Angst, meinen Partner/meine Arbeitsstelle zu verlieren.

- Ich habe Angst, alleine dazustehen.

- Etwas hindert mich, Nein zu sagen, aber ich weiß nicht, was.

- Was denken die anderen, wenn ich Nein sage?

Diese Gründe sind alle nachvollziehbar und wichtig. Natürlich wollen wir Menschen, die uns etwas bedeuten, nicht vor den Kopf stoßen oder verletzen (es sei denn, wir sind auf einem Rachetrip). Und – natürlich wollen wir selbst auch nicht verletzt werden.

Doch was tun wir, wenn wir diesen Satz äußern: »Ich habe Angst, jemanden zu verletzen?« Wir sind mit unserer Aufmerksamkeit beim anderen und unterstellen, dass wir den anderen verletzen, wenn wir seine Bitte abschlagen und unsere eigene Meinung vertreten. Wir tun so, als ob wir seine Gedanken lesen könnten und wüssten, dass der andere bei einem Nein gekränkt reagiert. Können wir wissen, dass der andere verletzt reagiert, wenn wir sagen, was für uns wichtig und stimmig ist? Wir können es vermuten, aber wirklich wissen? Nein, das können wir nicht. Trotzdem tun wir so, als ob wir es wüssten. Wir wollen den anderen mit unserem Ja bei Laune halten und ihn vor Verletzungen schützen.

Die Frage ist: Geht es uns tatsächlich nur um den anderen? Ist es nicht vielmehr so, dass wir uns selbst schützen wollen? Wer weiß, was passieren würde, wenn wir Nein sagen? Um uns vor möglicher Kritik, vor dem Ungewissen, vor möglicher Ablehnung abzusichern, sagen wir Ja.

Eine Trainingsteilnehmerin, Kirstin, sagte: »Bei uns in der Firma habe ich ein Konflikttraining mitgemacht. Ich weiß, wie ich Nein sagen kann, aber wenn mein Kollege zu mir kommt und mich erneut um den Finger wickelt, dann helfe ich ihm. Hinterher bin ich enttäuscht von mir, dass ich es wieder nicht geschafft habe, meine Interessen zu vertreten.«

Es ist sinnvoll, Kommunikationstechniken zu kennen, um zielführend und angemessen Nein sagen zu können. Es ist auch nützlich, einige Formulierungen auswendig zu lernen, damit diese in Stresssituationen gezielt aus dem Hut gezaubert werden können. Doch warum sagt Kirstin quasi automatisch Ja? Sie weiß doch genau, dass sie sich bei diesem Kollegen abgrenzen sollte, weil sie sonst den Kürzeren zieht? Woher kommt es, dass sie wiederholt in dieselbe Falle tappt? Welche Knöpfe drückt er bei ihr, sodass sie ihm wieder Arbeit abnimmt, obwohl sie selbst genug zu tun hat?

Ganz offensichtlich reicht es nicht, dass wir verstandesmäßig wissen, wie wir uns verhalten wollen. Eine unbewusste Macht ist in einem solchen Augenblick stärker und vor allem schneller als der bewusste Verstand.

Stolperfallen Glaubenssätze

Was ist diese unbewusste Macht, die stärker ist als unser bewusster Verstand? Damit wir erfüllt und selbstbestimmt leben können, ist es wichtig, dass wir uns diese Stolperfallen näher anschauen. Es handelt sich um tief verankerte, unbewusste Konditionierungen, die in bestimmten Situationen blitzschnell aktiviert werden und uns immer wieder einen Strich durch unsere hübsch zurechtgelegten bewussten Vorstellungen und Ziele machen.

Diese Konditionierungen bestehen aus unbewussten Glaubenssätzen oder Lebensregeln, die wir verinnerlicht haben, und stehen mit bestimmten Gefühlen und körperlichen Reaktionen in engster Verbindung. Im Folgenden konzentrieren wir uns auf Glaubenssätze (siehe auch: »Das Phönix Prinzip«, das Ingrid Kraaz von Rohr und ich zusammen geschrieben haben). Als Glaubenssätze werden diese Sätze bezeichnet, weil wir unbewusst daran glauben. Sie werden auch als Lebensregeln bezeichnet, weil sie unbewusst unser Leben regeln.

Vielerlei Glaubenssätze dienen uns als strikte Verhaltensanweisung. Sie schreiben uns vor, was wir tun müssen oder auf keinen Fall tun dürfen. Manche betreffen mehr die Frauen, manche mehr die Männer.

Ich möchte hier einige Glaubenssätze vorstellen, die uns besonders zum Jasagen auffordern und demzufolge das Neinsagen verbieten. Wenn wir Glaubenssätze diese herausgefunden haben, können wir sie verändern und erhöhen die Chance, unsere Ansichten selbstbewusst zu vertreten.

Wir können verschiedene Glaubenssätze unterscheiden:

- Glaubenssätze, die uns selbst betreffen.

  Beispiel: Ich muss funktionieren, ich muss schnell sein. Ich schaffe das nie! Ich bin nicht gut genug!

• Glaubenssätze, die andere Menschen betreffen.

Beispiel: Andere müssen fair und rücksichtsvoll sein.

• Glaubenssätze über das Leben, Wirtschaft, Politik,
die Welt, wobei ich mich in diesem Buch auf die ersten
beiden Arten konzentriere.

Beispiel: Die Welt ist ungerecht!

Manchmal kommen Glaubenssätze auch in Befehlsform vor, dann
werden sie auch als innere Antreiber bezeichnet, weil sie uns unermüdlich antreiben, sie zu befolgen, zum Beispiel: »Sei still! Hilf
der Mutter! Halte dich zurück! Sei freundlich! Tu, was ich dir
sage!«

Als innerer Kritiker kommen Glaubenssätze zum Tragen, wenn
sie uns kritisieren, zum Beispiel: »Stell dich nicht so an! Sei nicht
so laut! Schrei nicht so! Sie nicht so egoistisch! Sei nicht so faul!
Du Idiot!«

Unsere Glaubenssätze funktionieren wie innere Gesetze und Vorschriften, die uns so in Fleisch und Blut übergegangen sind, dass
wir sie für Realität halten. Demzufolge handeln wir danach, selbst
dann, wenn sie im Widerspruch zu unserem bewussten Denken
stehen! Wir bemerken sie nicht und können sie daher nicht auf
ihren Wahrheitsgehalt und ihre Nützlichkeit überprüfen oder gar
ändern. Sie wirken wie eine Brille, die sich zwischen uns und die
Realität geschoben hat. Wir können nur das wahrnehmen, was
wir durch unsere Brille sehen. Alles andere blenden wir aus und
verzerren so die Realität im guten Glauben, dass wir die Dinge
absolut objektiv und realistisch wahrnehmen. Dabei handelt es
sich um eine völlig subjektive Angelegenheit.

Unsere Glaubenssätze haben viel mit den vorherrschenden und
tradierten gesellschaftlichen Werten und Normen zu tun. Unsere
Gesellschaft ist immer noch geprägt vom Christentum, in dem

selbstloses Kümmern um andere, Hilfsbereitschaft und Rücksichtnahme eine große Rolle spielen. Jeder kennt wohl den Ausspruch »Liebe deinen Nächsten wie dich selbst«. Die erste Hälfte des Satzes wurde als Tugend gepriesen, während die zweite Hälfte unter den Teppich gekehrt wurde. Vor allem den Frauen wurde traditionell die Rolle der aufopfernden, edelmütigen Dienerin am Nächsten zugeschrieben, während Männer die Wertsetzer und Wertträger waren. Das führte zu großem Leid bei beiderlei Geschlechtern, denn sie wurden auf ihre herkömmlichen, überlieferten Rollen reduziert und konnten sich nicht frei, gemäß ihren Talenten und Fähigkeiten, entfalten. Während Frauen ihre rationale Seite unterdrücken mussten, war es unschicklich für Männer, ihre Gefühle auszudrücken.

Doch schon viel früher, als Menschen noch in Höhlen lebten, waren Frauen für Beziehungspflege – die Aufzucht und Pflege der Kinder, Kranken und alten Menschen – zuständig. Ihnen oblag es, für die Familien innerhalb des Hauses zu sorgen, während die Männer hinauszogen, gegen feindliche Stämme Krieg führten oder zum Jagen gingen. Dabei entwickelten diese sehr ziel- und handlungsorientiertes Verhalten, denn es wäre fatal gewesen, wenn ein Säbelzahntiger auf sie zugekommen wäre und sie erst gedacht hätten: »Was für ein schöner Säbelzahntiger! Was kann ich tun, um zum Tiger eine gute Beziehung herzustellen?« Da gab es keine Zeit zum Überlegen, es musste rasch gehandelt werden, sonst hätte man damals nicht überlebt!

Diese jahrtausendealten Erfahrungen sind immer noch in uns gespeichert und üben zusammen mit den gesellschaftlichen Konventionen Einfluss auf unser gegenwärtiges Verhalten, unsere Einstellungen und Überzeugungen aus. Noch immer hält sich das Ideal vom sachlich-rationalen Mann, der weiß, wo es langgeht, erfolgreich ist im Beruf, der Sport treibt *und* sich inzwischen auch familiär einbringt. Frauen übernehmen auch weiterhin den überwiegenden Teil der Kindererziehung, der Beziehungspflege und des

Haushalts – und sind zudem meist berufstätig. Doch da die klaren Rollenaufteilungen von einst – beruflich wie privat – immer mehr verschwimmen, müssen beide Geschlechter dazulernen. Daher gelten viele Glaubenssätze inzwischen für Frauen und Männer.

Zudem entstanden gesellschaftlich neue Glaubenssätze, die sich im Verhalten bestimmter Gruppen zeigen. Heute wird großer Wert auf Leistung gelegt, auf Prestige oder sichtbaren materiellen Erfolg, auf äußere Schönheit und Jugend. Viele Frauen – zunehmend auch Männer – machen eine Diät nach der anderen, rennen zum Schönheitschirurgen, lassen sich liften und ihren Körper tunen, um vermeintlich schöner zu werden und die Spuren des Alters zu beseitigen. Andere jagen in erster Linie der Karriere, dem Geld oder der perfekten Figur nach und joggen oder radeln wie die Weltmeister. Sie sind besessen vom Leistungsgedanken und kommen nicht einmal in der spärlichen Freizeit zur notwendigen Ruhe!

Die Glaubenssätze solcher Menschen können sein:

- Ich muss jung und schön aussehen.
- Ich muss viel Geld verdienen.
- Mein Körper muss perfekt sein.
- Ich muss viel leisten.

Glaubenssätze haben vielerlei Auswirkungen

- Wir halten sie für wahr. Wir wollen damit recht haben und recht behalten.

- Sie wollen uns vor Verletzungen schützen.
  Sie sagen uns, was richtig und was falsch, was gut und was schlecht ist, was wir tun sollen oder besser unterlassen. Sie liefern uns vorgefertigte Muster im Kopf, die uns blitzschnell Antworten geben, was in der jeweiligen Situation zu tun ist, und funktionieren nach

dem Reiz-Reaktions-Prinzip – wir handeln wie auf Knopfdruck.

- Wir können Dinge rasch einordnen. Glaubenssätze bieten uns Orientierung, Sicherheit, Halt und einen verlässlichen Rahmen, in dem wir uns bewegen.

- Sie entlasten uns vom bewussten Denken, reduzieren die Komplexität des Lebens, liefern uns mentale Ordnung, machen das Leben einfacher und bequemer.

- Sie reduzieren Risiken und Ängste.

- Sie geben uns ein gutes Gefühl, wenn wir uns daran halten, oder wir bekommen ein schlechtes Gewissen, wenn wir uns nicht daran halten.

- Sie sind mit unrealistisch hohen Ansprüchen und unerfüllbaren Erwartungen verbunden.

- Sie setzen uns gehörig unter Druck, bringen uns in Stress.

- Sie entstehen nicht nur in der Kindheit, sondern auch im Erwachsenenleben und können sich verändern.

- Es gibt positive wie negative Glaubenssätze.

Selbsterfüllende Prophezeiungen

Haben wir innerlich ein Urteil über jemanden gefällt, so nehmen wir nur noch die Merkmale und Verhaltensweisen wahr, die wir von ihm erwarten. Auf diese Weise bestätigen sich unsere Vorurteile immer wieder. Glaubt ein Mensch, dass ein Kollege seine Hilfsbereitschaft ausnutzen will, so sieht derjenige bei seinen Kollegen nur noch diesen einen Aspekt nach dem Motto »Der will mich ja doch nur ausnutzen!«, alle anderen Eigenschaften dieses Kollegen werden ausgeblendet.

Wie Sie an dem Beispiel sehen können, kommt nicht viel Positives dabei heraus, wenn man etwas Negatives erwartet.

Es gibt positive Glaubenssätze, die unser Selbstbild und unsere Rollen betreffen, zum Beispiel: »Ich bin eine gute Verkäuferin.« »Ich bin der Supersportler.« Oder: »Ich bin ein erfolgreicher Wanderführer.« Solche Sätze beflügeln und motivieren uns, geben uns Kraft und Mut, über uns hinauszuwachsen und unsere Ziele zu erreichen. Dafür sind Glaubenssätze hilfreich. Sie stärken unser Selbstwertgefühl und unser Selbstvertrauen, müssen aber immer wieder auf Sinnhaftigkeit überprüft werden. Es wäre merkwürdig, wenn ein Siebzigjähriger immer noch dem Selbstbild eines 20-jährigen Supersportlers nachjagen würde.

Allerdings haben manche Menschen auch negative Selbstbilder, die sie im Lauf ihres Lebens aufgrund ihrer Erfahrungen entwickeln, wie: »Ich bin der geborene Pechvogel.« »Ich bin der Depp vom Dienst.« »Ich bin nicht in Ordnung.« Je nachdem, welche Brille ein Mensch aufgesetzt hat, ordnet er sein Erleben und seine Erfahrungen entsprechend ein und handelt danach. Wenn ein Mensch von sich glaubt, nicht in Ordnung zu sein, so kann er sich nicht vorstellen, dass ein anderer sich für ihn interessieren könnte. Er blockiert dessen Bemühungen ab, indem er sich vielleicht besonders ruppig verhält oder gar nicht wahrnimmt, dass sich ein anderer für ihn interessiert, oder er gibt sich sooo viel Mühe, strengt sich über alle Maßen an, um dem anderen zu beweisen, dass er doch in Ordnung ist. Er vergrault ihn aber genau mit diesem Verhalten, sodass er abermals zu dem Schluss kommt: »Ich bin nicht in Ordnung – nicht gut genug.« Durch solcherlei Verhalten wird sein Selbstbild mit den entsprechenden Glaubenssätzen wieder und wieder bestätigt! Das kann er leider nicht erkennen.

Glaubenssätze, die mit »Ich bin …« beginnen, weisen darauf hin, dass es sich um einen Glaubenssatz handelt, der sich auf das gesamte Selbstbild bezieht.

Sie können sich sicher vorstellen, dass manche Glaubenssätze – solange wir sie für die ultimative Wahrheit halten – entsprechend wirken, das Selbstbewusstsein unterminieren, den Elan bremsen, das Vertrauen in die eigene Handlungsfähigkeit einschränken.

Halten Sie daher immer wieder inne, schenken Sie sich Zeit und hinterfragen, wie Sie sich selbst sehen. Womit verbinden Sie Ihr Selbstbild? Welche Hauptrollen spielen Sie gegenwärtig in Ihrem Leben? Vielleicht allseits gefragte Helferin? Supermutter? Supermann? Die omnipotente Führungskraft? Die Freundliche? Mrs oder Mr Perfect? Die Liebevoll-Harmonische, die stets für eine gute, angenehme Atmosphäre sorgt? Vielleicht verbinden Sie Ihr Selbstbild mit etwas ganz anderem. In welchen Situationen ist Ihr Selbstbild hilfreich und nützlich? Wann ist es einschränkend? Wo können Sie es erweitern, sodass Sie mehr an Denkfreiheit und Handlungsspielraum gewinnen?

Denken Sie an Ihre Hauptrollen, schreiben Sie diese in Ihr Logbuch und überlegen Sie, mit welchen Verhaltensweisen Sie Ihre Rolle verbinden. Vielleicht erkennen Sie typische Verhaltensweisen, für die Sie eine Vorliebe haben, entdecken auch solche, die Stress erzeugen. Daraus können Sie Glaubenssätze ableiten, denn diese werden durch konkretes Verhalten sichtbar.

Das Vertrackte an Glaubenssätzen ist, dass wir automatisch danach handeln. So haben wir keine Wahlfreiheit unseres eigenen Verhaltens. Wir sind nicht flexibel, sondern reagieren jedes Mal gleich, wenn ein Glaubenssatz in einer bestimmten Situation anspringt. Wir *müssen* entsprechend handeln und spulen unser gleiches Muster wieder und wieder ab, tappen immer wieder in die gleichen Fallen und reagieren entsprechend. Wir gehen zum Beispiel mit einem Freund abends ins Kino, obwohl wir schon etwas anderes vorhatten, wir sagen eine Verabredung zu, obwohl wir dringend Erholung brauchen würden.

Glaubenssätze erkennen

Unsere unbewussten Überzeugungen, die Glaubenssätze, hindern uns oftmals daran, dass wir uns abgrenzen und Nein sagen. Wenn wir sie erkennen, haben wir eine reelle Chance, uns aus diesen dogmatischen, hinderlichen Mustern zu befreien, endlich zu uns zu stehen und so zu leben, wie es für uns stimmig ist.

Susanne (34) ist Sachbearbeiterin in einem Tourismusbüro. Sie hat eine Kollegin, Michaela, mit der sie gut zusammenarbeitet. Michaela liebt es, über die Neuigkeiten der Promiwelt und der heimischen Heros zu ratschen und zu tratschen, egal, wie viel Susanne zu tun hat. Da Susanne sehr freundlich ist, hört sie ihrer Kollegin lächelnd zu, obwohl sie sich nicht sonderlich für deren Klatsch und Tratsch interessiert. Sie würde lieber weiterarbeiten. Innerlich wird sie ungeduldig, doch äußerlich zeigt sie sich langmütig und höflich. Michaela hingegen deutet das Lächeln von Susanne als Interesse und erzählt munter weiter, bis sie all ihre ach so wichtigen Botschaften losgeworden ist. Je länger Michaela spricht, desto nervöser wird Susanne. Sie hat aber nicht den Mut, ihre Kollegin zu unterbrechen, bekommt schon leichtes Magendrücken und ist heilfroh, als Michaela endlich fertig ist und wieder an ihre Arbeit geht.

Was hindert sie, sich abzugrenzen und freundlich, aber klar zu sagen: »Ich verstehe, dass dir das wichtig ist. Aber ich habe im Augenblick sehr viel zu tun und möchte meine Aufgaben erledigen. Ist das okay für dich?«

Glaubenssätze lassen sich aus dem Verhalten erschließen.

Am Beispiel von Susanne können wir mehrere Glaubenssätze ableiten:

- Ich muss freundlich sein.
- Ich muss bescheiden sein.
- Andere sind wichtiger als ich.

Nun ist ja zum Beispiel Freundlichkeit eine angenehme, ansprechende Eigenschaft. Susanne kann gut zuhören, ist entgegenkommend, wertschätzend, sie nimmt Anteil an anderen Menschen. Wer freundlich ist, ist seinem Gegenüber wohlwollend gesinnt. Kooperatives Miteinander und soziales Handeln sind für ihn wichtig.

Das sind wunderbare Eigenschaften. Doch wer freundlich sein *muss, muss* Anteil nehmen, *muss* entgegenkommend, nachsichtig und langmütig sein. Dann *muss* er dem anderen zuhören, *muss* seine eigenen Interessen und Bedürfnisse zurückstellen und darf sich nicht für seine eigenen Vorstellungen und Belange stark machen, kann seine eigene Meinung nicht vertreten. Er ist so damit beschäftigt, dem Gegenüber Aufmerksamkeit zu schenken, dass er sich und seine eigenen vitalen Bedürfnisse übergeht.

So hat jeder Glaubenssatz Vorteile, aber auch beträchtliche Nachteile. Er führt zu Schwierigkeiten und Leiden. Wir stoßen immer wieder an mentale und emotionale Grenzen, weil wir blind den Glaubenssätzen folgen. Solange wir an diese glauben, können wir weder flexibel und angemessen noch spontan reagieren, sondern müssen das tun, was unsere Glaubensmuster uns vorschreiben. Mit den unliebsamen Konsequenzen haben wir dann zu leben.

In der folgenden Tabelle können Sie eine Hitliste häufig vorkommender Glaubenssätze sehen.

HITLISTE HÄUFIG VORKOMMENDER PERSÖNLICHER GLAUBENSSÄTZE

Glaubenssätze – positiv formuliert:

- Ich muss brav sein.
- Ich muss freundlich sein.
- Ich muss von anderen anerkannt und geliebt werden.
- Ich muss perfekt sein.
- Ich muss bescheiden sein.
- Ich muss mich um andere kümmern.
- Ich muss funktionieren.
- Ich muss schnell sein.
- Ich muss sachlich sein.
- Ich muss stark sein!
- Ich muss es anderen recht machen.
- Ich muss alles alleine schaffen!
- Ich muss anderen helfen!
- Ich muss viel leisten!
- Ich muss meine Familie versorgen!

Negativ formulierte Glaubenssätze geben an, was Sie keinesfalls tun dürfen:

- Ich darf nicht egoistisch sein.
- Ich darf mich nicht in den Mittelpunkt stellen.
- Ich darf nicht wütend sein.
- Ich darf nicht um Hilfe bitten.
- Ich darf nicht zeigen, wie ich bin.
- Ich darf nicht widersprechen.
- Ich darf nicht Nein sagen.
- Ich darf nicht das tun, was ich will.
- Ich darf keine Fehler machen.
- Ich darf keine Gefühle zeigen.

Diese negativ formulierten Glaubenssätze kommen oftmals als kritisierende innere Stimme in Befehlsform vor: »Sei nicht so egoistisch.« Daher wird diese Stimme auch »innerer Kritiker« genannt. Weil dieser so wichtig ist, wird ihm später ein Extrakapitel gewidmet.

Wenn Sie die Liste der Glaubenssätze aufmerksam durchlesen, können Sie leicht erkennen, dass manche dieser Sätze eher dem weiblichen, manche eher dem männlichen Rollenbild zuzuordnen sind. Doch die wirkliche Frage ist: Welche dieser Glaubenssätze sprechen Sie besonders an? Bei welchen spüren Sie eine innere Zustimmung? Bei welchen fallen Ihnen zutreffende Situationen ein? Und vielleicht fallen Ihnen auch noch andere Glaubenssätze ein, nach denen Sie handeln.

So wirken positiv und negativ formulierte Sätze zusammen und sorgen dafür, dass wir auf der richtigen Spur bleiben, zum Beispiel: »Ich muss funktionieren.« Und: »Ich darf nicht tun, was ich will.« Oder: »Ich muss bescheiden sein.« Und: »Ich darf mich nicht in den Mittelpunkt stellen.«

Möglicherweise wirken aber in bestimmten Situationen drei Stimmen im Kopf auf Sie ein, die Unterschiedliches wollen. Sie können zwischen den Geboten, den Verboten und den eigenen Interessen hin und her gerissen werden.

Es kann dann eine Stimme geben, die Sie antreibt, sagt, was Sie tun müssen, zum Beispiel: »Kümmere dich um andere.«

Eine zweite Stimme flüstert Ihnen zu: »Tu endlich was für dich, jetzt bist du dran!«

Und eine dritte kritisiert Sie massiv, der zweiten Stimme zu folgen, und greift Sie vehement an: »Was glaubst du, wer du bist? Sei nicht so egoistisch …«

Worauf die erste Stimme Ihnen dann befiehlt: »Kümmere dich jetzt endlich um andere. Mach schon!«

So scheint es nahezu zwingend, dieser Stimme zu folgen.

WICHTIG IST ZU ERKENNEN:

Jeder Glaubenssatz ist einseitig, hebt bestimmte Eigenschaften besonders hervor und grenzt andere aus. Dadurch verhindert er Selbstannahme und inneren Frieden.

Die folgenden Beispiele zeigen, zu welchem Verhalten Glaubenssätze uns konkret veranlassen und was sie verhindern.

- Ich muss brav sein.

Wirkung nach außen: Wer brav sein muss, passt sich schnell an, ordnet sich selbstverständlich ein und unter. Er ist feinfühlig, flexibel, findet sich rasch zurecht, ist gut im Ausführen der Dinge, die andere ihm zuweisen, und hat ein großes Harmoniebedürfnis. Er hält sich zurück, gibt schnell nach, ist loyal und geduldig, ausdauernd in der Haltung des »Bravseins« und belastbar. Er sagt Ja zu den Erwartungen und Anforderungen von anderen, erfüllt diese schon im Voraus, will niemandem zur Last fallen, will nicht auffallen, ist »pflegeleicht« und ausnutzbar.

Wirkung nach innen: Wer brav sein *muss*, kann eine Menge dazulernen, weil er sich den unterschiedlichsten Menschen anpassen und sich für deren Belange interessieren muss. Er unterdrückt seine eigene Meinung, seine vitalen Bedürfnisse und Interessen, darf nicht wütend oder laut werden, darf sich nicht wehren, macht sich abhängig von anderen, versteckt seine Talente, ist außenorientiert, reaktiv und konfliktscheu. Er darf sich nicht abgrenzen, hat Angst vor Fehlern und Kritik sowie davor, nicht gut genug zu sein. Er darf nicht Nein sagen und ist im Dauerstress.

- Ich muss mich um andere kümmern.

Wirkung nach außen: Wer sich um andere kümmern muss, ist sozial engagiert und scheinbar selbstlos, ist zupackend und engagiert, unterstützt andere mit großer Selbstverständlichkeit, ob sie das wollen oder nicht. Er ist unendlich belastbar, ausdauernd, ausnutzbar, opfert sich für andere auf, übernimmt für sie Verantwortung, löst deren Probleme, meint es gut, mischt sich ungefragt ein, traut anderen wenig zu und hält sie dadurch klein. Die anderen verlassen sich auf seine Hilfe, fühlen sich aber gelegentlich von ihm kontrolliert.

Menschen mit diesem Glaubenssatz arbeiten häufig in sozialen Einrichtungen oder ehrenamtlich. Sie sind wichtige Stützen der Gesellschaft.

Wirkung nach innen: Wer sich um andere kümmern *muss*, darf seine eigenen Interessen nicht entfalten und schon gar nicht durchsetzen, ist außenfixiert und gestresst, verausgabt sich und kommt nicht zu sich, missachtet eigene Grenzen, kann sich schlecht abgrenzen – und ist burn-out-gefährdet. Gerade für diese Menschen ist es besonders wichtig, auch an sich selbst zu denken, um langfristig gesund und lebensfroh zu bleiben.

- Ich muss es anderen recht machen.

Wirkung nach außen: Wer es anderen recht machen muss, ist flexibel, geduldig, anpassungsfähig, legt großen Wert auf Harmonie. Er entwickelt seismografische Antennen, wie es den anderen geht, um schon vorausahnend, umsichtig und engagiert auf die Bedürfnisse anderer eingehen zu können. Er ist beliebt, vielseitig einsetzbar, belastbar, gutmütig. Andere wissen nicht, welche Meinung er hat.

Wirkung nach innen: Wer es anderen recht machen *muss*, lädt sich viel auf, fühlt sich getrieben, sagt rasch Ja, wenn er um Unterstützung gebeten wird, ist unterwürfig. Er arbeitet oftmals zu viel, ist überangepasst, verliert sich in der Vielzahl der Aufgaben, Anforderungen und Erwartungen. Grenzen zu setzen und sich zu wehren fällt ihm schwer, Kritik nimmt er sehr persönlich, ist sehr außenorientiert und unterdrückt seine eigenen Bedürfnisse, Wünsche und Interessen. Er darf nichts fordern, sondern *muss* zufrieden sein mit dem, was andere bestimmen. Er ist konfliktscheu, hat unterschiedliche Meinungen zum gleichen Thema – je nachdem, mit wem derjenige spricht, und ist abhängig vom Wohlwollen anderer.

- Ich muss viel leisten.

Wirkung nach außen: Wer viel leisten muss, will Dinge bewegen, sein Umfeld aktiv gestalten, übernimmt Verantwortung, sieht, wo's klemmt, und ist sofort zur Stelle, auch wenn es gar nicht notwendig ist. Er ist engagiert, fleißig, diszipliniert und im Dauereinsatz, macht Überstunden, nimmt Zusatzprojekte an, obwohl er selbst schon genug zu tun hat.

Wirkung nach innen: Wer viel leisten *muss*, bürdet sich zu viel auf, überfordert sich, missachtet eigene Grenzen und eigene Bedürfnisse nach Ruhe, Erholung und Entspannung. Er powert sich aus, hat Angst, nicht gut genug zu sein, lässt sich oftmals für die Zwecke anderer einspannen und kann sich an diesem Punkt schlecht abgrenzen. Er ist langfristig der ideale Kandidat für Burn-out.

An diesen Beispielen können Sie einen Eindruck gewinnen, welche Wirkung Glaubenssätze, die uns selbst betreffen, nach außen und welche einschränkenden, überfordernden Konsequenzen sie nach innen haben.

Schlussendlich sagen unsere persönlichen Glaubenssätze implizit:

»Erst wenn ich … XYZ … mich um andere kümmere, stark, leistungsfähig, schnell etc. bin …, dann bin ich in Ordnung, gut genug, sicher, geborgen … und werde von anderen geliebt, anerkannt, wertgeschätzt (oder falle nicht unangenehm auf) …«

Sie suggerieren uns: »So, wie du jetzt bist, bist du nicht gut genug. Erst wenn du XYZ machst, dann bist du gut genug!«

Demzufolge verleugnen wir unsere eigenen berechtigten Interessen, Wünsche. Wir sagen Ja, um die Erwartungen und Wünsche anderer zu erfüllen, in der Hoffnung, von anderen bestätigt zu werden, zumindest aber keinen Missfallen zu erregen und nicht bestraft zu werden. Wir haben Angst, nicht klug genug, nicht erfolgreich genug, nicht liebenswert genug, nicht attraktiv genug zu sein. Wir haben Angst, zu versagen, uns zu blamieren, fühlen uns schuldig, den Maßstäben anderer nicht gerecht zu werden, und strengen uns erneut umso mehr an! Wir können nicht ausruhen und tun *nie* genug, weil unsere Glaubenssätze und Erwartungen unrealistisch hoch sind und uns immer weiter antreiben.

Ich finde es immer spannend, bei mir selbst oder im Coaching bei anderen Menschen Glaubenssätze zu entdecken. Es ist erleichternd zu wissen, dass wir uns aus alten unbefriedigenden Mustern befreien und neue, lebenserweiternde Möglichkeiten etablieren können. Wir sind nicht hilflos unseren Denk- und Verhaltensmustern ausgeliefert, sondern können sie verändern.

* * *

Nun gibt es ja nicht nur Glaubenssätze, die sich auf uns beziehen, sondern auch solche, die andere Personen betreffen.

Glaubenssätze, die sich auf andere Menschen beziehen

Wir haben auch tief verankerte Glaubenssätze, wie sich andere Menschen uns gegenüber verhalten müssen/sollen.

Auch hier eine kleine Auswahl:

- Andere (zum Beispiel mein Chef, meine Kollegen, mein Partner) *müssen* fair und gerecht sein.

Wer sagt, dass andere fair und gerecht sein müssen?
Natürlich ist es schön und wohltuend, wenn Menschen fair
sind. Doch wir können nicht automatisch damit rechnen,
zumal es genug Menschen in unserer Gesellschaft gibt,
die auf ihren egoistischen Vorteil aus sind.

- Mein Chef, meine Kollegen *müssen* erkennen, wenn sie mir
  zu viel Arbeit aufbürden.

  Warum sollten sie das erkennen? Bloß weil Sie das wollen?
  Andere sind doch froh, wenn Sie ihnen Arbeit abnehmen!

- Andere (Partner, Freundin, Kollegen etc.) müssen wissen,
  wie es mir geht, und sich entsprechend verhalten.

  Sie erwarten entschieden zu viel! Kein anderer Mensch kann
  Ihre Gedanken lesen und wissen, wie es Ihnen geht und was
  Sie wollen. Das müssen Sie ihnen schon selber sagen, wenn
  Sie die Chance bekommen wollen, dass Ihre Erwartungen
  erfüllt werden!

- Andere *müssen* zum Beispiel freundlich, ehrlich, gradlinig,
  zuverlässig, feinfühlig, bescheiden, hilfsbereit, intelligent,
  schnell, erfolgreich, ausdauernd, entgegenkommend etc. sein
  und mich genauso anerkennen, wie ich das will.

  Mit solchen Glaubenssätzen haben wir die Lizenz zum
  Leiden erworben und die Garantie, dass wir immer wieder
  frustriert werden, denn andere richten sich in aller Regel
  nicht nach unseren unausgesprochenen, unrealistisch hohen
  Erwartungen!

GLAUBENSSÄTZE, DIE SICH AUF ANDERE MENSCHEN BEZIEHEN, ZEIGEN FOLGENDES SCHEMA:

Andere müssen sich so verhalten, wie ich das will. (Andere müssen … XYZ … oder meine wahre Größe, mein unglaubliches Talent und meinen überirdischen Einsatz, meine Ausdauer etc. … anerkennen.)

Wenn diese das nicht tun, dann sind sie engstirnig, unfair, ungerecht, lieblos, taktlos, egoistisch, faul, doof … und müssen von mir bestraft werden.[1]

Für Bestrafungen gibt es bekanntlich viele Möglichkeiten:

- Ich kann mich beleidigt zurückziehen.

- Ich kann dem anderen die Schuld in die Schuhe schieben,

- an ihm herumnörgeln, jammern und wehklagen.

- Ich kann mich rächen, den anderen öffentlich bloßstellen,

- um Mitleid heischen, mich als Opfer darstellen nach dem Motto »Sieh nur, was du mir angetan hast!«. Oder: »Sieh nur, wie schlecht es mir deinetwegen geht!«

- Ich kann wichtige Termine vergessen,

- lustlos und niedergeschlagen sein,

- oder – urplötzlich – aus der Haut fahren und schreien.

Natürlich gibt es noch weitere Möglichkeiten, den anderen zu bestrafen. Mit diesen ganzen Verhaltensweisen verfolgen wir unbewusst und indirekt ein großes Ziel: Der andere soll doch noch machen, was *ich will*! Das nennt man Manipulation.

ZUSAMMENFASSEND KANN ÜBER GLAUBENSSÄTZE
GESAGT WERDEN:

- Glaubenssätze sind Verallgemeinerungen. Sie sind einseitig, verzerren und reduzieren die Realität.

- Sie treiben uns ständig an und verhindern, dass wir zur Ruhe kommen.

- Solange wir uns mit unseren Glaubenssätzen identifizieren, haben wir keinerlei Abstand dazu und glauben, dass sie wahr sind.

- Wir *müssen* unseren Glaubenssätzen folgen, sind dadurch nicht flexibel.

- Sie verhindern, dass wir in den Situationen, in denen Glaubenssätze aktiv sind, Nein sagen können, und führen zu Frustration, Enttäuschung und Leid.

- Wir unterdrücken eigene Bedürfnisse und Interessen zugunsten anderer.

- Wir haben ein inneres Abgrenzungsverbot und/oder missachten unsere Grenzen und dürfen *nie* so sein, wie wir wirklich sind.

- Wir wollen uns und andere kontrollieren und wollen eine Belohnung für unseren Einsatz!

- Wir haben Angst, nicht gut genug zu sein, und überspielen dies durch vermehrte Anstrengung, durch vermehrten Einsatz, sind hart zu uns selbst.

- Glaubenssätze führen uns weg von uns selbst und dem Erleben des gegenwärtigen Augenblicks.

- Wir blicken mit den Augen der Vergangenheit in die Zukunft und sind nicht frei im Denken und Verhalten.

Wer seine Glaubenssätze erkennt, kann sie verändern.
Wer seine Glaubenssätze ändert,
dessen Welt verändert sich!

In einem Coaching formulierte ein Leistungssportler den dazu passenden Spruch: »Wenn du mental nix tust, ändert sich nix. Also tu ich was, damit sich was ändert!«

Ein wesentliches Werkzeug für innere Zufriedenheit und Lebensfreude, für erfüllende Beziehungen und erfolgreiches Handeln ist das Erkennen und Lösen einschränkender Glaubenssätze. Damit dies gelingt, ist es notwendig, die mit den Glaubenssätzen verbundenen Gefühle und die körperlichen Spannungen zu spüren und zu integrieren. Wird dagegen ein Glaubenssatz nur auf der mentalen Ebene gelöst, bleibt die Wirkung reduziert.

Übung
GLAUBENSSÄTZE ERKENNEN

Tragen Sie wieder in Ihr Logbuch ein:

○ Denken Sie an ein bestimmtes Verhalten, das wiederkehrend ist und Sie ändern wollen. Schreiben Sie die genaue Situation auf.

Lesen Sie dann diese Situation erneut durch und überlegen Sie, welcher Glaubenssatz dahinterstecken könnte. Schreiben sie ihn auf.

Anschließend können Sie einen Test zu einigen Glaubenssätzen machen, die uns besonders daran hindern, Nein zu sagen. Stellen Sie fest, welche davon auf Sie zutreffen. Dieser Test ist eine Abwandlung des Tests über die »inneren Antreiber«, der aus der Transaktionsanalyse stammt.[2]

Test
MEINE INNEREN GLAUBENSSÄTZE

Denken Sie im Test entweder an Ihr Privat- oder Ihr Berufsleben und beantworten Sie die folgenden Fragen ehrlich mithilfe folgender Bewertungsskala.

4 = trifft voll und ganz zu
3 = meistens
2 = etwas
1 = selten
0 = gar nicht

○ Tragen Sie zunächst den jeweiligen Bewertungspunkt in die rechte Spalte ein.

Merkmale	Punkte
1. Es geht mir gut, wenn ich gebraucht werde. _____	
2. Ich kann anderen den Vortritt lassen. _____	
3. Ich habe einen starken Willen. _____	
4. Ich folge dem, was mein Chef/mein Mann/ meine Frau mir sagt. _____	
5. Ich helfe anderen, wenn sie Sorgen und Nöte haben. _____	
6. Ich mag es nicht, wenn sich jemand in den Vordergrund drängt. _____	
7. Ich arbeite sehr zuverlässig. _____	
8. Ich mische mich nicht in die Angelegenheiten anderer ein. _____	
9. Ich sehe immer Verbesserungsmöglichkeiten. _____	
10. Durchhaltevermögen ist für mich wichtig. _____	
11. In Gruppen halte ich mich bescheiden zurück und lasse andere reden. _____	
12. Ich brauche lange, bis ich ungeduldig werde. _____	

13. Soziales Engagement ist für mich wichtig. _____

14. Ich bin gut im Ausführen von Aufgaben, wenn mir gesagt wurde, was zu tun ist. _____

15. Ich bin meistens gut gelaunt. _____

16. Ich arbeite auch dann weiter, wenn ich müde bin. _____

17. Wenn ich etwas mache, dann bin ich sehr gründlich und genau. _____

18. Ich finde Wichtigtuer und Dampfplauderer unsympathisch. _____

19. Wenn jemand down ist, kann ich ihn gut ermutigen. _____

20. Ich höre freundlich zu, wenn andere sprechen. _____

21. Es ist mir peinlich, wenn ich gelobt werde. _____

22. Ich habe ein gutes Gespür, was andere von mir erwarten. _____

23. Ich bin sehr belastbar. _____

24. Ich vernachlässige schon mal meine eigene Arbeit, weil ich jemand anderem helfe. _____

25. Ich mag es nicht, wenn Leute lauthals ihre Meinung sagen. _____

26. Ich arbeite lieber im Hintergrund. _____

27. Ich mag es nicht, wenn jemand Schwäche zeigt. _____

28. Mir sagt man nach, dass ich pflichtbewusst bin. _____

29. Auch wenn mich jemand »schräg« anspricht, bleibe ich freundlich. _____

30. Ich mag es nicht, wenn sich jemand rücksichtslos verhält. _____

31. Ich achte sehr darauf, was andere wollen. _____

32. Ich beiß schon mal die Zähne zusammen, um Dinge zum Abschluss zu bringen. _____

33. Ich blühe in einer harmonischen Atmosphäre auf. _____

34. Ich spiele meine Leistung eher herunter. _____

35. Mich regen Leute auf, die in den Tag hineinleben. _____

36. Es macht mir Spaß, mich um andere zu kümmern. _____

37. Manchmal überfordere ich mich selber und gehe über meine Grenzen. _____

38. Ich kann mich schlecht verkaufen. _____

39. Es ist mir unangenehm, im Mittelpunkt zu stehen. _____

40. Ich kann mich gut an verschiedene Situationen und Menschen anpassen. _____

41. Ich habe hohe Erwartungen an andere. _____

42. Ich bleibe regelmäßig abends länger in der Arbeit nach dem Motto »Von nix kommt nix!«. _____

43. Ich kann mich schlecht wehren, wenn jemand unfreundlich ist. _____

44. Ich bin sehr flexibel. _____

45. Wenn mich jemand bittet, tu ich ihm den Gefallen. _____

46. Bei Entscheidungen gebe ich schnell nach. _____

47. Mir fällt es schwer, Menschen zu akzeptieren, die nicht genau sind. _____

48. Ich mische mich schon mal unaufgefordert ein und gebe Ratschläge. _____

49. Es ist unfair, wenn ich mich engagiere und andere das Lob ernten. _____

50. Ich bin fleißig und ausdauernd. _____

51. Toleranz ist ein wichtiger Wert für mich. _____

52. Ich gelte als fürsorglich und unterstützend. _____

53. Konflikte mag ich nicht. _____

54. Ich kontrolliere Dinge lieber zwei Mal, bevor etwas falsch ist. _____

55. Fehler zu machen ist schlimm für mich. _____

56. Das Leben ist anstrengend! _____

57. Egoistische Leute nerven mich. _____

58. Ich bleibe auch freundlich und aufmerksam, wenn mich ein anderer lange beschwatzt. _____

59. Ich verlange sehr viel von mir. _____

60. Mir ist es wichtig, dass ich mit allen Menschen gut auskomme. _____

Testauswertung:

○ Übertragen Sie nun Ihre Punkte auf die jeweils mit Zahlen gekennzeichneten Kästchen und zählen Sie diese zusammen.

1. Ich muss perfekt sein!

7	9	17	28	35	41	47	54	55	59	Total

2. Ich muss bescheiden sein!

2	6	11	18	21	26	30	34	38	39	Total

3. Ich muss brav sein!

4	14	22	25	31	40	44	46	50	53	Total

4. Ich muss hilfsbereit sein!

1	5	13	19	24	36	45	48	52	57	Total

5. Ich muss freundlich sein!

8	12	15	20	29	33	43	51	58	60	Total

6. Ich muss mich anstrengen!

3	10	16	23	27	32	37	42	49	56	Total

Ergebnisse:

1. Ich muss perfekt sein!

<u>1 bis 12 Punkte:</u>

Sie wissen das schon lange: Nobody is perfect. Sie machen, was Sie machen können, und wenn es Zeit ist für Feierabend, dann legen Sie die Dinge hin und gönnen sich eine Auszeit. Sie können gut abschalten und wissen, dass die Arbeit am nächsten Tag auch getan werden kann.

<u>13 bis 27 Punkte:</u>

Sie können ehrgeizig und gründlich sein, können aber auch abschalten. Sie wollen Ihre Aufgaben ordentlich erledigen, wollen etwas leisten und sich engagieren, wissen aber auch, wann es genug ist.

<u>23 bis 40 Punkte:</u>

Je höher Ihre Punktzahl ist, desto genauer und gründlicher führen Sie Ihre Arbeiten aus. Ob im Privatleben oder bei Ihrer Arbeit, überall sehen Sie die Schwachpunkte und erkennen, was verbessert werden muss. Die Arbeit geht Ihnen nie aus. So kann es sein, dass Sie immer mehr tun wollen, sich dabei überfordern, über Ihre Grenzen gehen und abends völlig erschöpft sind. Sie haben sehr hohe Erwartungen an sich selbst! Für Sie ist es wichtig zu wissen: Niemand ist perfekt, noch nicht mal Sie! Und das ist gut so, denn Sie sind ein Mensch - und Menschen brauchen auch Zeit zur Erholung und Erneuerung der Kräfte. Gönnen Sie sich regelmäßig Verschnaufpausen und planen Sie ausreichend Zeit für sich selbst ein!

2. Ich muss bescheiden sein!

<u>0 bis 12 Punkte:</u>

Bescheidenheit ist nicht Ihr Ding. Sie stehen gerne im Mittelpunkt und vertreten klar Ihren Standpunkt. Sie werden gesehen, gehört und respektiert. Ihre Lernchance besteht darin, auch anderen Raum zu geben. Keine Sorge, auch wenn Sie sich zurücknehmen, werden Sie nach Ihrer Meinung gefragt!

<u>13 bis 27 Punkte:</u>

Sie können anderen den Vortritt lassen, wissen aber auch, wann es Zeit ist, sich selbst aktiv einzubringen und Ihre Kompetenzen, Ihr Wissen und Können zu zeigen. Sie können zuhören, lassen sich aber von den Vielrednern nicht an die Wand spielen.

<u>28 bis 40 Punkte:</u>

Je höher Ihre Punktzahl, desto mehr leben und handeln Sie nach diesem Leitsatz. Sie müssen Rücksicht auf andere nehmen, auch dann, wenn es Ihnen selbst schaden könnte. Und sogar dann, wenn Sie etwas wirklich besser wissen als andere, halten Sie sich zurück und überlassen anderen das Feld. Ihr Chef weiß dann nicht, was Sie wirklich wissen und können, da Sie in Meetings kaum wahrgenommen werden. Es reicht nicht, wenn Sie Taten für sich sprechen lassen wollen, Sie müssen Ihren Einsatz auch mündlich »verkaufen« und sich selbst in den Vordergrund rücken. Dabei gelten die Sprüche:
»Eigenlob stimmt!«
»Bescheidenheit ist eine Zier, doch weiter kommt man ohne ihr!«

3. Ich muss brav sein!

0 bis 12 Punkte:

Nein, Bravsein müssen Sie nicht. Sie sind lebendig, zeigen dies und werden rasch zur Autorität innerhalb einer Gruppe. Achtung: Lassen Sie auch ruhigere Menschen zu Wort kommen oder beziehen Sie diese mehr ein! Sie werden ohnehin wahrgenommen!

13 bis 27 Punkte:

Sie können brav sein, wenn Sie das wollen. Sie können sich aber auch für Ihre eigenen Bedürfnisse, Interessen und Wünsche stark machen, auch wenn Sie damit möglicherweise einen Konflikt riskieren. Sie wissen, dass Sie das Recht auf Eigenleben und Selbstbestimmung haben, und nutzen dies, auch wenn es nicht immer bequem ist, zu sich selbst zu stehen.

28 bis 40 Punkte:

Je höher die Punktzahl, desto weniger Wahlfreiheit haben Sie in Ihrem Verhalten. Macht nichts, es ist doch gut, einen wichtigen persönlichen Glaubenssatz identifiziert zu haben. Nur dann können Sie ihn ändern. Doch bis dahin müssen Sie brav tun, was andere von Ihnen erwarten, und Ihre eigenen Interessen, Wünsche und Bedürfnisse zurückstecken. Sie bleiben reaktiv und haben langfristig große Chancen, frustriert zu werden. Erlauben Sie sich, mehr wahrzunehmen, was Sie wirklich wollen, und zu sich selbst zu stehen. Sie werden sehen, wie viel Spaß es machen kann, sich selbst einzubringen, lebendig zu sein und berechtigte Forderungen zu stellen!

4. Ich muss hilfsbereit sein!

0 bis 12 Punkte:

Sie konzentrieren sich auf Ihre eigenen Angelegenheiten, können sich gut abgrenzen und Nein sagen. Manchmal könnten Sie sensibler im Umgang mit anderen sein und auch die Bedürfnisse anderer in Ihre Überlegungen einbeziehen. Sie wollen Ihre Aufgaben alleine erledigen. Für Sie kann es eine Lernchance sein, andere gelegentlich um Hilfe zu bitten.

13 bis 27 Punkte:

Bei Ihnen hat die Hilfsbereitschaft Grenzen. Das ist auch sinnvoll, denn so können Sie mit Ihren eigenen Arbeiten zum Ziel kommen *und* haben die Wahlfreiheit, jemandem zu helfen, der Ihre Hilfe benötigt.

28 bis 40 Punkte:

Dass Sie andere unterstützen, ihnen beistehen und Sie je nach Bedarf trösten oder ermutigen können, ist eine wunderbare Eigenschaft. Doch je mehr Punkte Sie haben, desto zwanghafter müssen Sie anderen helfen, egal, ob diese es wollen oder nicht. Sie übernehmen sofort die Verantwortung für andere, geben ihnen Ratschläge, bieten Lösungen an und mischen sich ungefragt in die Angelegenheiten anderer ein. Auf diese Weise verhindern Sie, dass andere selbstständig werden und ihren eigenen Weg gehen. Durch Ihre Überfürsorglichkeit kontrollieren Sie andere. Ihr Helferdasein kostet viel Kraft und führt nicht selten zu chronischer Ermüdung. Aber wo bleiben Sie in diesem Spiel? Was sind Ihre eigenen Bedürfnisse? Sie brauchen Zeit für Ihre eigene Regeneration. Die Gefahr ist sonst zu groß, dass Sie sich überfordern und langfristig in ein Burn-out driften.

5. Ich muss freundlich sein!

0 bis 12 Punkte:

Ob andere Sie für freundlich halten oder nicht, ist Ihnen egal. Sie kümmern sich um Ihre eigenen Aufgaben und Arbeiten. Sie sind stolz darauf, dass Sie nicht »schleimen«, bringen Ihre Kritik unverhohlen und unverblümt an. Leider merken Sie nicht, dass Sie andere Menschen manchmal mit Ihrer direkten Art verletzen.

13 bis 27 Punkte:

Sie können, aber müssen nicht immer freundlich sein. Für Sie ist es wichtig, dass Sie – je nach Situation und Gesamtzusammenhang – sich freundlich, aber beherzt und eindeutig abgrenzen, wenn jemand Sie zu sehr in Beschlag nehmen will.

26 bis 50 Punkte:

Freundlichkeit gehört zu Ihrem Pflichtprogramm. Gleichgültig, ob und wie lange ein anderer Sie beschwatzt, gleichgültig, ob Sie das Thema interessiert oder nicht. Sie bleiben aufmerksam und freundlich, auch wenn es innerlich bereits zu brodeln anfängt. Sie bleiben geduldig und bis über die Schmerzgrenze tolerant. Deshalb ziehen Sie in manchen Situationen den Kürzeren. Doch genau das ist Ihre Lernchance: Sie können lernen, sich frühzeitig bestimmt und klar abzugrenzen, sodass Sie Ihren *eigenen* Weg gehen können.

6. Ich muss mich anstrengen!

0 bis 12 Punkte:

Sie gehen Ihre Aufgaben entspannt an. Sie machen, was Sie können, und gehen abends pünktlich nach Hause. Sie verstehen nicht, warum manche Menschen sich unermüdlich einsetzen und dauernd im Stress sind.

13 bis 27 Punkte:

Sie strengen sich an, wenn es für Sie wichtig ist. Sie wissen aber auch, wann es für Sie Zeit wird, sich zu erholen und neue Kraft zu schöpfen. So setzen Sie sich immer wieder tatkräftig ein und finden dann die nötige Zeit für einen Ausgleich.

<u>28 bis 40 Punkte:</u>

Sie haben einen starken Willen und können viel aushalten. Sie bemühen sich und leisten unendlich viel. Ihr Einsatz ist bewundernswert, doch leider haben Sie darüber vergessen, dass auch Sie Probleme oder Schlafstörungen bekommen können, denn auch Sie brauchen Pausen und Zeit für Erholung. Für Sie ist es besonders wichtig, Ihre Körperwahrnehmung zu stärken, damit Sie rechtzeitig »Stopp« zu Ihren eigenen Ansprüchen sagen und erkennen, wie entlastend es sein kann, sich mehr um sich selbst zu kümmern.

* * *

In diesem Test konnten Sie erkennen, welche der oftmals vorkommenden Glaubenssätze auf Sie zutreffen. Selbstverständlich kann es sein, dass einer Ihrer Lieblingsglaubenssätze nicht erwähnt ist. Doch wenn Sie Ihren Lieblingsglaubenssatz herausgefunden haben, so können Sie selbst erforschen, welche Vorteile, aber auch welche langfristigen Nachteile er mit sich bringt.

Blockaden lösen und Glaubenssätze verändern

> Was hilft es, bessere Zeiten zu wünschen und
> zu hoffen? Ändert euch nur selbst, so ändern
> sich auch die Zeiten. Ohne Mühe geht nichts.
>
> Benjamin Franklin (1706–1790)

Einschränkende Glaubenssätze sind Blockaden, durch die wir immer wieder an Grenzen stoßen und nicht weiterkommen. Doch nun, da Sie Ihre einschränkenden Glaubenssätze herausgefunden haben, können Sie diese Blockaden lösen und Ihre Glaubenssätze verändern. Sie können neue, ermutigende Glaubenssätze entwickeln, die Ihnen mehr Denk- und Handlungsspielraum ermöglichen. Sie müssen nicht länger an einen Glaubenssatz glauben, bloß weil Sie bisher daran geglaubt haben! Und – wer sagt, dass das, was früher einmal war, morgen auch noch Gültigkeit haben muss?

Die gute Nachricht: Unser Gehirn ist neuroplastisch, d.h. anpassungsfähig. Es kann sich immer wieder verändern. So können immer wieder neue Nervenzellen und neue Vernetzungen entstehen, sodass wir bis ins hohe Alter dazulernen können. Ziel bei der Glaubenssatzveränderung ist es, dass wir im Denken und Verhalten flexibler werden und die Wahlfreiheit haben, Ja oder Nein zu sagen, ganz so, wie es für uns selbst passend ist.

Vorbereitung zur Glaubenssatzänderung

Sind Sie wirklich entschlossen, einen alten Glaubenssatz loszulassen und einen neuen zu entwickeln? Wollen Sie das 100-prozentig? Sind Sie ganz sicher? Wollen Sie wirklich mehr Wahlfreiheit? Wollen Sie sich wirklich abgrenzen und Nein sagen können? Gut. Um Glaubenssätze zu verändern, gibt es verschiedene Möglichkeiten:

Übung
ÜBERTREIBEN

Ziel ist es, dass Sie diesen Glaubenssatz nicht mehr ernst nehmen.

Wählen Sie einen Glaubenssatz aus, den Sie verändern wollen.

Sinnvoll ist es, dass Sie alleine im Raum sind, wenn Sie diese Übung machen. Sie erfahren gleich, warum.

○ Nehmen Sie eine Uhr und drücken Sie je eine einzige Minute lang nacheinander folgende Verhaltensweisen durch Ihren Glaubenssatz aus:

Sie singen eine Minute lang den Glaubenssatz als Operette, zum Beispiel: »Ich muss hilfsbereit sein.« Danach spielen Sie ihn eine Minute lang als Drama, dann als Rap, danach als Komödie, danach im Flüsterton, anschließend als Propagandastück, dann als Melodram, anschließend lispeln sie ihn, schließlich stottern sie ihn und beenden ihn noch mit einer Operneinlage.

Das mag zwar merkwürdig klingen, aber damit lockern Sie das alte Glaubenssatzmuster auf.

○ Anschließend setzen oder legen Sie sich, spüren und fühlen Sie, was in Ihrem Körper vorgeht und was Sie jetzt über Ihren Glaubenssatz denken. Nehmen Sie dabei wahr, ob Sie nach dieser Übung noch an ihn glauben können.

Es macht total Spaß, diese Übung nach einer Einführung gemeinsam im Training durchzuführen!

Veränderung des Glaubenssatzes

Damit Glaubenssätze wirkungsvoll sind, müssen ein paar Bedingungen erfüllt sein. Wenn Sie einen neuen Glaubenssatz entwickeln wollen, der Ihnen mehr an Denk- und Handlungsspielraum eröffnet, dann ist es zielführend, ihn folgendermaßen zu formulieren:

- kurz
- klar – eindeutig
- konstruktiv – positiv
- selbst kontrollierbar
- in Gegenwartsform

Beginnen Sie Sätze mit:

Ich bin …
Ich kann …
Ich habe …

Wenn Glaubenssätze sehr tief verankert und mit starken Verboten oder Geboten verbunden sind, ist es als Übergang sinnvoll, weichere Formulierungen zu benutzen, damit Ihr Gehirn diese leichter annehmen und glauben kann.

Hierbei hat sich folgender Satzbeginn als hilfreich erwiesen:

Ich habe das Recht …
Ich erlaube mir …
Ich darf …

Beispiele:

Ich erlaube mir, meine Meinung zu sagen.
Ich habe das Recht, Nein zu sagen.
Ich darf mich abgrenzen.
Ich kann Ja oder Nein sagen.

Nun gibt es gängige Formulierungen, die wir im Alltag benutzen, mit denen aber unser Gehirn wenig anfangen kann, da sie nicht klar genug sind.

Ich möchte …
Ich versuche …
Eigentlich würde ich gerne …
Ich müsste …
Ich könnte …
Ab morgen werde ich …

Streichen Sie solche Formulierungen am besten aus dem Kopf und wählen Sie stattdessen eine konkrete, klare Sprache.

 **Übung**
GLAUBENSSATZVERÄNDERUNG MIT DEN ABC-FRAGEN [3]

Sie können Glaubenssätze mit den ABC-Fragen bearbeiten.

Wählen Sie einen Glaubenssatz (GS) aus, den Sie verändern wollen, zum Beispiel: »Ich muss es allen recht machen« und beantworten Sie dabei folgende Fragen. Geben Sie sich ausreichend Zeit dafür, fühlen und spüren Sie dabei, was in Ihnen während der Übung vorgeht. Für diese Übung erlaube ich mir, Sie in der Duform anzusprechen, da dies doch persönlicher ist.

Absicht	Welche positive **Absicht** hat dieser GS? Was willst du mit deinem Glaubenssatz erreichen?
Beschreibung	Beschreibe genau die Situation, in welcher der GS aktiviert wird.
Bedürfnisse	Welche Bedürfnisse konntest du durch deinen bisherigen GS befriedigen? Welche Bedürfnisse wurden nicht befriedigt?

Bedeutung	Was bedeutet der Glaubenssatz für dich genau?
Chance	Welche Chance eröffnet sich dir, wenn du einen neuen Glaubenssatz findest, mit dem du dich gut abgrenzen kannst?
	Willst du diese Chance 100-prozentig für dich nutzen?
DEFinition	Wie kannst du jetzt einen neuen Glaubenssatz formulieren, der dir mehr Möglichkeiten eröffnet?
Gegenbeispiel	Gibt es Situationen, wo du den alten GS behalten möchtest? Kennst du jemanden, der in einer vergleichbaren Situation völlig anders handelt?
Herausforderung	Ist es für dich eine **Herausforderung**, auf die Lernchancen in der Situation zu schauen? Welche sind das konkret?
Interesse	Wieso hast du **Interesse** daran, den alten GS zu lösen? Ist es intelligent, weiter an den alten GS zu glauben?
Konsequenzen	Was könnte dir schlimmstenfalls passieren, wenn du Nein sagst und dich abgrenzt?
	Was könnte dir bestenfalls passieren, wenn du Nein sagst und dich abgrenzt?
Leid	Welches Leid bringt er mit sich, wenn du den *alten* GS weiterhin hättest?
Lust	Hast du Lust, deinen *neuen* GS zu leben, dich abzugrenzen und dadurch mehr an Wahlmöglichkeiten zu gewinnen?

Maßnahmen	Welche konkreten Maßnahmen unternimmst du, um diesen neuen GS zu leben?
Nutzen	Was hast du davon, wenn du deinen neuen Glaubenssatz lebst – wenn du Nein sagen und dich abgrenzen kannst?
Offenheit	Wie offen bist du für diese neuen Möglichkeiten?
Pflicht	Wie verpflichtet bist du dir selber gegenüber, jetzt diesen neuen GS in deinem Leben zuzulassen?
Quantensprung	Bist du für den Sprung ins Neuland bereit?
Realitätsabgleich	Wie realistisch ist dieser neue GS für dich? Bist du sicher, dass du das erreichen kannst und willst?
Selbstverant-wortung	Bist du bereit, die Verantwortung dafür zu übernehmen, deinen neuen Glaubenssatz in die Tat umzusetzen?
Talente	Welche Talente unterstützen dich dabei, deinen neuen GS in dein Leben zu integrieren?
Unterschied	Welchen Unterschied macht es für dich, wenn du jetzt deinen neuen Glaubenssatz anwendest? In welchen Situationen hältst du es für sinnvoll, deinen alten, in welchen, deinen neuen anzuwenden?
Werte	Welche wichtigen Werte werden durch deinen neuen GS angesprochen?
Ziel	Überprüfe noch einmal den neuen GS und formuliere ihn gegebenenfalls so, dass er jetzt

für dein Leben passt und dir mehr Wahlmöglichkeiten gibt. (Vielleicht musst du
den neuen Satz, den du bei **DEF** entwickelt
hast, ändern, wenn nicht – wunderbar!)

Zukunft   Stelle dir bildhaft und mit allen Sinnen vor,
wie du deinen neuen GS lebst ... Wie du es
genießt, deinen Standpunkt freundlich, klar,
selbstverständlich zu vertreten, sodass du
gehört wirst und auf dich gehört wird.

Schreiben Sie Ihren neuen Glaubenssatz wieder in Ihr Logbuch und
stellen Sie sich immer wieder Situationen vor, in denen Sie ihn erfolgreich anwenden.

Erlauben Sie mehr und mehr, sich in der Praxis abzugrenzen. Seien
Sie neugierig, was dann passiert.

*Eine Coachingteilnehmerin aus einem großen Konzern sagte er-
staunt: »Als ich damit begonnen habe, mich abzugrenzen, war ich
vorher jedes Mal ziemlich aufgeregt. Inzwischen mach ich pünktlich und mit gutem Gewissen Feierabend, sage Nein bei Zusatzaufgaben, die ich früher angenommen hätte – und das wirklich
Wichtige ist, dass keiner gemeckert hat! Keiner hat geschimpft. Die
anderen haben das einfach akzeptiert. Ich gebe in Verhandlungen
nicht mehr so schnell nach, ich traue mich, wesentlich mehr zu fordern! Doch der größte Witz ist, dass es mir auch noch Spaß macht.«*

* * *

Im Verlauf des Buches lernen Sie weitere Möglichkeiten, wie Sie
innere Blockaden lösen und Glaubenssätze verändern können,
doch zunächst gehen wir der Frage nach: Wie haben wir gelernt,
Ja zu sagen? Und – wofür ist das überhaupt wichtig zu wissen?

Wie wir gelernt haben, Ja zu sagen

Die Freude, das Selbstwertgefühl,
sich von anderen anerkannt und geliebt
zu wissen, sich nützlich und fähig zu
fühlen, das sind Faktoren von ungeheurer
Bedeutung für die menschliche Seele.

Maria Montessori (1870–1952)

Jeder Mensch wird in eine bestimmte Kultur, in eine bestimmte Familie mit ihren jeweiligen Idealen, Werten, Normen und Verhaltensweisen hineingeboren. Ein Kind kommt mit Urvertrauen und bedingungsloser Liebe zur Welt, ist vollkommen sicher und direkt im Ausdruck seiner Emotionen und Empfindungen. Weil es empfindsam, zerbrechlich, leicht verletzlich ist, nimmt es unmittelbar Stimmungen der Eltern wahr und braucht einen schützenden, liebevollen Raum um sich, damit es sich gut entwickeln kann. Es ist völlig abhängig von seinen Eltern, wird meist von der Mutter umsorgt, gehegt, gepflegt und lernt sehr früh, dass es Menschen gibt, die für es da sind, ihm Sicherheit, Halt, Wärme und Geborgenheit schenken.

Jedes Kind genießt es, wenn Mutter oder Vater einfühlsam mit ihm spielen, es sanft berühren oder ihm etwas vorsingen. Dabei wird das Wohlfühlhormon Oxytocin ausgeschüttet, das dafür sorgt, dass wir Vertrauen entwickeln und Nähe zulassen können. Auf diese Weise entsteht eine liebevolle, vertrauensvolle Beziehung besonders zwischen Mutter und Kind in den ersten Lebensmonaten. Oxytocin steigert die Bereitschaft, sich auf andere Menschen einzulassen, baut Stress ab und wirkt entspannend. So beruhigen sich Babys schnell wieder, wenn sie von Mutter oder Vater auf den Arm genommen, deren Nähe spüren und ihre beruhigende Stimme hören.

Liebe, Wertschätzung und Zuwendung – Nahrung für die Seele

Eltern oder Pflegepersonen haben die Aufgabe, ihr Kind auf das Leben in der Gesellschaft vorzubereiten. Sie tun das, was sie für sinnvoll und richtig erachten, damit ihr Kind sich in die jeweilige Gemeinschaft einordnen und darin bestehen kann. So lernt jedes Kind über die Nachahmung der Eltern, über Ge- und Verbote, über Lob und Belohnung, aber auch über Druck, Liebesentzug und Strafe, was »gut« und »richtig« ist und was »schlecht und falsch« ist. Hierbei werden im emotionalen Gedächtnis – auch schon vorgeburtlich – angenehme, wohltuende Erfahrungen wie auch schmerzhafte aufgezeichnet mit der Folge, dass Menschen im Erwachsenenleben unbewusst angenehme Erfahrungen wiederholen und schmerzhafte vermeiden wollen.

Ein Kind lernt jeden Tag. Es ist neugierig, zuversichtlich, entdeckt Neues, erweitert seine kleine Welt und wird dabei von seinen Erziehungspersonen begleitet, die es unterstützen und ihm sagen, was es machen soll oder unterlassen muss. Wenn die Oma zu Besuch kommt, sagen zum Beispiel die Eltern zum Kind: »Gib der Oma die rechte Hand zum Grüßen.« Damit weiß ein Kind, was es tun soll, und es wird gelobt, weil es brav das gemacht, was von ihm erwartet wird. Es erhält von ihnen zudem ein Lächeln, vielleicht fährt ihm die Mutter dazu anerkennend mit der Hand über den Kopf und sagt: »So ist es gut.« Das Kind spürt die Verbindung zu seiner Mutter, ist stolz auf seine Leistung, freut sich über die Anerkennung. Das Belohnungssystem im Gehirn springt an und es lernt: »Wenn ich die rechte Hand zum Grüßen gebe, werde ich gelobt.«

Der Entwicklungspsychologe René Spitz war einer der ersten (1940), der die Bedeutung der frühkindlichen Mutter-Kind-Beziehung erkannt und erforscht hat. Er hat festgestellt, dass jedes Kind ein gewisses Maß an Liebe und Zuwendung braucht, damit es gesund gedeihen, wachsen und lieben kann. Jeder von uns hat ja sicher schon am eigenen Leib erlebt, welch motivierende, beflügelnde und wohltuende Wirkung Liebe und Belohnung haben. Doch ein Kind erlebt nicht nur liebevolle Zuwendung, sondern auch, dass es nicht alles tun kann, was es will. Ihm werden Grenzen aufgezeigt. »Pansch nicht in den Spinat.« »Schrei nicht so herum.« »Sei nicht so egoistisch.« Auf diese Weise lernen Kinder nach und nach, was sie tun müssen/sollen, und was sie auf gar keinen Fall tun dürfen. Sie merken sich schließlich aus vielfacher Erfahrung, was passiert, wenn sie das tun, was die Eltern wollen. Sie bekommen Zuwendung, Aufmerksamkeit, fühlen sich mit den Eltern verbunden und werden gelobt, belohnt, geliebt. Sie wissen aber auch, was passiert, wenn sie »über die Stränge schlagen« – sie werden geschimpft und bestraft, erleben dies als Entzug der elterlichen Liebe. Das tut weh.

Welche Auswirkungen im Erwachsenenleben eine Erziehung über Drohung, Strafe und Angst haben und zu welchem Glaubenssatz dies führen kann, zeigt folgendes Beispiel:

Michael, 38 Jahre, Abteilungsleiter in einem mittelständischen Betrieb, kam zum Coaching, weil er unbedingt lernen wollte, sich abzugrenzen. »Ich bin zu gutmütig«, sagte er über sich. »Ich nehme den anderen zu viel an Arbeit ab, mache zu viel selbst und bin dann unzufrieden, wenn ich jeden Abend spät nach Hause komme.« Er fühlte sich schuldig, wenn er doch mal Nein sagte, und wusste nicht, warum. »Ich resigniere, wenn jemand mich um einen Gefallen bittet, und scheue mich, Nein zu sagen. Danach mache ich mir selbst Vorwürfe, dass ich wieder mal nachgegeben hab. Meine Gedanken drehen sich im Kreis, bis ich schließlich zu dem wiederkehrenden Schluss komme: ›Ich hab so viel Arbeit. Ich müsste Nein sagen, sonst wird mir alles zu viel. Und ich kann es nicht.‹ Noch nicht. Er spürte eine innere Beklemmung allein schon bei dem Wunsch, Nein zu sagen, besonders bei Männern. »Ich weiß, dass ich es als Führungskraft unbedingt können müsste, weiß auch, wann es gut wäre – aber es funktioniert einfach nicht.«

Er hatte den Glaubenssatz »Ich muss gehorchen«. Und das tat er denn auch. Wann immer jemand zu ihm kam mit einer Bitte, einem Wunsch, einem Problem – er half ganz selbstverständlich und ließ seine eigene Arbeit liegen.

Wie hat Michael diesen Glaubenssatz gelernt?

Er hatte einen sehr strengen Vater, der laut wurde und auch mal zuschlagen konnte, wenn er als Kind nicht sofort den Befehlen seines Vaters gehorchte. Dadurch hatte Michael gelernt, dass er am besten mit seinem Vater auskam, wenn er sich sofort anpasste und gehorchte. Aus Angst vor Strafe und Schlägen sagte er als Kind immer seltener das, was ihn bedrückte oder was er wollte. Er fühlte sich den Launen seines Vaters oftmals hilflos ausgeliefert und ohnmächtig. Auch von seiner Mutter konnte er keinen Zuspruch erwarten, hatte diese doch selbst Angst vor der Unbeherrschtheit ihres Mannes und gehorchte ihm ebenso. So konnte die Mutter den kleinen Michael auch nicht beschützen, und er fühlte sich ängstlich und verlassen. »Wachsam sein und sich sofort anpassen« lautete seine intelligente Überlebensstrategie. So entstand bei ihm ein unbewusstes Abgrenzungs- und Selbstbestimmungsverbot, er lernte in vorauseilendem Gehorsam, Ja zu sagen und sich selbst zurückzunehmen, denn »es war ja gefährlich, einen eigenen Willen zu haben«, so sagte er. »Und wenn ich dann doch mal was für mich selbst wollte, bekam ich sofort ein schlechtes Gewissen. Ich fühlte mich in dem, was ich wollte, gehemmt, gab sofort nach und tat lieber, was meine Eltern wollten.«

Michaels unbewusste Devise hieß: »Ich muss gehorchen.« Dieser Glaubenssatz war verbunden mit Kurzatmigkeit, einer Enge in der Brust und dem Wunsch, davonzulaufen, wenn jemand eine Erwartung an ihn hatte. Dies hielt sich bis ins Erwachsenenalter. Sobald er als Führungskraft hätte Nein sagen und sich selbstbestimmt abgrenzen müssen, wirkte automatisch der Glaubenssatz, der zu dem inneren Anpassungsgebot geführt hatte.

Michael hatte unbewusst die Situation von *damals* gespeichert und auf seine aktuellen Situationen von *heute* übertragen und blieb dadurch an die Vergangenheit und an seine Eltern gebunden. Wenn er gehorchte, hatte er keine Strafe zu befürchten. So diente die Anpassung Michaels als Kind zu seinem Schutz sowie der Konflikt- und Angstabwehr. Das war *damals* eine intelligente und sinnvolle Strategie, denn aufkommende Eigenimpulse wurden durch Schuldgefühle und Angst vor Strafe und Ausgrenzung sofort im Keim erstickt.

Im Verlauf des Coachings konnte er die Zusammenhänge verstehen, konnte die Angst, Einsamkeit und innere Verzweiflung, aber auch die unterdrückte Wut des »jungen Michaels« mitfühlend annehmen und lernte, zu sich selbst zu stehen. Er entdeckte in diesem Prozess die Bedeutung der Wahlfreiheit seines Denkens und Verhaltens, fühlte sich kraftvoller und lebendiger. Er erkannte, wie wichtig es für ihn war, sich mit gutem Gewissen abzugrenzen. Dies führte dazu, dass er als Führungskraft besser delegieren und klar seinen Standpunkt vertreten konnte, mehr geachtet und anerkannt wurde.

An diesem Beispiel sehen Sie, welche Auswirkungen eine Dressur zum Gehorsam haben kann und wie frühe Konditionierungsprozesse und Glaubenssätze das gegenwärtige Leben bestimmen.

Eine australische Krankenschwester hat über viele Jahre Sterbende begleitet und gefragt, was sie am meisten bedauern, nicht getan zu haben. Auf Platz 1 steht der Wunsch, »den Mut gehabt zu haben, mir selbst treu zu bleiben, anstatt so zu leben, wie andere es von mir erwarteten«.[4] Dies kann uns Lebenden doch eine Lehre sein.

Vom Gefühl, nicht geliebt zu werden

Ein Kind lernt in einem schmerzvollen, sich vielfach wiederholenden Prozess, dass es sich anpassen und dem elterlichen Willen fügen muss. Wichtig ist zu verstehen, dass Eltern in aller Regel das Beste für ihr Kind wollen. Sie geben an ihre Kinder das weiter, was sie selbst von ihren Eltern gelernt und als richtig empfunden haben.

Wird nun ein Kind mit Liebesentzug bestraft, weil es lebendig und spontan seinen eigenen Impulsen gefolgt ist – und dadurch etwas anderes will als die Eltern –, so werden jedes Mal Handlungsimpulse und Reflexe des Kindes unterbrochen. Es spürt, dass es etwas falsch gemacht hat. Das schmerzt, und ein Kind fühlt sich dann getrennt von der Liebe der Eltern, es fühlt sich beschämt, schuldig, irritiert, isoliert, verlassen, aus dem Gleichgewicht gebracht und reagiert wütend, enttäuscht, traurig, verzweifelt oder mit Rückzug und lernt, dass bestimmte eigene Strebungen und Gefühle unerwünscht und mit schmerzlichen Konsequenzen verbunden sind.

Weil Kinder ja intelligent sind, beginnen sie als Folge, ihre eigenen Bedürfnisse, Gefühle, Impulse immer mehr zu verstecken, sie zu unterdrücken und verdrängen. Die natürlichen Bestrebungen, das Eigene lebendig auszudrücken, sich für sich selbst stark zu machen, sich zu wehren, werden unterbrochen, und es entsteht im Kind der unbewusste Glaube: »Die anderen haben mehr recht als ich.« Und: »So wie ich bin, bin ich nicht gut genug, also muss ich alles Mögliche tun, um geliebt zu werden oder um Strafe zu vermeiden oder um wenigstens Aufmerksamkeit zu bekommen.«

Werden Kinder in ihrem Selbstausdruck und aufkeimenden Selbstbewusstsein zu sehr und zu oft gebremst und in Schranken verwiesen, so trauen sie sich weniger zu, Selbstwertgefühl und Selbstvertrauen können sich nicht adäquat entfalten. Umgekehrt, wenn Kindern keine Grenzen gesetzt werden, so werden sie völlig verunsichert, sie haben keinen Halt, bekommen keine Orientierung, schlagen über die Stränge und beginnen, ihre Eltern zu tyrannisieren. Zu wenig und zu viele und eng gesteckte Grenzen tun einem Kind nicht gut.

Aber es gibt leider auch Eltern, die so sehr mit sich selbst beschäftigt sind, dass sie ihre Kinder immer wieder mit ihren natürlichen Wünschen nach Liebe und Nähe abweisen. Diese fühlen sich dann verlassen und ungeliebt, sind bitter enttäuscht und entwickeln oftmals eine überstarke Sehnsucht nach Liebe, Lob, die verbunden ist mit starken Anklammerungstendenzen oder einem inneren Rückzug und mit Selbstgenügsamkeit, um nicht noch mal enttäuscht zu werden. Auch diese Kinder haben sinnvolle Überlebensmechanismen gelernt: Entweder sie rebellieren ganz besonders, sagen zu allem erst mal Nein, um wenigstens irgendeine Form von Aufmerksamkeit zu bekommen, oder sie passen sich an, machen sich möglichst unsichtbar, um den Eltern ja nicht zur Last zu fallen.

Inga, eine 31-jährige Bankkauffrau, hat seit einem Jahr einen Freund, den sie sehr liebt. Sie leben in getrennten Wohnungen, manchmal kommt sie freudig auf ihn zu, doch zieht sie sich immer wieder rasch zurück und verschließt sich. »Ich zweifle daran, dass ich liebenswert bin.« Er beteuert zwar immer wieder, wie sehr er sie liebt, doch sie ist misstrauisch, befürchtet, dass er sie verlassen wird. »Es gibt so viele schöne und kluge andere Frauen in der Stadt, was will er ausgerechnet mit mir?« Sie ist einerseits selbstgenügsam, reaktiv und traut sich nur dann zu sagen, was sie möchte, wenn er sie fragt. Andererseits klammert sie sich an ihn, kontrolliert jeden seiner Schritte: »Ich will doch nur wissen, wo er ist und was er macht.« Er wird aus ihrem Verhalten nicht schlau und versichert immer wieder, dass er nur sie liebt, doch sie ist davon überzeugt, dass er sich eines Tages einfach nicht mehr bei ihr melden wird.

Inga hat in ihrer Kindheit erlebt, dass ihre Mutter halbtags gearbeitet und wenig Zeit für sie gehabt hatte. »Sie wollte immer ihre Ruhe. Ich war sehr allein und hatte Angst, dass sie eines Tages nicht mehr von der Arbeit nach Hause kommt.« Ihr Vater war auf Montage und oft wochenlang unterwegs. »Auch bei ihm hatte ich Angst, dass er irgendwann gar nicht mehr zurückkommt. Ich hatte immer das Gefühl, dass keiner wirklich für mich da war.« So hatte sich durch vielfache Erfahrung in ihr verankert: »Mich mag keiner.«

Und: »Ich kann mich auf niemanden verlassen.« Sie spürte im Er-
wachsenenleben ganz deutlich, wie sie hin- und hergerissen war
zwischen dem Wunsch nach Liebe und der Angst, abgewiesen zu
werden. Es war für sie eine große Herausforderung, den Schmerz
und das Misstrauen der »jungen Inga« zu spüren, ihre wahren
Wünsche nach Liebe und Geliebtsein zu akzeptieren und anzuer-
kennen, dass es nunmehr tatsächlich jemanden gab, der sie liebte, der
sich für sie interessierte, der ihr zuhörte und wissen wollte, was in
ihr vorging. Durch das Coaching gewann sie mehr und mehr Selbst-
vertrauen und konnte sich zunehmend darüber freuen, dass sie um
ihrer selbst geliebt wurde.

Welch großen Einfluss die Erziehung auf Kinder hat und welche
Rolle früh erlernte Glaubenssätze spielen, können Sie aus den
Beispielen entnehmen. Keine Frage, Eltern geben in der Erziehung aus ihrer Sicht alles, was sie geben können … Und was für
sie wichtig und bedeutungsvoll ist, das übernehmen und lernen
auch wir.

Dabei opfern wir als Kinder einen Teil unserer eigenen Bedürfnisse und Interessen, um das Grundbedürfnis nach Verbindung
und Zugehörigkeit zu unseren Eltern zu sichern. Das führt zu
emotionalen und mentalen Verstrickungen, zu einem Anpassungsgebot, aber gleichzeitig auch zu einem inneren Abgrenzungs-
und Selbstbestimmungsverbot.

Durch unseren Konditionierungsprozess trennen wir uns von
den zentralen Bereichen unseres Seins. Wir trennen uns zum Teil
von unserer innewohnenden Kraft und unserem umfassenden
Vertrauen ins Leben und der allumfassenden Liebe. Dafür übernehmen wir gesellschaftlich akzeptiertes Denken und Verhalten.
Doch wir haben auch die Macht, uns von unseren beengenden
Konditionierungen – von unseren Glaubenssätzen – zu lösen, und
können Verständnis für unsere Eltern entwickeln, die alles getan
haben, was in ihren Möglichkeiten lag, um uns auf unseren Le-
bensweg vorzubereiten. Auch sie haben womöglich keine leichte

Kindheit gehabt, auch sie hätten sicher mehr Liebe und Mitgefühl gebrauchen können, um sich zu entfalten.

Übung

Tragen Sie die Antworten wieder in Ihr Logbuch ein:

○ Welche Sätze haben Ihre Eltern zu Ihnen als Kind wiederholt gesagt?

○ Wofür wurden Sie gelobt? Wie haben Sie darauf reagiert?

○ Wofür getadelt? Wie haben Sie darauf reagiert?

Durch die Antworten können Sie Rückschlüsse auf Ihre Glaubenssätze ziehen und noch besser verstehen, wie Sie gelernt haben, Ja zu sagen.

Die Suche nach Anerkennung und das Selbstbestimmungsverbot

> Die letzte der menschlichen Freiheiten besteht
> in der Wahl der Einstellungen zu den Dingen.
>
> Viktor Frankl (1905–1977)

»Ich hab alles für ihn getan. Ich war für seine Kinder da, hab seine Mutter gepflegt, hab'in seiner Firma den gesamten kaufmännischen Bereich geleitet. Es gibt nichts, was ich nicht für ihn getan hätte, doch jetzt – jetzt werde ich einfach weggeschmissen wie ein alter Putzlappen«, beklagte sich Elfriede.

Aus der Lebensgeschichte der 49-Jährigen wird verständlich, warum sie sich so verausgabt hat, obwohl die beste Freundin ihr seit Jahren geraten hatte, sich von ihrem Mann zu trennen. Wie Sie bereits wissen, sind frühe Beziehungsmuster aus unserer Kindheit prägend für unser ganzes Leben. Als Elfriede 12 Jahre alt war, wurde ihre Mutter sehr krank und lag mehrere Monate im Krankenhaus. Da sie die älteste von drei Geschwistern war, kümmerte sie sich um die beiden jüngeren Geschwister. Sie kochte, putzte, übernahm die Rolle der Ersatzmutter und wurde von ihrem Vater dafür sehr gelobt. Ihr geliebter Vater verstarb an einem Autounfall, als sie 14 Jahre alt war. Das war ein Schock für die ganze Familie. Elfriedes Mutter versank in Trauer und Depression. Elfriede musste sich nun wieder um ihre Geschwister, aber auch zusätzlich um ihre Mutter kümmern. So hatte sie unbewusste innere Einstellungen und Glaubenssätze entwickelt wie »Ich muss mich um andere kümmern«. Sie hatte zudem erfahren: »Wenn ich stark bin, dann werde ich gelobt und anerkannt.« Und: »Das Leben besteht aus Pflicht.« Elfriede hatte früh gelernt zu funktionieren. So war es für sie selbstverständlich, sich für die Familie einzusetzen, wann immer und wo immer sie gebraucht wurde.

Sie lernte mit 20 Jahren ihren späteren Mann kennen, der von seinen Eltern bereits ein kleines Unternehmen übernommen hatte und ihr zu Beginn ihrer Beziehung jeden Wunsch erfüllte. Elfriede arbeitete schon bald in dessen Betrieb mit, und als sie merkte, dass er Schwierigkeiten hatte, Entscheidungen zu treffen, übernahm sie willig diese Aufgaben, zumal er immer wieder beteuerte: »Ich bin so froh, dass du das machst. Du kannst das besser als ich.« Die ersten Ehejahre war er sehr stolz auf sie, lobte ihre Tüchtigkeit, bewunderte ihren Einsatz und überschüttete sie mit Aufmerksamkeiten. Sie empfand dies als Zeichen seiner Liebe und Anerkennung, sodass sie sich noch mehr ins Zeug legte. Doch im Lauf der Zeit änderte sich die Beziehungsdynamik zwischen den beiden. Während sie immer mehr an Arbeit und Verantwortung übernahm, zog er sich ganz allmählich immer mehr zurück, übernahm schließlich nur noch Repräsentationsaufgaben mit Tagesfreizeit und begann, sie abzuwerten. »Du bist zu faul, du kannst nix.«

Erst war sie völlig entrüstet über sein Verhalten und verstand die Welt nicht mehr. Nachdem sich ihre Schockstarre gelöst hatte, begann sie, sich zunächst halbherzig zu rechtfertigen. Dann überhörte sie seine Herabsetzungen, doch im Inneren war sie zutiefst verletzt und empört. Nach außen hin zeigte sie weder ihre Verletzung noch ihre Wut und ihren Unmut. Vielmehr wollte sie ihm über ihre Arbeit täglich beweisen, wie gut sie »in Wirklichkeit« war. Sie bekam reichlich Anerkennung von Kunden, doch von dem Einzigen, von dem sie diese wirklich wollte, bekam sie weder Zuwendung noch Bestätigung. Im Gegenteil. So rutschte sie unmerklich mehr und mehr in eine Opferhaltung, gab ihm die Schuld, nörgelte an seinem Verhalten und wollte unbedingt, dass er ihr wieder so viel Beachtung und Zuwendung schenkte wie zu Beginn ihrer Ehe! Sie wurde zur Bettlerin. Sie bettelte um Aufmerksamkeit, er sollte sie wieder anerkennen, und zwar so, wie er es früher getan hatte, doch ihre Hoffnungen wurden von ihm immer wieder zunichtegemacht. Seine Überanpassung zu Beginn ihrer Ehe war umgeschlagen in eine Überabgrenzung. »Die letzten Jahre waren sehr anstrengend.

Ich hab mehr oder weniger den ganzen Laden geleitet, hab fast nur gearbeitet, mir kaum was gegönnt. Ich hätte mir gewünscht, dass er mich mal in den Arm nimmt, stattdessen wurde ich immer mehr beschimpft oder links liegen gelassen. Ich wollte doch nur das Beste! Nun ist er von einem Tag zum anderen ohne Vorwarnung ausgezogen. Das tut sehr weh.«

Frühe Trennungen von den Eltern oder eine längere Abwesenheit von Mutter oder Vater, aber auch emotionale oder physische Übergriffe, Unfälle oder der Tod von Eltern haben gravierende Auswirkungen auf unsere Entwicklung und prägen unsere Vorstellungen vom Leben. Diese Erfahrungen sind für uns so einschneidend, verletzend und lebensbedrohlich, dass wir uns, als normale biologische Reaktion, von unseren Ängsten, Schmerzen und überwältigenden Gefühlen abspalten, um nicht von ihnen überrollt zu werden. Weil wir als Kinder die Unterstützung von Erwachsenen brauchen, um zu überleben, wollen wir als Überlebensmechanismus ihren Erwartungen entsprechen, klammern uns an nahestehende Personen und suchen Schutz bei ihnen. Wir wollen auf keinen Fall noch einmal solche »schrecklichen« Gefühle, solchen Schmerz erleben und tun alles, damit wir dies vermeiden. Doch – sie bleiben weiterhin in uns – und werden im Erwachsenenleben in bestimmten aktuellen Situationen reaktiviert.

Elfriede hatte die Mutterersatzrolle für ihren Mann übernommen und wollte von ihm Anerkennung, wie sie sie einst von ihrem Vater bekommen hatte. Doch ihr Mann fühlte sich von ihr dominiert und verschaffte sich über Projektionen, Abwertungen und Verweigerung Luft. Er rächte sich an ihr, indem er ihr das Wichtigste vorenthielt, was sie wollte: Zuwendung, Beachtung, Anerkennung. Sie war tief verletzt, tat alles für seine Firma und hoffte auf seine Liebe und Anerkennung, schließlich hatte sie die innere Überzeugung als Kind gelernt: »Wenn ich funktioniere, dann werde ich geliebt und anerkannt.«

Auch wenn wir als Kinder von geliebten Personen wenig bestätigt oder gar abgewiesen werden, bleibt dieses Bedürfnis nach Resonanz, nach Verbindung, Bestätigung da, der Wunsch, von anderen anerkannt oder gar bewundert zu werden. Dieses Bedürfnis drängt im Erwachsenenleben immer wieder auf Erfüllung, sogar bei denen, bei denen wir es definitiv nicht bekommen. Der plötzliche Auszug ihres Mannes weckte bei Elfriede alte, längst vergessen geglaubte Erinnerungen und Gefühle … Erinnerungen an den plötzlichen Tod ihres Vaters, an die Angst um ihre Mutter, an ihre Verlassenheitsängste. Jetzt hat sie die Chance, ihre Vergangenheit aufzuarbeiten und all diese abgespaltenen Gefühle von Trauer, Wut, Ohnmacht, Angst, Einsamkeit, Schmerz … nach und nach zu integrieren. Sie hat nun die Möglichkeit zu erkennen, dass sie damals wie heute das Beste getan hatte, was sie konnte, und ihre eigene Bedürfnisse geopfert hatte, »um sich um die anderen zu kümmern und den Laden am Laufen zu halten«. Sie kann jetzt sehen, dass sie immer auf der Suche nach Anerkennung und Liebe war, dass sie diese unbedingt von ihrem Mann gewollt und sehr viel dafür getan hatte.

Sich mit diesen Tatsachen auseinanderzusetzen ist nicht leicht und tut weh, doch im Licht des Bewusstseins können alte Wunden heilen.

Sie kann sich *jetzt* aus alten mentalen und emotionalen Verstrickungen lösen und lernen, dass sie das Recht hat, wütend zu sein , dass sie nicht immer für andere die Kohlen aus dem Feuer holen und funktionieren muss, sondern auch ihrem Bedürfnis nach Erholung und Ruhe nachkommen kann. Sie lernt, dass sie sich und anderen Grenzen setzen darf und muss, vor allem aber, dass sie sich selbst anerkennen und wertschätzen kann.

Liebe, Verbindung und Wachstum – unsere tiefsten Bedürfnisse

Wir Menschen sind soziale Wesen und haben auch im Erwachsenenleben ein tiefes Bedürfnis nach Verbindung zu anderen Menschen, nach Wertschätzung, Zuwendung und Liebe. Wir wollen von anderen als Mensch gesehen, akzeptiert, geachtet, ernst genommen werden. Wir wollen uns gefühlt fühlen, wollen aber auch für das, was wir tun, bestätigt werden. Wir wollen uns mit anderen austauschen. Werden wir hingegen nicht beachtet, ignoriert, abgewertet oder gar von einer Gruppe ausgestoßen, so sind unsere Beziehungen bedroht, und wir sind verletzt. Joachim Bauer beschreibt in seinem Buch »Prinzip Menschlichkeit«, dass wir Menschen von Natur aus auf wechselseitige Beziehungen, Kooperation und Resonanz angelegt sind und dass im Gehirn bei emotionalem Schmerz – zum Beispiel bei Zurückweisung durch andere – die gleichen Areale angesprochen werden wie bei körperlichem Schmerz! Kein Wunder also, dass wir uns nach Beachtung, Wertschätzung und Zuneigung sehnen und vieles tun, um Schmerz zu vermeiden! In Zeiten des Säbelzahntigers hätte der Ausschluss aus der Gruppe den sicheren Tod bedeutet. Dies tut es zwar heute nicht mehr, doch dieses evolutionsbiologische Erbe tragen wir auch noch in uns!

Heute leben wir in einer unglaublich vielfältigen und schnelllebigen Zeit, in der es ein heftiges Gerangel um Anerkennung und Bestätigung von außen gibt. Zeit für wirklichen Austausch, wirkliche Verbindung zum anderen bleibt kaum. Wir lernen schon von klein auf über unterschiedliche Medien, was wir brauchen sollen, haben müssen, um anerkannt zu werden. Wir bekommen mit, dass wir an Äußerem und Äußerlichkeiten gemessen werden. Bereits in Kindergarten und Schule achten Kinder auf Labels und glauben, unbedingt das neueste Handy zu brauchen. Sie wollen zu einer Gruppe gehören, akzeptiert und wertgeschätzt werden. Im Erwachsenenleben geht es dann um »mein Haus, mein

Auto, mein …«. Wir glauben, äußeren Anforderungen gerecht werden zu müssen, schauen immer mehr nach außen und erwarten von anderen Bestätigung. Doch diese haben genau das gleiche Bedürfnis wie wir. Auch sie schauen nach außen und erwarten Zuwendung und Anerkennung von uns! So sind wir gegenseitig auf der Suche nach Anerkennung und werden uns dabei selber fremd. Wir wissen selbst nicht mehr, wer wir sind und was wir wollen. Wir erleben uns manchmal als hilflos in Anbetracht der zahlreichen Anforderungen, die von außen auf uns einstürmen, und sind leicht manipulierbar. Unsere eigene Lebenswirklichkeit und unser Wunsch, einem gesellschaftlichen Ideal nachzueifern, klaffen oftmals auseinander. Menschen verwechseln manchmal Bestätigung, Bewunderung mit Wertschätzung und Liebe.

Problematisch wird es dann, wenn wir unbedingt Bestätigung und Zuwendung von anderen brauchen, denn in diesen Fällen sind Aufmerksamkeit und Zuwendung die Kompensation eines Mangelgefühls oder einer inneren Leere, die mit Anerkennung von außen gefüllt werden soll. Dies ist letztlich unbefriedigend, da inneres Mangelgefühl niemals von außen gefüllt werden kann.

Wenn wir immer neue Bestätigung von außen brauchen, sind wir außenfixiert und machen uns abhängig von der Anerkennung anderer. Unsere ganze Aufmerksamkeit ist nach außen gerichtet, wir registrieren sehr genau, ob uns der andere wirklich zuhört oder nur halb, ob der andere uns wirklich zugetan ist oder nur so tut. Wir fragen uns, was die anderen über uns denken, fragen uns, ob wir selbst gut genug sind, um vom anderen akzeptiert oder bewundert zu werden. Wir strengen uns an, legen uns ins Zeug, passen uns an und lassen fremdbestimmen, um anerkannt zu werden, um den Beweis von anderen zu bekommen, doch liebenswert zu sein.

Ein Coachingkunde formulierte dieses innere Dilemma folgendermaßen: »Meine Frau soll mir eine Liste machen, damit ich weiß, was ich tun muss, damit sie mich weiterhin liebt und bei mir bleibt.«

Und Demi Moore konstatierte in einem Interview: »Meine größte Angst ist, festzustellen, dass ich nicht liebenswert bin« (Gala Nr. 45, 2012). Diese Befürchtung kann dazu führen, dass sie sich an denjenigen, den sie liebt, anklammert und Anerkennung von ihm erzwingen will. Der andere soll ihre Zweifel an sich selbst zerstreuen, indem er ihr versichert – täglich –, liebenswert zu sein. Sobald er das nicht tut, wird sie misstrauisch, unsicher und möchte erst recht Bestätigung.

Je mehr Angst wir haben, nicht gut genug, nicht liebenswert genug zu sein, desto schneller sind wir persönlich getroffen, desto verletzlicher sind wir.

Um die Liebe von unseren Eltern nicht zu gefährden, haben wir das Selbstbestimmungsverbot verinnerlicht und wollen deren Erwartungen möglichst perfekt erfüllen. Sobald uns aber jemand kritisiert, fühlen wir uns als Person abgelehnt, zweifeln an unserem eigenen Selbstwert und glauben wieder mal, »nicht gut genug« gewesen zu sein.

Warum fühlen wir uns rasch persönlich abgelehnt, bloß weil ein anderer eine andere Meinung hat? Warum zweifeln wir so rasch an unserem Selbstwert?

Weil in solchen Augenblicken alte Wunden aus längst vergangenen Tagen der Kindheit aktiviert werden.

Glaubenssätze, Anerkennung und das Selbstbestimmungsverbot

Sie wissen, dass wir als Kinder über Liebe und Liebesentzug, Lob und Strafe konditioniert worden sind und auf diese Weise unbewusste Glaubenssätze entwickelt haben. Durch unsere langjährige Konditionierung haben wir gelernt, dass man für Liebe und Lob etwas tun muss, dass Liebe und Anerkennung verdient werden müssen und dass man sie nur selten umsonst bekommt. Wenn wir nun unseren Glaubenssätzen entsprechend handeln, dann wollen wir auch eine Belohnung für unseren Einsatz. Je nach Art der Beziehung zu der Person, von der wir die Gegenleistung erwarten, je nach beruflichem oder privatem Kontext wollen wir Anerkennung Beachtung oder Liebe. Wir wollen uns wechselseitig mit den anderen austauschen und uns verbunden fühlen. Ist ein Glaubenssatz mit der entsprechenden Belohnung erfüllt worden, so fühlen wir uns befriedigt, angenommen, wertgeschätzt, wir fühlen uns in Harmonie, sicher und gut aufgehoben.

Doch oftmals geht die Rechnung nicht auf. So sehr wir uns auch einsetzen und anstrengen, wir bekommen nicht immer die Anerkennung von anderen. Weil wir sie nicht bekommen, zweifeln wir an uns und *müssen* die Anstrengung erhöhen, damit uns andere doch noch wertschätzen. Sehr subtil wollen wir andere Menschen dazu bewegen, uns durch unser aufopferndes, überangepasstes Verhalten anzuerkennen, schließlich hat das Konzept ja als Kind geklappt. Dieses unbewusste Anpassungsspiel kann jahrzehntelang dauern, weil wir dem jeweiligen Glaubenssatz, den wir in der Kindheit internalisiert haben, immer noch folgen und hoffen, dass er in Erfüllung geht. Wir jagen der illusionären Erwartung nach, dass wir von außen Anerkennung, Würdigung, Wertschätzung, Liebe brauchen und bekommen, um – endlich – innen die Sicherheit zu haben, doch liebenswert zu sein. Gleichzeitig haben wir Angst davor, dass wir es nicht sind.

Fatal dabei ist nur, dass wir andere Menschen zu nichts nötigen können, auch wenn wir das wiederholt versuchen. Das liegt außerhalb unseres Einflussbereichs, denn andere Menschen haben tatsächlich ihren eigenen Kopf und tun, was *sie selbst* für richtig halten! Ob ein anderer uns anerkennt oder nicht, das hat mit seinen Werten, Vorstellungen, Gefühlen, Glaubenssätzen zu tun und nichts, aber auch gar nichts mit uns und unserem Wert als Mensch.

Die Sehnsucht nach Liebe und Wärme ist nur zu verständlich. Es ist ungeheuer bereichernd, wenn man sich gut versteht und sich mitfühlend mit anderen austauschen kann. Aber wir können uns Liebe weder über Leistung noch über Anpassung, nicht über Gefallsucht oder Rebellion verdienen, wir können Anerkennung nicht als Selbstverständlichkeit von außen erwarten. Wir haben keine Kontrolle darüber, ob uns ein anderer Mensch wertschätzt oder nicht. Es ist schön, erfreulich und wunderbar, wenn es einer tut, aber er muss es nicht.

Aber wir können tatsächlich etwas anderes tun: Wir können lernen, uns selbst zu lieben, uns selbst wertzuschätzen und anzuerkennen. Und wir können lernen zu unterscheiden, was in unserem eigenen Einflussbereich liegt und was nicht.

Damals ist nicht heute

Was wir *damals* als Glaubenssätze gelernt haben, hat *heute* nur bedingt Gültigkeit. Viele unserer Glaubenssätze hängen mit dem unbedingten Wunsch nach Liebe, Anerkennung und Annahme zusammen. Wir können unsere Glaubenssätze als das betrachten, was sie sind: Sätze, unbewusste Gedanken, die wir bislang für wahr gehalten haben, die uns ein großes Stück unseres Wegs weitergebracht haben. *Heute* können wir sehen, dass wir illusionären Erwartungen nachgerannt sind – von außen Anerkennung zu bekommen, wenn wir uns nur intensiv genug einsetzen! Damals waren wir auf die Liebe unserer Eltern, auf die Akzeptanz von anderen angewiesen, mussten uns weitgehend nach ihnen richten. Heute jedoch können wir uns aus diesen alten Loyalitäten lösen, denn wir sind doch schon älter als vier Jahre und haben andere Möglichkeiten. Wir können jetzt unsere Aufmerksamkeit um 180 Grad drehen, können uns selbst anerkennen und entscheiden, wie wir mit unseren Bedürfnissen, Interessen, Wünschen und Zielen umgehen.

Wenn das keine guten Aussichten sind!!!

Übung
TÄGLICHE WAHRNEHMUNG

Ist meine Aufmerksamkeit gerade beim anderen oder bei mir?

Wenn Sie erkennen, dass Ihre Aufmerksamkeit beim anderen ist, dann nehmen Sie bewusst Ihre Aufmerksamkeit zurück zu sich selbst. Beobachten Sie zum Beispiel Ihren Atem und fragen Sie: Wie geht es mir gerade jetzt? Was tut mir gerade jetzt gut?

Übung

Tragen Sie die Antworten zu folgender Übung in Ihr Logbuch ein.

Denken Sie an eine bestimmte Situation, in der Sie sich bislang automatisch anpassen.

○ Welche Art der positiven Zuwendung wollen Sie damit erreichen? Was sollen andere Menschen über Sie denken? Was wollen Sie von denen hören?

○ Was wollen Sie durch Ihr Verhalten unbedingt vermeiden?

○ Wie reagieren Sie, wenn Sie die erwünschte Anerkennung und Zuwendung von einem für Sie wichtigen anderen Menschen nicht erhalten?

○ Worin könnte für Sie – *jetzt* – als erwachsener Mensch in einer solchen Situation die Lernchance liegen?

○ Muss der andere Sie unbedingt so anerkennen, wie Sie das wollen?

○ Anerkennen Sie den anderen unbedingt so, wie er das möglicherweise will?

Übung
AUS DEM RAHMEN FALLEN

Überlegen Sie sich Übungen, durch die Sie ganz bewusst Ihre eigenen bisherigen Normen übertreten und einen Schritt ins Unbekannte tun, sodass Sie Erstaunen oder sogar Ablehnung von anderen riskieren. Überlegen Sie, was für Sie eine kleine, aber durchführbare Herausforderung sein könnte, und beginnen Sie mit leichten Übungen und steigern Sie sich dann zunehmend.

○ Machen Sie anderen Menschen Komplimente, wenn Sie das sonst nie tun.

○ Ziehen Sie sich bewusst so an, dass Ihre Kleidung nicht zusammenpasst.

○ Fragen Sie jemanden auf der Straße nach der Uhrzeit.

○ Beschweren Sie sich im Restaurant, wenn das Essen zu kalt ist.

○ Gehen Sie laut singend durch die Straßen.

○ Laden Sie auf der Straße einen Unbekannten zum Kaffee ein.

○ Wenn Sie in einer Großstadt leben – melden Sie sich als Komparse für einen Film an.

Erlauben Sie sich, kreativ zu sein und mutig kleine Risiken einzugehen! Wichtig ist, dass Sie sich bewusst und absichtlich auf ein kleines, überschaubares Abenteuer einlassen.

Beobachten Sie dabei, wie andere Menschen auf Sie reagieren – und vor allem – wie es Ihnen damit geht, Ihre eigenen Normen bewusst zu übertreten! Sie werden erleben, wie es mit zunehmender Übung Spaß macht, zu experimentieren und sich lebendiger zu fühlen.

Und: Sie können sicher sein, dass Ihr innerer Kritiker sich dabei zu Wort meldet und Sie in der allerbesten Absicht zurückpfeifen will!

Der innere Kritiker und was er wirklich will

Es ist dein Geist,
der diese Welt erschafft.

Buddha

Vielleicht kennen Sie die innere Stimme, die Ihnen tagtäglich so überaus ermutigende Dinge ins Ohr flüstert wie:

»Du kannst nix, taugst nix, bist nix.«
»Du schaffst das eh nicht!«
»Stell dich nicht so an!«

Manchmal raunt diese Stimme uns mantramäßig miesepetrige Sätze zu, manchmal beschimpft sie uns oder brüllt uns an, manchmal klingt sie sarkastisch, verhöhnt und verspottet uns. Es ist die Stimme, die wir nicht mögen. Wir wollen auch nicht, dass andere erkennen, was diese Stimme uns da mitteilt, die uns wahlweise als dumm, schlecht, faul, hässlich, dick, wertlos, als Loser, Blödmann oder Idioten bezeichnet. Weil sie hart mit uns ins Gericht geht, uns gnadenlos kritisiert, wird sie auch als »innerer Kritiker« bezeichnet. Jeder Mensch hat einen solchen inneren Kritiker, die einen mehr, die anderen weniger.

Je stärker dieser innere Kritiker ist, desto mehr Macht hat er über uns. Er beobachtet uns in jedem Augenblick aus dem Hintergrund und gibt bei fast allem, was wir tun, seinen Kommentar dazu. Er nimmt sich selbst sehr wichtig und hat strenge Maßstäbe. Er beurteilt, bemäkelt und verurteilt je nach Situation uns und unsere Handlungen. Er holt uns wieder auf den Boden der Tatsachen zurück, wenn wir übermütig werden, nennt uns einen Spinner, wenn wir träumen, oder nörgelt an uns herum, kontrolliert uns, wertet uns ab, beleidigt oder bedroht uns. Mit Vorliebe konzentriert er sich auf unsere Schwächen und wunden Punkte, achtet auf Verstöße gegen Normen und Fehler. Und gerade dann, wenn wir Mitgefühl, Aufmunterung und Zuspruch brauchen könnten, zum Beispiel nach Niederlagen, Pleiten, Pech und Pannen, nach einem Missgeschick, gerade dann läuft unser Kritiker zur Hochform auf und prügelt auf uns ein nach dem Motto »Ich hab dir doch gleich gesagt, dass du das nicht kannst! Versager! Blöde Kuh!«. Das ist nicht gerade ermutigend, wertschätzend ist es auch nicht, und die Lage wird dadurch nicht besser!

Der innere Kritiker kennt sich überall aus – gleichgültig, in welchem Bereich das ist. Schauen wir uns zum Beispiel im Spiegel an, so entdeckt er unerbittlich, dass wir nicht dem Schönheitsideal entsprechen, und meckert folgerichtig: »Du bist hässlich. So, wie du ausschaust, mag dich keiner!« Er ist Experte im Sport: »Fauler Hund, du machst nicht genug!« Oder in der Ernährung: »Was isst du für ungesundes Zeug, kein Wunder, dass du fett wirst!« Er kennt sich überall aus, im Beruf, in Beziehungen, in Politik und Wirtschaft ebenso wie bei Weltanschauungen, Konzepten, Ideen, Theorien, aber auch bei unseren Einstellungen, Idealen und Werten, und unterscheidet sehr genau zwischen Gutem und Schlechtem, zwischen Richtig und Falsch, zwischen Macht und Ohnmacht. Er wartet nur, bis etwas schiefläuft. Dann ist er wieder voll im Einsatz und hämmert verbal auf uns ein, damit wir endlich zur Besinnung kommen sollen!!

Mit seiner vorwurfsvollen, unbarmherzigen, unglaublich übertriebenen Kritik gängelt er uns, macht uns fertig und trampelt auf unserem Selbstwertgefühl herum. Er behandelt uns so, wie wir niemals einen anderen Menschen behandeln würden.

Er ist so selbstverständlich vorhanden, seine Stimme ist uns so vertraut, dass wir glauben, was er sagt. Wir halten seine Pauschalurteile für die objektive Wahrheit. Wir werden bei seinen Angriffen und Abwertungen immer schwächer und kraftloser, quälen uns mit Selbstvorwürfen, wenn wir einen Fehler begangen haben. In Gedanken wärmen wir dieselbe Situation, in der wir was falsch gemacht haben, wieder und wieder auf und können uns nicht verzeihen. Wir fühlen uns schuldig, lassen von unseren Vorhaben ab, schweigen und geben uns geschlagen, obwohl wir was zu sagen hätten, pflichten wir ihm zu. Oder wir kämpfen gegen ihn, strengen uns noch mehr an, um ihm zu beweisen, dass er unrecht hat.

Doch gleichgültig, was wir tun, für den inneren Kritiker ist es niemals genug! Nie! Wenn wir uns ausruhen, nennt er uns »faul«, wenn wir arbeiten, sind wir »nicht perfekt oder nicht gut genug«. Egal, was wir machen, er findet immer ein Haar in der Suppe!

Er sagt Nein zu unseren eigenen Vorstellungen, sagt oftmals Nein zu unseren gegenwärtigen Erfahrungen, unserem Erleben und Empfinden und hält uns seine antrainierten Maßstäbe vor. Durch ihn lassen wir uns davon abhalten, selbstbestimmt zu leben. Wir kommen gar nicht auf die Idee, seine Kritik zu kritisieren, weil wir sie für berechtigt und wahr halten.

- Wozu macht der Kritiker das? Was will er damit erreichen?

- Woher kommt er?

- Woran kann ich ihn erkennen?

- Und vor allem – wie kann ich in meiner Stärke bleiben und konstruktiv mit ihm umgehen?

Was will der innere Kritiker erreichen?

Die interessante Nachricht ist: Er hat gute Gründe für sein Handeln. Er meint es gut mit uns und er verfolgt eine positive Absicht.

»Der soll eine positive Absicht haben? – Der macht mich doch nur nieder«, höre ich immer wieder in Coachings und Trainings.

Tatsache ist: Er meint es wirklich gut mit uns, nur auf eine sehr verquere, befremdliche Weise, sodass die positive Absicht hinter seiner Kritik selten erkennbar ist.

Aber was will er denn erreichen? Wozu beschimpft er uns? Und – wen beschimpft er überhaupt?

Er hat hohe Ideale und ist um unser Wohl besorgt. Er will, dass wir alles richtig machen, und will uns vor uns vor Gefahren schützen. Er will verhindern, dass wir Grenzen überschreiten, etwas Unbedachtes tun, unkontrollierbare Experimente und Risiken eingehen und uns womöglich blamieren, lächerlich machen, unangenehm auffallen. Er hat Angst um uns, setzt sich wahrhaft für uns ein und will, dass wir nicht verletzt oder gekränkt werden können. Er glaubt, uns über Kritik im Zaum halten oder uns wieder auf den richtigen Weg zurückführen zu können. Indem er uns anschreit, abwertet, uns in Verlegenheit bringt oder beschämt, so glaubt er, werden wir wieder auf die »richtige Spur« finden und uns so verhalten, wie er es für richtig hält.

Zudem ist er ein Meister im Vorhersagen einer schlechten Zukunft. Er meint schon im Vorfeld zu wissen, was alles danebengehen und in die Hose gehen könnte, und malt ein Horrorszenario nach dem anderen, um uns davor zu bewahren, etwas falsch zu machen. Er orakelt Sätze wie »Wenn du weiter so faul bleibst, dann passiert etwas Schreckliches! Du landest noch unter der Brücke«. Oder: »Wenn du nicht noch mehr arbeitest, dann wirst du entlassen!« Er will, dass wir dann aktiv werden, um dem vermeintlich drohenden Schicksal zu entgehen.

Sein absolutes Ziel ist es, uns vor jeglichen unangenehmen Situationen und negativen Bewertungen durch andere zu bewahren. Er will wirklich nur unser Bestes – will, dass wir nicht in Gefahr kommen, sondern innerhalb seiner Maßstäbe, innerhalb unserer Komfortzone bleiben.

Manchmal kann er uns tatsächlich auf Dinge aufmerksam machen, die wir sonst vielleicht vergessen hätten. Der innere Kritiker will einfach verhindern, dass wir Fehler machen. Und manchmal kritisiert er uns zuerst, um anderen zuvorzukommen. Dabei wollen wir von anderen hören, dass wir doch in Ordnung sind, dass wir von ihnen nicht abgelehnt oder gar ausgestoßen werden. Eine

Freundin von mir, die sich nach einiger Zeit seelischen Leidens entschloss, eine Therapie zu machen, sagte mehrmals in geselliger Runde: »Ich hab einen an der Klatsche, sonst müsste ich nicht in Therapie«, worauf ihr alle signalisierten, dass doch jeder Probleme hat, aber nicht jeder den Mut, eine Therapie zu machen. Und es stimmt ja, sich selbst ungeschminkt anzuschauen, sich selbst zu erforschen braucht Mut!

Woher kommt der innere Kritiker? Wie ist er entstanden?

Wieder kommt die Erziehung ins Spiel. Unsere Eltern wollten uns durch Gebote, Verbote und Kritik vor Risiken, Gefahren und Enttäuschungen beschützen. Wenn wir in deren Augen etwas falsch machten, haben sie getadelt. »Wie oft soll ich dir noch sagen, dass man das (was eigentlich genau?) nicht macht!« »Du bist unmöglich!« Oder sie sagten entsetzt: »Wie siehst du denn wieder aus?« Sie haben uns kritisiert, geschimpft und bestraft, bis wir unsere Lektionen gelernt hatten. Oder sie wollten uns schon prophylaktisch vor Gefahren schützen und haben Sätze gesagt wie: »Pass auf, fass die heiße Herdplatte nicht an!« »Vorsicht, mach das nicht!« »Lass das!« »Das kannst du nicht – dafür bist du noch zu klein!«

Die äußeren kritischen Stimmen von Eltern und Erziehern wurden nach und nach zum personifizierten inneren Kritiker, der nun glaubt, alles besser zu wissen, der uns bei Regelabweichungen wieder auf den »richtigen Weg« bringen will. Vielfach drückt er negative Glaubenssätze in Befehlsform aus, doch er geht weit darüber hinaus, da er fast zu allen Themen ungefragt seinen Kommentar dazu abgibt.

Er sieht, wie es idealerweise sein sollte, und ist selten zufrieden mit dem, was gerade jetzt ist. Wir werden entweder von unseren inneren Antreibern (positiver Glaubenssätze in Befehlsform) gepuscht oder vom inneren Kritiker getadelt, sodass wir in der »richtigen Spur« bleiben. Beide Stimmen im Kopf sind oft so laut, dass wir meist nicht mehr wissen, was wir selbst wollen. Mit dem inneren Bewertungszirkus und dem ständigen Vergleichen zwischen Ist- und Sollzustand kommen wir nur selten zur verdienter Entspannung und Ruhe.

Als Erwachsene können wir lernen, Abstand zum inneren Kritiker zu gewinnen. Wir müssen ihm nicht glauben, bloß weil er so vorwurfsvoll und sicher daherkommt!

Leider weiß **der innere Kritiker** drei Dinge nicht:

- Durch seine abwertende Kritik werden wir verunsichert und demotiviert. Wir zweifeln an uns und unserer Wahrnehmung, bekommen das Gefühl der Unzulänglichkeit, greifen uns mit Selbstvorwürfen an und missachten uns schließlich selbst.

- Er handelt nach einem uralten, in der Kindheit gelernten Muster. Er verwechselt die Gegenwart mit einer längst vergangenen Vergangenheit.

- Er weiß nicht, dass wir heute erwachsen sind, viel mehr innere Kraftquellen, kognitive wie emotionale Möglichkeiten haben, gut für uns selbst sorgen können und das Recht haben, das zu tun, was wir für richtig halten.

Sie können erkennen, dass der innere Kritiker Sie damals als Kind schützen und davor bewahren wollte, die Liebe und Zuwendung Ihrer Eltern zu verlieren. Dafür war er wichtig. Doch was ist heute? Heute sind Sie erwachsen. Sie sind nicht mehr auf die unbedingte Einhaltung elterlicher Maßstäbe angewiesen, auch wenn der innere Kritiker dies weiterhin fordert! Heute sind Sie selbst wichtig und können lernen, sich auch vom inneren Kritiker abzugrenzen!

Woran können Sie den inneren Kritiker erkennen?

Der innere Kritiker hat eine ganz bestimmte Sprechweise. Er benutzt Pauschalurteile, d. h., er verallgemeinert. »Du bist dumm!« »Du Trottel!« »Du bist egoistisch!«

Eines Abends fuhr ich mit dem Auto nach Hause. Es war kein einziges Fahrzeug auf der Straße, ich wähnte mich weit und breit alleine, gefährdete also niemanden. Da tat ich, was ich immer schon mal tun wollte. Ich telefonierte mit dem Handy und bog rechts in eine Seitenstraße ein, ohne den Blinker zu betätigen. Ich fand mich großartig, auch mal die Straßenverkehrsordnung zu übertreten. Leider nicht lange – im Rückspiegel sah ich einen Wagen mit Blaulicht. Wo kam der denn plötzlich her? Das Polizeiauto überholte mich und zwang mich zum Halten. Ich kurbelte das Fenster runter, und einer der beiden Polizisten fragte mich, was ich gerade gemacht hätte. Zweifelsohne hatten die beiden gesehen, dass ich die Verkehrsordnung nicht eingehalten hatte, und so berichtete ich den Vorfall. »Sie wissen, dass Sie mit dem Handy im Auto nicht telefonieren dürfen?« »Ja«, sagte ich. »Sie wissen auch, dass Sie den Blinker betätigen müssen?« »Ja«, sagte ich und nahm den Strafzettel unwillig entgegen. Auf meinem Nachhauseweg hämmerte mein Kritiker unentwegt auf mich ein: »Du Idiot, Idiot, Idiot, wie blöd kann man sein!« Er beschimpfte mich, was das Zeug hielt. Da unterbrach ich ihn immer wieder mit einem massiven »Stopp!«, sodass er dann nach und nach leiser wurde. Schließlich buchte ich dies unter »Shit happens« und »unachtsames Verhalten« ab und konnte mich über mein Missgeschick amüsieren.

Sobald Sie merken, dass Ihr innerer Kritiker Ihr Selbstbild attackiert, handelt es sich um ein Pauschalurteil. In meinem Fall sagte er: »Du Idiot, Idiot, Idiot.« Tatsache ist, ich habe zwei Regeln der Straßenverkehrsordnung missachtet und mich dabei unachtsam verhalten.

Anstatt das konkrete Verhalten zu benennen, greift der Kritiker uns als ganze Person an. Unsere Aufgabe ist es dann, bewusst den Kritiker zu unterbrechen und das Verhalten anzusprechen: »Ja, ich habe den Blinker nicht betätigt. Das war unbedacht.« Oder: »Ja, mein Verhalten X war nicht in Ordnung. Ich lern daraus.« Punkt.

Er macht nun mal gern aus einer Mücke einen Elefanten. Er verwendet ein kleines Detail, das nicht ganz okay ist, und überträgt dies auf das Ganze. Wenn Sie zum Beispiel ein wunderbares mehrgängiges Gericht kochen und das Gemüse zu weich wird, urteilt er: »Du kannst nicht kochen. Was bist du für eine miserable Köchin!« Er schließt von einem einzigen konkreten Ereignis auf Sie als Person und greift demzufolge nicht das faktische Einzelereignis heraus, bemäkelt sie als Mensch.

- Er spricht meist in der Duform und in Befehlsform! »Mach nicht so langsam!«

- Bei ihm gibt es nur Schwarz oder Weiß, er kennt keine Zwischentöne.

- Er vergleicht ständig. »Du bist zu dumm!« Im Vergleich zu wem denn?

- Er konzentriert sich auf Schwächen und Fehler.

- Er macht Sie für alles verantwortlich, auch wenn es außerhalb Ihres Einflussbereichs liegt.

Was können wir tun, um uns vom inneren Kritiker abzugrenzen?

Grundsätzlich ist es sinnvoll, dass wir Sachverhalte und Situationen kritisch hinterfragen und auf Stimmigkeit hin prüfen. Dies bewahrt uns vor gutgläubiger, naiver Übernahme von Meinungen. Deshalb ist es auch wichtig, dass wir die Bemerkungen des inneren Kritikers differenziert untersuchen und uns selbst nicht von seinen vorschnellen Pauschalurteilen übertölpeln lassen. Wir haben verschiedene Möglichkeiten, uns vom Kritiker abzugrenzen.

- Untersuchen Sie seine Aussagen und stellen Sie bewusst seine Autorität infrage. Wenn Ihr innerer Kritiker zum Beispiel pauschal meint: »Du bist faul«, dann prüfen Sie bewusst, ob das in der gegebenen Situation tatsächlich zutrifft. Fragen Sie sich: »Ist das wirklich wahr?« Vielleicht entspannen Sie sich ja gerade nach einem arbeitsamen Tag oder machen eine verdiente Verschnaufpause.

- Wenn er Sie in einer bestimmten Situation als »Trottel« oder »Depp« hinstellt, dann fragen Sie ihn: »Wie kommst du denn darauf?« Oder: »Was meinst du genau damit?« Dann muss er sein Urteil differenzieren – und Sie können erkennen, dass sein Pauschalurteil aller Wahrscheinlichkeit nach nicht stimmt!

- Finden Sie konkrete Gegenbeispiele, erinnern Sie sich an Ihre Stärken und was Sie alles erreicht haben. Gegenbeispiele rufen ins Gedächtnis, dass Sie viele weitere Seiten haben, sodass die Aussage des Kritikers rasch relativiert werden kann.

- Sie können ihn mit Humor aushebeln, aber auch, indem Sie seine Worte bewusst maßlos übertreiben. Sie werden bei dieser absichtlichen Übertreibung plötzlich erkennen, dass Sie seine Worte merkwürdig, komisch, belustigend, lächerlich finden und sie nicht mehr für die Wahrheit halten!!! Dadurch befreien Sie sich von der Macht des inneren Kritikers.

Sie müssen sich gegenüber dem inneren Kritiker weder rechtfertigen noch ihm beweisen, dass er unrecht hat. Beides würde nur dazu führen, dass Sie weiter an ihn gebunden bleiben und ihm die Macht geben. Es geht vielmehr darum, dass Sie Ihre Energie, die Sie bisher ihm gegeben haben, wieder zu sich selbst zurücknehmen, sich darauf besinnen, was für Sie wirklich wichtig ist, und entsprechend handeln.

Die folgenden Übungen dienen dazu, dass Sie Ihren inneren Kritiker besser kennenlernen, um ihn dann zu beschwichtigen und in seine Schranken zu weisen. Dadurch gewinnen Sie Abstand, bleiben bei sich, sind gegenwärtig und können sich für Ihre Belange stark machen.

Übung
WAS SAGT IHR INNERER KRITIKER?

Manchmal ist es zu Beginn schwierig, die Stimme des inneren Kritikers überhaupt zu identifizieren.

○ Lenken Sie daher als Erstes Ihre Aufmerksamkeit immer wieder nach innen und hören Sie auf die inneren Stimmen. Was sagen sie und wie sprechen sie zu Ihnen? Dabei können Sie feststellen, dass eine Stimme Ihre Vorhaben und Ihr Handeln mit Vorliebe negativ bewertet und kritisiert. Das ist Ihr innerer Kritiker. In welchem Ton spricht er mit Ihnen? Was sagt er genau? Hat er bestimmte Lieblingsformeln, die er immer wieder stereotyp benutzt? Glauben Sie das, was er sagt?

○ Schreiben Sie seine Anmerkungen eine Woche täglich in Ihrem Logbuch auf, sodass Sie den inneren Kritiker und seine Pauschalurteile besser kennenlernen und wissen, was er zu Ihnen sagt.

○ Wenn die Woche abgeschlossen ist, lesen Sie die Liste achtsam durch. Was fühlen Sie dabei, wenn Sie so kritisiert werden? Was spüren Sie dabei? Werden Sie kraftvoller oder energielos? Fühlen Sie sich stärker oder schwächer? Motiviert oder eher demotiviert? Nehmen Sie bewusst wahr, wie Sie bislang auf den inneren Kritiker reagiert haben.

Übung

**POSITIVE ABSICHT DES KRITIKERS ERKENNEN
UND WUNSCHGEMÄSS HANDELN**

Bevor Sie mit der Übung beginnen, denken Sie an eine Situation, in der Sie sich gut und kraftvoll gefühlt haben.

○ Erinnern Sie sich nun an eine konkrete Situation, in der Ihr innerer Kritiker Sie zum Beispiel davon abgehalten hat, Nein zu sagen und erfolgreich Grenzen zu setzen. Stellen Sie sich die Situation deutlich vor Ihrem geistigen Auge vor. Beobachten Sie genau, was Ihr innerer Kritiker in der Situation zu Ihnen sagte und in welchem Ton er zu Ihnen sprach. Kommen Ihnen seine Formeln bekannt vor? Wenn ja, woher?

○ Fragen Sie sich: »Stimmt das wirklich, was mein innerer Kritiker sagt und will?« Dann untersuchen Sie, was der innere Kritiker auf seine verquere Weise in der Situation zu Ihnen *eigentlich* sagen wollte. Welche positive Absicht steckte hinter all seiner Kritik? Was wollte er für Sie erreichen? Vielleicht erkennen Sie, dass er das Beste wollte und einfach nicht wusste, wie er sich anders ausdrücken konnte!

○ Denken Sie daran, dass Ihr innerer Kritiker in Ihrer Kindheit entstanden ist, Sie immer noch wie ein Kind behandelt und letztlich will, dass es Ihnen gut geht. Hinterfragen Sie bewusst, ob Sie das, was Ihr innerer Kritiker in dieser Situation von Ihnen wollte, als Erwachsener immer noch glauben und tun müssen.

○ Nehmen Sie bewusst wahr, dass Sie *jetzt* etwas anderes tun dürfen (wenn Sie wollen) als das, was der innere Kritiker Ihnen bislang vorgeschrieben hat. Heute dürfen und können Sie *das* sagen und tun, was Sie wollen, damit es Ihnen gut geht. Ihr innerer Kritiker und Sie als Erwachsener haben die gleiche positive Absicht – nämlich dass es Ihnen gut geht –, nur die

Mittel dazu sind völlig unterschiedlich. Wie geht es Ihnen,
wenn Sie das erkennen?

○ Stellen Sie sich nun mit allen Sinnen eine zukünftige Situation
vor, in der Sie selbstbestimmt und authentisch handeln.
Spielen Sie die ganze Situation durch und erleben Sie dabei
das positive Gefühl: Sie spüren Ihre Kraft und Stärke verbunden
mit dem Wissen, dass Sie das Recht haben, Ihr eigenes Leben
so zu gestalten, wie Sie das wollen.

Wenn Ihr innerer Kritiker wieder einmal skeptisch reagiert und Bedenken anmeldet, Ihre Entscheidung anzweifelt, von Ihrem Vorhaben abrät und oder sich Sorgen um Ihre Zukunft macht, dann
machen Sie ihm wertschätzend, aber **kurz und bündig** klar, dass
Sie sich *jetzt* entschieden haben, das zu tun, was Sie für richtig
erachten.

○ Sagen Sie Sätze wie:

»Ich hör dich, doch jetzt ist ein anderes Programm dran.«
»Danke, ich seh das anders.«
»Danke, ich mach, was ich für richtig halte.«

○ Wählen Sie einen Satz, der für Sie stimmig ist, und verwenden
Sie ihn. Indem Sie »Danke« oder »Ich hör dich« sagen, merkt er,
dass er wahrgenommen wird, und Sie besänftigen ihn damit.
Danach geben Sie ihm keine Energie mehr, kehren vielmehr
im zweiten Teil des Satzes zu Ihrem ureigenen Anliegen zurück
und haben alle Energie frei für Ihr eigenes Vorhaben! Natürlich
kann er noch ein paarmal mit seinen Sorgen und Bedenken
daherkommen, das ist normal. Ihre Aufgabe ist es dann, klar
und deutlich Ihren kurzen Satz zu wiederholen, und wieder zu
dem zurückzukehren, was Sie selbst wollen, und dies tun.

Wenn Ihr innerer Kritiker jedoch besonders vehement zuschlägt,
dann brauchen Sie ein stärkeres Mittel, um sich von ihm abzugrenzen. Dafür ist die STOPP-Übung ideal.

Übung
STOPP

Sie wissen aus Erfahrung, dass Ihr innerer Kritiker ganz schön hartnäckig und penetrant sein kann. Er will unbedingt, dass Sie ihm gehorchen und seine Maßstäbe befolgen. Das hat er schon Jahrzehnte gemacht, das ist sein Job! Gerade in solchen Fällen ist Ihre Achtsamkeit gefordert. Der innere Kritiker kann gut in seine Schranken gewiesen werden unter der Voraussetzung, dass Sie wissen, was Sie wollen – nämlich ihn radikal unterbrechen! Sie müssen ihm weder zuhören, wenn er zum 101. Mal dieselben stereotypen Sätze wiederholt, noch müssen Sie glauben, was er von sich gibt!

○ Wenn er Sie das nächste Mal gängelt und kritisiert, dann fallen Sie ihm inmitten seines Satzes ins Wort, indem Sie ihm klar und entschieden den Befehl geben: »Stopp!«
Dann atmen Sie tief durch, spüren genau, wie Sie ein- und ausatmen, geben sich Zeit, um Ihre Muskeln zu entspannen, und betrachten bewusst, nicht wertend Ihre Umgebung.
Danach lenken Sie Ihre Aufmerksamkeit auf das, was Ihnen gerade jetzt wichtig ist, und handeln entsprechend.
Durch Ihren abrupten »Stopp«-Befehl mit anschließendem tiefen Atmen und Betrachten der Umgebung bewirken Sie die Unterbrechung eines gewohnheitsmäßigen mentalen Musters.

○ Sie können sich zusätzlich bildhaft-konkret ein Stoppschild vorstellen, können sogar laut und deutlich »Stopp!« sagen.
Machen Sie jeweils eine Handbewegung zur Abgrenzung, bei der Ihre Hand eindeutig und klar die Grenze unterstreicht (wobei die Handinnenfläche nach außen zeigt und der Arm dabei fast ausgestreckt ist).
Durch die körperliche Bewegung unterstützen Sie den Abgrenzungsprozess zusätzlich.

○ Zudem können Sie anschließend einen aufbauenden Satz
   sagen, der Ihnen guttut und ermutigend ist, zum Beispiel:
   »Ich pack das!« Oder: »Ich bleib am Ball.« Wählen Sie
   einen Satz, der für Sie in der jeweiligen Situation stimmt.
   Je kürzer, desto besser.

Sie können nicht erwarten, dass der innere Kritiker gleich beim
ersten Mal seinen Mund hält. Wiederholen Sie die Stopp-Übung,
wann immer der innere Kritiker besonders hartnäckig und laut
ist. Dadurch wird er im Lauf der Übungen immer schwächer,
während Sie zunehmend stärker werden.

Bei einem Sportler, den ich betreut habe, wurde sein innerer
Kritiker besonders stark, als er bei einem Weltcup durch einen
Fahrfehler *nur* den dritten Platz belegte. Er machte sich ständig
Vorwürfe, warum er nicht besser gewesen war, er hätte doch leicht
gewinnen können! Er spürte, dass er körperlich schwächer wurde,
war verunsichert und machte sich Sorgen um seine Leistung beim
kommenden Weltcup. Neben anderen mentalen Techniken übte
er die Stopp-Übung. Sie half ihm, sich zunehmend wieder besser
konzentrieren zu können. Selbstvertrauen und Motivation kamen
zurück, es machte ihm wieder Freude, sich auf den nächsten Wettkampf vorzubereiten.

Der innere und der äußere Kritiker

Wer sich innerlich stark kritisiert, zieht im äußeren Umfeld oft
Menschen an, die ihn kritisieren. Zudem nimmt er Kritik von
anderen sehr persönlich, weil sich der äußere Kritiker mit dessen
innerem Kritiker verbündet.

Bitte beachten Sie aber: Die kritische Äußerung eines anderen
Menschen gibt lediglich dessen eigene Meinung wieder. Dieser
schaut durch seine Brille auf Sie – er bewertet Ihr Verhalten aufgrund seiner Einstellungen, unbewussten Überzeugungen, seiner
eigenen Antreiber, er kritisiert sie aufgrund der Maßstäbe seines

inneren Kritikers. Das bedeutet – er sagt mehr über sich selbst aus –, es ist *seine* Meinung. Rufen Sie sich dies immer wieder in Erinnerung! Auf diese Weise können Sie zwischen dem, was der äußere Kritiker sagt, und sich selbst immer mehr trennen, können sich dadurch lösen und gewinnen Abstand.

Wenn Sie sich von der Meinung eines anderen kritisiert und verletzt fühlen, dann haben Sie jetzt die Chance, etwas über Ihren eigenen inneren Kritiker und Ihr inneres Kind kennenzulernen! Was dieses jetzt zum Schutz vor dem inneren Kritiker braucht, ist bedingungslose, liebevolle Zuwendung, Verständnis von Ihnen als einem Erwachsenen, sodass es sich möglichst bald wieder sicher fühlt.

Innere Stärke oder Burn-out?

Nach der dunkelsten Nacht
beginnt ein strahlender Tag.

Gabi Pörner

In den letzten Jahren haben die Erkrankungszahlen der Menschen mit Burn-out am Arbeitsplatz rasant zugenommen. Krankenkassen schlagen Alarm, Zeitschriften berichten regelmäßig darüber. Und auf einer Zeitschrift prangte groß die Überschrift »Sind wir ein Volk der Erschöpften?«.

So weit gehe ich nicht. Doch Fakt ist, dass ich heute mehr Kunden im Business-Coaching betreue, die an chronischer Erschöpfung leiden, als vor 15 Jahren. Die Trainings zu diesem Thema, die meine Kollegin Carola Frank und ich seit mehreren Jahren in verschiedenen Unternehmen durchführen, sind regelmäßig ausgebucht! Uns interessieren dabei besonders folgende Fragen:

- Wieso bekommen einige Menschen ein Burn-out und andere nicht?

- Was sind die Ursachen von Burn-out?

- Woran erkennen Sie, dass Sie auf dem Weg in ein Burn-out sind? Welche Warnsignale gibt es?

- Was wird unter Burn-out verstanden?

- Wie können Sie gut für sich sorgen, um langfristig gesund und motiviert zu bleiben?

Niemand will ein Burn-out, doch jeder will wissen, wie er langfristig leistungsfähig und sich wohl in seiner Haut fühlen kann.

Zunächst erhalten Sie kostenfrei ein wirkungsvolles Rezept für ein Burn-out in fünf Phasen, adaptiert nach Jerry Edelwich.[5] Ich beschreibe die einzelnen Phasen im Berufsleben. Burn-out kann aber selbstverständlich auch in allen anderen Lebensbereichen vorkommen. Damit Sie sich geistig, psychisch und körperlich völlig erschöpfen, müssen Sie Folgendes konsequent beherzigen.

Rezept für ein Burn-out – mit Garantie

1. Phase: Enthusiasmus und Idealismus. Sie sind idealistisch und begeistert von dem, was Sie tun, setzen sich hochmotiviert für die Firmenziele ein. Keine Frage, Sie wollen etwas erreichen, Sie wollen etwas bewegen, sehen, was man in der Firma alles machen könnte, und »brennen« dafür. Sie wollen sich und anderen beweisen, wie viel Sie leisten können. Keine Zusatzaufgabe ist Ihnen zu viel, keine Aufgabe zu schwer. Sie engagieren sich bis weit nach Feierabend und nehmen Arbeit fürs Wochenende mit nach Hause. Sie können nicht mehr abschalten, kommen unausgeschlafen zur Arbeit, haben das Gefühl, unentbehrlich zu sein, überschätzen und verausgaben sich, glauben, dass irgendwann die erhoffte Belohnung in Form von Anerkennung oder beruflichem Aufstieg kommt. Das Privatleben leidet. Sie stellen Ihre eigenen Bedürfnisse zurück, essen nebenbei, gehen regelmäßig über Ihre Grenzen und sagen Ja, auch wenn Sie müde sind, treiben sich an und kommen nicht mehr zur verdienten Regeneration und Ruhe.

Hintergrundgedanken: *Je mehr ich mich anstrenge, desto erfolgreicher bin ich! Ich zeig, was ich kann!*

2. Phase: Stagnation. Sie stellen perfektionistische Ansprüche an sich, aber auch an andere. Sie merken, dass Sie nicht alles schaffen, was Sie schaffen sollten, vergleichen sich unentwegt mit anderen und schneiden dabei zunehmend negativ ab. Langsam, aber sicher zweifeln Sie an sich, bekommen Angst, Ihren Aufgaben nicht gewachsen zu sein. Die Zeit rinnt Ihnen durch die Finger, es kommen die ersten Rückschläge und Misserfolge. Sie fürchten sich vor Kontrollverlust und gleichen das mit vermehrter Anstrengung, mit noch größerem Engagement vermeintlich aus. Sie rackern sich richtig ab! Doch zu allem Übel sind Sie deshalb nicht erfolgreicher! Daher reagieren Sie enttäuscht, gereizt, werden zunehmend dünnhäutiger und bekommen Konzentrationsstörungen, Schlafprobleme, Rückenprobleme, Magenprobleme, Kopfschmerzen. Ihr Selbstbild bekommt Risse. Sie treiben sich weiter an und erschöpfen sich zunehmend. Sorgen Ihrer Familie um Ihre Gesundheit nehmen Sie nicht ernst.

Hintergrundgedanken: *Ich muss es doch schaffen! Und: Ich hab Angst zu versagen!*

3. Phase: Frustration. Sie spüren, dass Sie tatsächlich an die eigenen geistigen, emotionalen und körperlichen Grenzen stoßen, fühlen sich chronisch überlastet und sind weniger belastbar. Sie erhalten für Ihren Einsatz weder die Anerkennung von Chefs noch von Kollegen, die Sie erwartet haben, sind unzufrieden und verärgert. Sie haben Probleme mit dem ganzen »bürokratischen Kram« und das Gefühl, dass Sie nicht den adäquaten Lohn für Ihre Leistung bekommen, werden weiter launischer, nervöser, ungeduldiger, manchmal auch aggressiv und ertränken diese inneren Spannungen nicht selten in Alkohol, essen vermehrt oder schlucken Beruhigungsmittel. Ihre Gedanken werden zunehmend pessimistischer. Sie kritisieren die Firma, die anderen und sich selbst, verlieren zunehmend die Selbstachtung. Hinzu kommen vermehrt körperliche Signale wie Herzrasen, Schwindel, Panikattacken, Schmerzen in der Brust, Verdauungsprobleme …

Hintergrundgedanken: *Ich hab mich so eingesetzt – und was ist der Dank?!* Und: *Wie soll ich das alles bloß schaffen?*

4. Phase: Apathie und Verzweiflung. Sie sind desillusioniert, sind antriebslos, können sich selbst nicht mehr motivieren und schleppen sich lustlos zur Arbeit. Sie reagieren bisweilen zynisch und sarkastisch und fühlen sich den Arbeitsanforderungen nicht mehr gewachsen. Sie haben deshalb Schuldgefühle, fühlen sich ohnmächtig in Anbetracht der ganzen Anforderungen vonseiten der Arbeit und der Familie, werden niemandem mehr gerecht, fühlen sich von der Firma unfair behandelt, um Ihre verdiente Belohnung betrogen und ertappen sich dabei, dass Sie sogar der Firma schaden wollen. Privat wie beruflich vermeiden Sie soziale Kontakte.

Hintergrundgedanken: *Die sind selbst schuld, wenn ich mich nicht mehr anstrenge! Mir ist alles zu viel, aber ich **muss** ja!*

5. Phase: Intervention und professionelle Hilfe. Jetzt befinden Sie sich in einer ernsthaften Krise. Ihre Kräfte sind erschöpft. Sie können nicht mehr arbeiten, werden krankgeschrieben, ziehen sich völlig zurück, fühlen sich leer, hilflos, depressiv, sind fertig und zweifeln am Sinn des Daseins. Spätestens jetzt benötigen Sie professionelle Hilfe, um wieder auf die Beine zu kommen.

Sie spüren definitiv: *Ich kann nicht mehr!*

Burn-out – was ist das?

Es gibt zwei grundlegend unterschiedliche Definitionen.

1. Defizitorientierte Definition

Allgemein wird Burn-out als geistiger, emotionaler und körperlicher Erschöpfungszustand definiert.

Das ist in meinen Augen jedoch nur die halbe Wahrheit. Ich habe mich sehr gefreut, in einem DVD-Vortrag von Gunther Schmidt die folgende stärkenorientierte Definition zu hören.

2. Stärkenorientierte Definition

Burn-out kann stärkenorientiert als massive Abgrenzungskompetenz verstanden werden. Es ist ein effektiver Feedbackprozess, der auf ein »Zu viel Arbeit« und »Zu wenig Ausgleich« aufmerksam macht und signalisiert: So kann es nicht weitergehen!

Man könnte ein Burn-out auch als Entwicklungstrauma bezeichnen, denn kein Mensch gerät von heute auf morgen in ein Burn-out. Es ist ein schleichender Prozess, der sich über Jahre vollziehen kann. Dabei gerät derjenige in Dauerstress, übergeht ständig seine eigenen Grenzen, findet keinen Ausgleich zur Erholung, entfremdet sich zunehmend, spürt dann weder den eigenen Körper noch seine wirklichen Gefühle noch seine Bedürfnisse und verliert schließlich den Zugang zu seiner Selbstkompetenz. Burn-out kann so verstanden werden als eine sinnvolle Reaktion des Körpers mit der massiven Mahnung zur Änderung des eigenen Lebensstils.

Immer wieder lese ich in Artikeln über Burn-out wunderschöne Ratschläge, zum Beispiel: »Schalten Sie ab! Entspannen Sie sich! Sagen Sie Nein!« Das hört sich für unseren kognitiven Verstand richtig und vernünftig an. Warum machen die Menschen, die in ein Burn-out driften, das dann nicht? Warum gehen sie nicht einfach früher nach Hause und genießen den Feierabend oder das Wochenende mit der Familie? Warum sind solcherlei Ratschläge nicht besonders sinnvoll, sondern führen höchstens dazu, dass sich diejenigen, die in ein Burn-out driften, noch schlechter fühlen?

Wodurch entsteht ein Burn-out?

Damit ein Burn-out überhaupt entstehen kann, müssen zwei Bereiche zusammenkommen:

1. **Äußere Bedingungen:** Renditefixierung von Unternehmen, schlechte Arbeitsbedingungen oder ein schlechtes Betriebsklima, Forderung nach grenzenloser Mobilität und Schnelligkeit, hohe Arbeitsbelastung, permanente Umstrukturierungen und technologischer Wandel, zu eng gesteckte Zeitrahmen, wachsende Unüberschaubarkeit von Zusammenhängen, mangelnde Unterstützung und Anerkennung durch Chefs, wenig Selbstbestimmung in der Firma, Probleme mit der Vereinbarkeit von Familie, Beruf,

Kinder und Freizeit, Verlust verbindlicher Werte, Reizüberflutung … die Aufzählung ließe sich beliebig fortsetzen.

Die äußeren Situationen sind nun aber für viele Menschen gleich. Warum driften dann nicht alle Menschen in ein Burn-out?

2. Innere Programme der Menschen: Diese müssen durch äußere Bedingungen angesprochen werden. Die inneren Programme sind unbewusste Überzeugungen und Glaubenssätze, früh erlernte Loyalitätsmuster und Abgrenzungsverbote, die uns zu bestimmten Verhaltensweisen zwingen. Diese Muster, diese unwillkürlichen Prozesse, sind stärker als der kognitive Verstand.

Wenn jemand sagt: »Ja, ich mach heute, so viel ich kann, und mach rechtzeitig Schluss, damit ich auch noch was vom Feierabend habe.«, glauben Sie, dass derjenige ein Burn-out bekommt? Ganz sicher nicht, denn er sorgt für einen gesunden Ausgleich. Er hat auch seine eigenen Bedürfnisse und Interessen im Auge und grenzt sich erfolgreich von den äußeren Angeboten und Anforderungen ab.

Äußere Situationen und Rahmenbedingungen wie »Wir müssen mehr leisten, besser sein als die anderen, schneller sein« dienen als Auslöser und Einladungen, die auf bestimmte innere Glaubenssätze treffen und diese blitzartig aktivieren. Hinzu kommt noch der innere Kritiker, der so ermutigende Sätze von sich gibt: »Es ist nicht genug, tu mehr!« »Streng dich mehr an!« «Du schaffst es wohl nicht!« Oder: »Reiß dich zusammen!«

Äußere und innere Bedingungen zusammen ergeben eine unheilige Allianz, die uns antreibt und puscht, sodass wir hektisch getrieben uns selbst zunehmend verlieren und nicht mehr wissen, wo uns der Kopf steht. Wir sehen dann nur noch die Diskrepanz zwischen dem gegenwärtigen Istzustand und dem kaum zu erreichenden Sollzustand, hinken immer hinterher und machen uns das Leben schwer.

Wir haben ja schon über Glaubenssätze, innere Antreiber und den inneren Kritiker gesprochen. Bei Menschen, die burn-out-gefährdet sind, kommen oftmals folgende Glaubenssätze zum Tragen:

• Ich muss viel leisten. Ich muss besser sein. Ich muss allem gerecht werden.

• Ich muss hilfsbereit sein ... Ich muss mich anstrengen (engagieren). Ich muss perfekt sein. Ich muss stark sein. Ich muss schneller sein. Ich muss funktionieren.

Natürlich kommen nicht alle Glaubenssätze gleichzeitig vor, doch mehrere davon ganz sicher. Jeder einzelner Glaubenssatz ist – wie Sie wissen – mit Bedingungen verknüpft.

Wenn ich X mache (so wie oben beschrieben), dann werde ich geliebt, anerkannt, wertgeschätzt und werde belohnt. Wenn ich X nicht mache, dann bin ich einsam, wertlos und werde bestraft.

Solange Sie nach Ihren Glaubenssätzen handeln, diese aber nicht als solche erkennen, sind Sie im Dauerstress, feuern sich selbst unermüdlich an, rennen einem unerreichbaren Ideal, einer unerfüllbaren Erwartung nach – immer in der Hoffnung auf Anerkennung und Belohnung. Die Sätze suggerieren permanent: »So wie es jetzt ist, ist es nicht gut genug. Du musst dich noch mehr ... noch mehr ... noch mehr anstrengen, einsetzen. Du musst noch stärker, schneller, perfekter, besser sein ... dann wirst du anerkannt und belohnt.« Sie sagen implizit aber auch: »Wenn du X (zum Beispiel eine Aufgabe, ein Projekt, eine Bitte) ablehnst, dann hat das negative Konsequenzen für dich.«

Am Anfang kann das mit der Anerkennung auch klappen, nach einer Weile jedoch nicht mehr. Anstatt das Ideal, die unerfüllbare Erwartung infrage zu stellen und die eigenen Ansprüche auf ein realitätsgerechtes, machbares Maß zurückzuschrauben, beginnen die Menschen dann, an sich selbst zu zweifeln, werden zunehmend frustriert und unglücklich. Obwohl sie sich so beharrlich in der Firma einsetzen, brav ihre Aufgaben erfüllen, obendrein noch Kollegen unterstützen und tragende, zuverlässige Stütze der Abteilung sind, bleiben die erwarteten und erhofften Belohnungen aus! Weder werden sie von ihrem Chef gebührend gewürdigt noch bekommen sie von Kollegen Anerkennung, und auch von der Familie bleibt gewünschte Bestätigung aus!

Dabei geben diese meist intelligenten Menschen mit guter Ausbildung so viel, nehmen aber für sich selbst zu wenig und überfordern sich permanent. Doch weil sie unbewusst ihren konditionierten Mustern folgen, stoßen Sie an mentale, emotionale und körperliche Grenzen und erschöpfen sich. Erst wenn sie den Zusammenhang von frustrierendem Verhalten, bislang unbewussten Glaubenssätzen und äußeren Rahmenbedingungen erkennen, können sie sich schrittweise daraus lösen und wieder in eine dynamische Balance kommen.

Fabian, 38 Jahre alt, ist Jurist in einem IT-Konzern. Er ist verheiratet und hat eine achtjährige Tochter. Seine Frau arbeitet drei Tage in der Woche als Redakteurin, sie kann – genau wie er – einen Tag von zu Hause aus arbeiten.

Fabians Firma wurde vor zwei Jahren an eine andere Firma verkauft. Der neuen Chefin wollte er beweisen, wie kompetent und einsatzbereit er war. Diese war sehr freundlich und entgegenkommend, lobte seinen Ehrgeiz, sein Engagement, sodass er sich geschmeichelt und angestachelt fühlte, sich noch mehr einzusetzen. Er blieb abends länger, nahm regelmäßig Arbeit mit nach Hause, »um einigermaßen über die Runden zu kommen«. Geflissentlich überhörte er die Anmerkungen seiner Frau: »Du lebst ja nur für die Firma«, bekam aber ein schrecklich schlechtes Gewissen. Seine Frau hatte ja recht!

Dabei wollte er doch nur einen guten Job machen – nicht nur für sich, sondern auch für seine Familie. Ihr wollte er ein schönes Zu-

hause bieten. Er konnte bald nicht mehr abschalten, wurde von Selbstzweifeln geplagt, trank abends Wein, um abzuschalten, wurde zusehends nervöser, hektischer, fahriger.

Nach einem Jahr kräftezehrender Arbeit hatte er mit Konzentrationsstörungen zu kämpfen. Er machte Fehler, »die eigentlich nicht hätten passieren dürfen«. Er schämte sich dafür, hatte Angst, weitere Fehler zu machen, und versuchte dies mit noch mehr Arbeit zu kompensieren. Doch wer bitte kann sich nach zehn Stunden Arbeit noch konzentrieren??? Er fühlte sich unzulänglich, kritisierte sich vehement und entwickelte Minderwertigkeitsgefühle. Er fühlte sich mehr und mehr fremdbestimmt, hatte den Eindruck, nur noch zu funktionieren, gleichzeitig »irgendwie« neben sich zu stehen, und sprach immer wieder davon, auszusteigen und Olivenbauer zu werden.

Eines Tages arbeitete er vom Homeoffice aus. Da rief seine Chefin ihn fünf Mal wegen Kleinigkeiten an. Als sie ihn das sechste Mal anrief, platzte ihm der Kragen, er schrie ins Telefon und verlor gänzlich seine Kontrolle. Wütend drückte er während des Gesprächs auf den Aus-Knopf. Er konnte ihre lächerlichen Forderungen und ihre Stimme nicht mehr ertragen. Minuten später wurde er von Weinkrämpfen geschüttelt. »Wellen schlugen über meinem Kopf zusammen. Ich wollte nur noch ins Bett und schlafen!«

Der Arzt diagnostizierte ein Burn-out, und Fabian wurde acht Wochen krankgeschrieben.

Nach seiner Rückkehr arbeitete er zunächst halbtags, dann wieder ganztags und kam zum Coaching. Ihm war klar, dass dies ein Warnschuss gewesen war. »Ich hatte zu viel Arbeit und zu wenig Ruhe, hatte kaum Freizeit, keine Kontakte zu anderen Menschen. Ich hatte zu viel Frust und keine Freude mehr … ich muss jetzt mehr an mich denken und lernen, Nein zu sagen.«

Zudem wurde ihm bewusst, dass er sich besonders schlecht abgrenzen konnte bei Frauen, die hierarchisch über ihm standen, die sehr freundlich und entgegenkommend waren und an seine Kompetenz appellierten. Er hatte Angst davor, dass seine Chefin ihn als Low Performer einstufen würde für den Fall, dass er zu ihren Anforderungen Nein sagen würde.

Im Laufe des Coachings wurde ihm bewusst, dass seine Mutter ihn oft sehr freundlich gebeten hatte, ihr zu helfen, indem sie so etwas sagte wie: »Du bist doch mein großer Junge. Du kannst so viel. Würdest du bitte …« Als Junge hatte er sich stets gefreut, wenn seine Mutter ihn als »großen Jungen« bezeichnet hatte und stolz auf sein Können war. Nur zu gern hatte er dann der Mutter gezeigt, dass diese sich auf ihn verlassen konnte, und sich mit aller Kraft für ihre jeweiligen Bitten eingesetzt. Er wusste, dass sie ihn hinterher dafür gebührend loben würde. Ihre Anerkennung, ihr Lächeln waren für ihn stets das Wichtigste! Ihr wollte er gefallen und sie glücklich machen!

Falls er sich doch mal widersetzt hatte, so »sprach meine Mutter mit mir kein Wort mehr. Sie zeigte mir die kalte Schulter. Ich bekam dann so ein schlechtes Gewissen, dass ich wieder freiwillig half und das tat, was sie mir aufgetragen hatte … Nur damit sie wieder gut mit mir war«.

Damals hatte Fabian Glaubenssätze gelernt wie:

»Ich muss anderen helfen.«

»Ich muss andere glücklich machen und tun, was sie wollen.«

»Andere sind wichtiger als ich.«

Sein inneres Abgrenzungsverbot gegenüber den Anforderungen der Mutter sowie eine große Sehnsucht nach Anerkennung übertrug er im Erwachsenenleben auf Personen, die ähnlich reagierten wie seine Mutter … seine Chefin. Aus Fabians Lebensgeschichte ist dieses Bedürfnis nach Anerkennung verständlich und nachvollziehbar!

Durch sein Burn-out hatte er nun die Chance bekommen, seine Glaubenssätze zu erkennen, zu verändern und sich aus diesen alten Abhängigkeiten zu lösen. Er lernte, erfolgreich Grenzen zu setzen, Nein zu sagen und selbstbestimmter zu leben.

Vor Kurzem habe ich den interessanten Artikel »Burnout-Irrtum?« in der Zeitschrift »Spuren« gelesen. In diesem Artikel wird beschrieben, dass »Burnout« ganzheitlicher betrachtet werden muss, als dies bislang geschehen ist. Zusammengefasst wird Folgendes gesagt: Ein gesunder, optimal versorgter Körper könne kein Burn-out entwickeln. Bei Burn-out-Patienten ist neuen Labormessmethoden zufolge die Leistungsfähigkeit der Mitochondrien (der Energiekraftwerke in den Zellen) durch freie Radikale deutlich gestört. Diese richten in den Zellstrukturen Schäden an, gegen die sich geschwächte Zellen nicht wehren können. Weil wir heute oft vorgefertigte Nahrungsmittel in Form von Pizza, Nudeln, Brot, Süßigkeiten zu uns nehmen, zudem unsere Lebensmittel durch ausgelaugte Böden, lange Lagerung, Überzüchtung nicht mehr genügend Nährstoffe enthalten, unser Körper diese aber braucht, müssten wir heute Nahrungsergänzungsmittel in Form von Mikronährstoffen zu uns nehmen. Diese sind zum Beispiel Selen, Coenzym Q 10, Vitamin C und E. Dadurch könnten die Energiespeicher wieder aufgefüllt werden.[6] Ich bin davon überzeugt, dass Nährstoffmangel im Körper eine große Rolle bei der Entstehung von Burn-out wie auch bei verschiedenen Krankheiten spielen kann, und halte eine ganzheitliche Betrachtungsweise für sinnvoll, um den betroffenen Menschen die bestmögliche Unterstützung zu geben.

Raus aus dem Burn-out:

Menschen können in ein Burn-out driften, gehen immer wieder über ihre Grenzen, weil sie noch nicht gelernt haben, sich erfolgreich abzugrenzen und Nein zu sagen. Die Entwicklung zum Burn-out lässt sich durch den Blick auf sich selber – durch ehrliche Selbsterforschung – unterbrechen.

Zur Gesundung und Reaktivierung der inneren Stärke
geht es im Einzelnen

- um die Wiederherstellung der Verbindung zu sich
  selbst – zum Körper und den Gefühlen, zum Spüren,
  Fühlen und Sein.

- um innere Stabilisierung und Stärkung – Andocken
  an verschüttete innere Kraftquellen und deren
  körperliche Verankerung.

- um das Hinterfragen und Ändern des eigenen
  Lebensstils.

- um das Erkennen bisher unbewusster Glaubenssätze
  und das Entwickeln konstruktiver Alternativen.

- um das Erforschen eigener Bedürfnisse, um einen
  gesunden Ausgleich zwischen Arbeit und Erholung.

- um die Überprüfung der Ernährungsgewohnheiten –
  gegebenenfalls um eine Kurskorrektur.

- um frühzeitiges Abgrenzen und Nein sagen, sodass
  eine neue Lebensqualität – ein neuer Lebensmut,
  ein neuer Lebenssinn – und neues Selbstvertrauen
  entstehen. (Dazu finden Sie in diesem Buch die
  verschiedensten Vorschläge.)

Dadurch finden die Menschen wieder zu einer inneren
Balance. Sie können besser mit ihren Emotionen umgehen,
sind wieder optimistischer, können proaktiv ihren Alltag
und herausfordernde Situationen meistern. Sie können gut
für sich selbst sorgen und haben wieder Freude am Leben.
(Es würde den Rahmen dieses Buches sprengen, hier
genauer darauf einzugehen.)

Übung

Beantworten Sie für sich die Fragen und tragen Sie diese wieder in Ihr Logbuch ein:

○ Was tut *mir* gut?

○ Wie kann ich meine Batterien wieder aufladen und mich selbst stärken?

○ Wodurch anerkenne ich mich selbst?

○ Was ist mir in der Arbeit wichtig? Was ist mir im Privatleben wichtig?

○ Wodurch motiviere ich mich?

○ Wie kann ich konstruktiv mit Anforderungen umgehen?

○ Was und wie esse ich?

○ Wie oft gönne ich mir kleine Verschnaufpausen im Alltag?

○ Wie kann ich eine dynamische Balance zwischen Geben und Nehmen herstellen?

○ Welche inneren Einstellungen und Stärken helfen mir dabei, in meiner Kraft zu bleiben und zuversichtlich nach vorne zu schauen?

Die Bedeutung von Grenzen

> Man kann die eigenen Grenzen nur feststellen,
> indem man sie gelegentlich überschreitet.
> Das gilt für jene, die man sich selbst setzt,
> ebenso wie für jene, die einem andere setzen.
>
> Josef Broukal (* 1946)

Grenzen spielen in jedem Leben eine wichtige Rolle, und das nicht nur, wenn wir von einem Land zum anderen fahren. Es gibt offene und geschlossene Grenzen, es gibt durchlässige und verschwommene. Wir erleben Grenzen im Äußeren, aber auch Grenzen im Inneren. Das haben wir beim Thema »Burn-out« gesehen.

Auf den gesellschaftlichen, wirtschaftlichen, technologischen, kulturellen Ebenen erleben wir weltweite Vernetzungen, herkömmliche Grenzen spielen kaum noch eine Rolle. Im Fernsehen können wir täglich sehen, wie Menschen übel beschimpft und abgewertet werden oder gelegentlich in einem schleimigen Bottich nach Sternen suchen und Würmer als Herausforderung essen. Wo bleiben die Grenzen der persönlichen Würde? In zahlreichen Büchern steht, dass wir alles erreichen können, wenn wir es nur wollen. Was ist mit der Erkenntnis der persönlichen Begrenzungen? Geht es nur noch darum »höher, schneller, weiter, besser« zu sein? Ein sportlicher Rekord jagt den nächsten, Vorstandsgehälter und Mietpreise steigen nahezu ins Uferlose. Wir selbst haben schier unerschöpfliche Wahlmöglichkeiten – wir können zwischen vielerlei Berufen, Freizeitangeboten, Wohnorten, Urlaubszielen, Unterhaltungsmöglichkeiten und Produkten wählen. Es scheint so, dass alles machbar, alles möglich ist, dass es keine Grenzen mehr gibt nach dem Motto »Geht nicht gibt's nicht!«. Ist das tatsächlich so? Gibt es wirklich keine Grenzen mehr?

Andererseits erleben wir aber über Werbung und Medien, was wir alles kaufen und tun müssen, um gesellschaftlich anerkannt zu werden. Wir werden von außen ständig daran erinnert, uns an bestimmte Regeln und Normen zu halten, stoßen immer wieder an behördliche, firmenspezifische und gesellschaftliche Grenzen – und können uns dadurch eingeengt fühlen. Dieser gesellschaftliche Anpassungs- und Leistungsdruck ist für den Einzelnen herausfordernd und führt nicht selten dazu, dass sich Menschen schlecht dagegen wehren können. Auch die Natur zeigt uns immer wieder in Form von Naturkatastrophen unsere Grenzen auf.

In diesem Spannungsfeld zwischen Innen- und Außenwelt ist es daher absolut notwendig, konstruktiv mit unseren Grenzen umzugehen. Haben wir selbst keine eigenen intakten Grenzen,

- nehmen wir unsere eigenen Grenzen nicht wahr und übergehen sie deshalb. Entweder wir überfordern uns oder sind zu nachsichtig mit uns.

- wissen wir nicht klar, was wir selbst denken und fühlen, wo wir anfangen und aufhören, vermischen uns mit anderen, können Eigenes und Fremdes kaum mehr unterscheiden und haben es schwer, uns abzugrenzen und zu schützen.

- können andere Menschen munter in unser ureigenes Terrain marschieren und uns gehörig verletzen.

- überrennen wir die Grenze anderer und wundern uns, warum sie sauer reagieren.

- schwanken wir im Extremfall hin und her zwischen Überanpassung und Überabgrenzung. Entweder wir zerfließen oder wir bauen Mauern um uns herum, damit uns ja keiner zu nahekommt.

Die Fragen lauten daher:

- Wofür sind intakte Grenzen wichtig?
- Woran merke ich, dass ich gerade an meine Grenze komme?

- Wie gehe ich mit den Grenzen anderer um?
- Woran merke ich, wenn jemand meine Grenze verletzt?
- Wie etabliere ich Grenzen, um mich besser zu schützen?

Wofür sind intakte Grenzen wichtig?

Gesunde Grenzen sind wichtig für unsere Individualität, Integrität und Authentizität, für unsere Verbindung mit uns selbst.

- Innerhalb unserer Grenzen fühlen wir uns sicher, kraftvoll, klar, stabil, kompetent. Wir haben ein gutes Selbstwertgefühl und das Selbstvertrauen, anstehende Dinge zu meistern.

- Sie ermöglichen es uns, unseren eigenen Raum zu wahren und »bei uns zu sein«. Wir wissen, was wir wollen, können unsere eigenen Gefühle, Bedürfnisse, Interessen wahrnehmen und selbstbestimmt handeln.

- Sie befähigen uns, zwischen uns und anderen zu unterscheiden. Wir gewinnen auch Abstand, stehen zu uns, können mit anderen in Verbindung treten und mit ihnen auf Augenhöhe sprechen, behaupten uns selbstbewusst nach außen und verhalten uns eindeutig.

- Durch Grenzen wehren wir Bedrohliches, Beängstigendes von außen ab.

- Grenzen schützen uns davor, dass andere uns für ihre Zwecke einspannen können oder dass wir zum Spielball verschiedener Menschen oder Industrien werden.

- Wenn unsere Grenzen intakt sind, haben wir eine gute Nähe-Distanz-Balance, nehmen Kritik nicht mehr so persönlich und sind konfliktfähig.

- Grenzen bilden unsere Komfortzone, einen vertrauten Rahmen. Aber je fester unsere Grenzen sind, desto mehr

Nachteile bringen sie mit sich. Wir glauben zu wissen, wie das Spiel des Lebens läuft, werden stur, engstirnig und frustriert, fühlen uns eingeengt, stagnieren, reagieren aggressiv oder mit Rückzug, kündigen innerlich oder werden sogar krank und leiden (vgl. »Das Phönix Prinzip«).

- Wir können aber auch unsere Grenzen öffnen, über sie hinauswachsen, uns neugierig und voller Abenteuerlust auf Neues einlassen, können uns weiterentwickeln und uns mit anderen Menschen verbinden. Dadurch bleiben wir kreativ, innovativ, lebendig und lebensfroh.

Tatsache ist, für ein erfülltes und erfolgreiches Leben brauchen wir beides: Wir müssen erfolgreich Grenzen setzen und Nein zu Anforderungen von außen und innen sagen können. Aber wir müssen auch unsere Grenzen öffnen und bewusst Ja zu Neuem sagen, sonst können wir nichts dazulernen und verkümmern.

Wodurch werden Grenzen gebildet?

Grenzen entstehen durch vielerlei Erfahrungen, durch kulturelle Normen, Werte, Glaubenssätze, den inneren Kritiker, aber auch durch Tabus. Sie alle sorgen zunächst dafür, dass wir innerhalb unseres gewohnten Rahmens bleiben und nicht aus der Reihe tanzen.

Nein sagen zu alten Gewohnheiten

Jeder von uns hat alte Gewohnheiten, viele davon sind hilfreich und unterstützend. Doch einige hindern uns daran, das zu tun, was wir uns vorgenommen haben. Wir verschieben den Sport auf den nächsten Tag und finden jede Menge Ausreden dafür. Wir nehmen uns viel zu viel vor, sodass wir erst gar nicht beginnen. Wir wollen uns selbst schnell belohnen, unsere Gier rasch befrie-

digen und schieben schnell noch Schokolade in den Mund, obwohl wir eigentlich abnehmen wollen. Wir hocken abends vor
dem Fernseher, obwohl wir mehr als müde sind, oder räumen die
Wohnung nicht auf, obwohl … Oder wir kaufen uns noch ein
T-Shirt, obwohl wir mehr als genug im Kleiderschrank haben.
Wir sind bei solchen Gelegenheiten nachsichtig und gnädig mit
uns, finden jede Menge Ausflüchte für unser Verhalten und setzen
uns selbst kaum Grenzen.

Das mag sich kurzfristig gut anfühlen, langfristig schadet uns
solcherlei Nachsichtigkeit, denn leider, leider kommen wir dadurch nicht weiter und erreichen schon gar nicht unsere Ziele.
Wir verschenken gute Möglichkeiten dazuzulernen. Jedes Mal,
wenn wir eine alte Gewohnheit, ein altes mentales, emotionales
oder körperliches Muster unterbrechen und erfolgreich etwas
Neues tun – und sei es auch nur eine winzig kleine Änderung –,
wird unser Belohnungszentrum aktiviert – wir gewinnen an Kompetenz, Sicherheit und Handlungsspielraum.

Um persönlich zu wachsen, müssen wir uns selbst Grenzen setzen und klare Regeln dafür definieren.

Sie geben sich zum Beispiel die Regel: »Ich räume jeden Abend
die Küche auf.« Oder: »Diese Woche verzichte ich auf Chips.«
Wann immer nun die flötenden Stimmen der Verführung Sie ver-
leiten wollen, Ihre Regel zu brechen, halten Sie inne und beobachten Ihre Gedanken und Gefühle ganz bewusst. Wann immer
Sie kurz davor sind, es sich abends auf der Couch gemütlich zu
machen oder die Chips zu essen oder gar ein gänzlich überflüssi-
ges Kleidungsstück zu erstehen, ist es notwendig, achtsam zu sein,
tief durchzuatmen und an Ihre Regeln zu denken, sich daran zu
erinnern, was Sie gewinnen, wenn Sie Nein zu dieser alten Gewohnheit sagen. Denn genau an dem Punkt entscheidet es sich,
ob Ihr Vorhaben langfristig erfolgreich ist oder nicht. Selbstverständlich können Sie Ihren Ausreden nachgeben, doch – die eine
Alternative besteht darin, überlegt Nein zu den Versuchungen zu

sagen, bei dem eigenen Ziel bzw. bei Ihren Regeln zu bleiben und dazu zu stehen.

Die andere Alternative ist: Sie können zum Beispiel Ihrem inneren Kind, das einfach mal gierig sein möchte und sofort Befriedigung will, verständlich machen, warum es so wichtig ist, dass Sie jetzt für Ihr Ziel am Ball bleiben und entsprechende Regeln einhalten. Sie sagen ihm, was es selbst davon hat, wenn Sie Ihr Ziel erreichen, sodass es zufrieden ist … und dann machen Sie das, was Sie sich vorgenommen haben

Woran merke ich, dass ich an meine Grenzen komme?

Das merken wir manchmal erst hinterher, nachdem wir zu viel gearbeitet, zu viel gefeiert, zu viel geredet, zu viel zugehört, zu viel und zu lange Sport getrieben, zu viel geholfen, uns zu viel um andere gekümmert, zu viele Erwartungen anderer erfüllt haben.

Wir merken es daran, dass wir erschöpft sind, uns nicht mehr konzentrieren können, keine Kraft mehr haben – und nur noch die Decke über den Kopf ziehen wollen. Es ist ja sinnvoll und macht auch Spaß, hin und wieder über die eigenen Grenzen zu gehen, damit wir wissen, wo unsere Grenzen überhaupt sind.

Problematisch wird es erst dann, wenn dies regelmäßig passiert. Dann nämlich laufen wir Gefahr, uns zu erschöpfen und krank zu werden. Dann streikt unser Körper und setzt unserem Tun eine massive Grenze. Er zeigt uns, dass wir etwas im Leben ändern müssen. Wir müssen unsere inneren Signale ernst nehmen und auf sie hören.

Manchmal braucht man einen massiven Weckruf!

Meine Nachbarin ist eine sehr gute, ehrgeizige Sportlerin. Vor einiger Zeit wollte sie abnehmen und begann, noch viel mehr Sport zu treiben als gewöhnlich. Sie ging jeden Abend nach der Arbeit erst zum Joggen, danach ins Fitnessstudio, am Wochenende ging sie zu-

sätzlich zum Skifahren. Gegen Ende der Skisaison brach sie sich bei einem leichten Sturz ein Bein. Es gab viele Komplikationen – kurz – sie musste über ein Jahr mit allem pausieren … und weiß heute, dass sie sich viel zu viel zugemutet und ihren Körper viel zu oft überfordert hatte. Vor ihrem Unfall hatte sie dies nicht bemerkt.

Wir sind alle Menschen, und unsere Lernaufgabe besteht auch darin, dass wir unsere eigenen körperlichen, emotionalen und mentalen Grenzen mehr und mehr erkennen und annehmen. Das kann sehr entlastend sein, denn genau dadurch kommen wir zu uns zurück, betrachten uns und die Welt realistischer, gewinnen Abstand zu den Ansprüchen, zu den Erwartungen von außen und können uns um die eigenen Angelegenheiten kümmern!

Wie gehe ich mit den Grenzen anderer um?

Aus Angst, andere zu verletzen, halten wir uns mit unserer Meinung zurück. Aber manchmal passiert es, dass wir – obwohl wir niemandem wehtun wollen – unwissentlich, unbeabsichtigt, die Grenzen anderer verletzen. Das lässt sich im menschlichen Zusammensein mit anderen nicht verhindern. Das Einzige, was wir tun können, ist, uns ehrlich und aufrichtig dafür zu entschuldigen. Wir können daraus lernen, doch eine Garantie, dass wir einen anderen nie mehr verletzen, gibt es nicht, genauso wenig, wie wir die Sicherheit haben, nie mehr verletzt zu werden.

Woran merke ich, dass jemand meine Grenzen verletzt?

Wir sind verletzt, und wenn wir uns verletzt fühlen, spüren wir, dass sich im Körper augenblicklich etwas verändert. Wir werden – zumindest innerlich – wütend, ärgerlich, sauer. Die meisten von uns haben jedoch gelernt, dass Aggression und Wut schlecht sind und nicht nach außen gezeigt werden dürfen. Manche Menschen, besonders Frauen, haben ihre Lektion so gut verinnerlicht, ihre vitalen Gefühle so gut verdeckt, dass sie kaum mehr Zugang dazu haben und sich daher schlecht wehren und schützen können. In solchen Fällen wendet sich die Aggression oft nach innen und kann sich über körperliche Symptome oder indirekte Aggressionen wie Schuldzuweisung, Schadenfreude, Weinen, Selbstvorwürfe, Kopfweh oder Rache oder in Form von Krankheit ausdrücken.

Wie etabliere ich Grenzen, sodass ich mich besser schützen kann?

Was wir brauchen, ist eine gesunde Aggression. Genau. Die eigene Wut zu spüren ist etwas sehr Gesundes. Das bedeutet nicht, seine Wut unkontrolliert und nach Laune dem Nächstbesten an den Kopf zu werfen, sondern sie als Fähigkeit zu erkennen, mit der wir unsere Grenzen schützen und das Eigene sichern können. Das ist natürlich leichter geschrieben als getan!

Was bedeutet nun Aggression?

Aggression kommt vom Lateinischen »aggredi« und heißt »auf etwas zugehen«, »herangehen«, aber auch »angreifen«. So verstanden hat Aggression zwei Bedeutungen:

- Einerseits ist sie vorwärts treibende, aufbauende, aktive Energie, deren Ziel es ist, dass wir uns in der Welt behaupten.

- Andererseits ist sie dazu da, die eigenen Grenzen zu verteidigen, um uns selbst vor Bedrohungen und Gefahren wirksam zu schützen. Unsere Aggression zeigt, wie weit der andere gehen darf.

Aggression kann sowohl als Selbstbehauptungs- wie auch als Abgrenzungskompetenz verstanden werden. Wichtig ist, sich zunächst für die eigenen Verletzungen zu sensibilisieren. Manchmal braucht man eine ganze Weile, bis man wahrnimmt, dass andere über unsere eigenen Grenzen gegangen sind. Und es kann noch einmal eine Weile dauern, bis wir körperlich spüren, dass wir bei Grenzverletzung wütend werden. Dies hängt wieder mit dem früh gelernten Abgrenzungsverbot zusammen, bei dem wir eigene Gefühle und Bedürfnisse unterdrücken und uns nach den Erwartungen anderer richten mussten. *Damals* haben wir gelernt, dass Wut absolut nicht ausdrückbar war, sie wurde abgespalten, der Kampfreflex wurde unterbrochen, um die überlebenswichtige Verbindung zu den Eltern zu erhalten. Weil diese Dinge so im Verborgenen geschehen, ist uns dies nicht bewusst. *Heute jedoch* können wir Aggression als etwas Gutes und Gesundes schätzen lernen und sie wieder in unser Leben integrieren.

Freuen Sie sich, wenn Sie Ihre Aggressionen spüren, zeigen sie doch, dass Sie lebendig sind und Übergriffe und Verletzung Ihrer Grenzen bemerken. Die Frage ist, wie Sie sich angemessen abgrenzen und in Beziehung mit anderen bleiben können. Doch dazu mehr im Kapitel über Kommunikation, denn Grenzen zu setzen und Nein zu sagen hat viel damit zu tun, wie wir mit anderen kommunizieren und deren Grenzen ebenso beachten.

Was passiert in Ihrem Inneren, bevor Sie sich anderen gegenüber abgrenzen?

Wenn Sie sich anderen gegenüber bewusst abgrenzen oder etwas Neues tun wollen, sollten Sie den inneren Ablauf kennen.

Wenn ich zum Beispiel ein Training zum Nein sagen durchführe, mache ich mit meinen Teilnehmern immer eine Übung, bei der sie spüren, was passiert, kurz bevor sie ihre Komfortzone verlassen.

Sie nehmen sich zum Beispiel fest vor, Ihrer Freundin zu sagen, wie sehr Sie es stört, wenn diese nur von sich spricht und nicht fragt, wie es Ihnen geht.

Bevor Sie sich abgrenzen wollen, stoßen Sie immer an Ihre eigenen inneren Grenzen. Selbst wenn Sie noch so gut durchdacht haben, was Sie sagen und wie Sie es ihr sagen wollen, Sie erleben immer wieder die gleichen Phänomene, körperlich, mental und emotional. Die Wangen werden rot, das Herz schlägt schneller, der Atemrhythmus verändert sich. Die Gedanken schwanken hin und her – »Sag ich es ihr oder lass ich alles beim Alten? Beim Alten weiß ich, was ich hab, beim Neuen weiß ich nicht, was rauskommt.« Sie wissen nicht genau, wie die Freundin reagieren wird. Neues birgt ein Risiko, deshalb ist es ja neu. Sie sind unsicher, schwanken weiter hin und her. Wann immer Sie gerade an der Grenze des bisher Gewohnten sind, spüren Sie Ihre Stresssymptome und können diese als Unsicherheit interpretieren und sich dadurch zurückhalten lassen, Neues anzupacken. Oder aber Sie bewerten Ihre Symptome als Neugier und Vorfreude auf Neues. Ihr Körper hat Ihnen biologische Unterstützung in Form des Adrenalinschubs gegeben. Sie sind einen Tick wacher und aufmerksamer, um bisherige Grenzen zu überschreiten und Neuland zu betreten, um mutig in das Gespräch mit Ihrer Freundin zu gehen.

Damit sagen Sie Ja zu Ihrer Entwicklung und Nein zu alten einschränkenden Gewohnheiten und mentalen Mustern.

Übungen zum Schutz Ihrer Grenzen

Übung
SICHER IN DER SCHUTZHÜLLE

Nehmen Sie sich Zeit, sich zurückzuziehen, nehmen Sie achtsam Ihren Atemrhythmus wahr und schließen Sie die Augen.

◯ Stellen Sie sich nun farbig, groß und konkret vor, dass Sie von einer Schutzhülle umgeben sind, in der Sie genügend Raum haben und vollkommen sicher und bei sich sind. Gestalten Sie die Schutzhülle so, dass Sie sich rundherum wohlfühlen.

○ Dann stellen Sie sich vor, wie verletzende Äußerungen von anderen in Form von Farben an der Schutzhülle abprallen, sodass Sie weiter gelassen und souverän bleiben können. Alles, was außen bleiben soll, bleibt außen, während Sie dieses gleichzeitig gelassen von innen beobachten.

○ Spüren Sie alle Gefühle und Empfindungen und nehmen Sie wahr, wie es ist, sichere Grenzen zu haben und in der eigenen Kraft zu bleiben.

Wiederholen Sie diese Übung vier Wochen jeden Tag.

Als Alternative können Sie auch diese Übung zum persönlichen Grenzschutz machen.

Übung
GESCHÜTZT IN EINER LICHTSÄULE

○ Stellen Sie sich groß und deutlich vor, dass Sie inmitten einer hellen Lichtsäule sind, durch die Sie rundherum sicher und geschützt sind. Verletzende Äußerungen anderer bleiben außerhalb der hellen Lichtsäule.

○ Spüren Sie auch hier wieder, wie es ist, sicher, souverän und in der eigenen Stärke zu bleiben, sodass Sie die Grenze zwischen sich und anderen klar sehen und körperlich verankern.

Wiederholen Sie diese Übung vier Wochen jeden Tag.

Übung
GRENZEN ZIEHEN MIT DEN HÄNDEN

Setzen Sie sich aufrecht auf einen Stuhl und schließen Sie die Augen. Halten Sie Ihre Handflächen so, dass diese nach außen zeigen, und bewegen Sie Ihre Arme langsam nach vorne und zu den Seiten.

○ Stellen Sie sich dabei bildlich vor, dass die Handflächen Ihre Grenzen markieren, durch die Sie geschützt sind. Alles, was außen bleiben soll, bleibt außen, während Sie sich innerhalb Ihrer Grenzen sicher und kraftvoll fühlen. Spüren Sie diese Empfindungen intensiv in Ihrem ganzen Körper.

Wiederholen Sie diese Übung vier Wochen jeden Tag.

Durch bildhafte Vorstellungen und körperliche Bewegungen werden innere Grenzen etabliert und gefestigt.

Übung
NEIN SAGEN ZU ALTEN GEWOHNHEITEN

Notieren Sie die Übung in Ihrem Logbuch.

○ Zu welcher Ihrer Gewohnheiten wollen Sie Nein sagen (zum Beispiel täglich nach der Arbeit fernsehen)?

○ Als Nächstes geben Sie sich eine **neue Regel**, die für Sie herausfordernd und machbar erscheint – zum Beispiel: »Der Fernseher bleibt ab heute eine Woche lang ausgeschaltet.«

○ Nehmen Sie bewusst wahr und schreiben Sie auf, was Sie bei dieser Übung denken, wie Sie sich fühlen, wie viel Zeit Sie jetzt für andere Dinge haben ... und erlauben sie sich, sich dabei zu entspannen.

Übung
ÜBERDENKEN DES EIGENEN KONSUMVERHALTENS

Manchmal schwimmen wir mit dem Mainstream mit, ohne viel darüber nachzudenken, ohne bewusst Grenzen zu setzen. Doch auch hier ist es wichtig, Grenzen zu setzen, unsere Eigenständigkeit zu wahren, unserem persönlichen Geschmack zu folgen.

Fragen Sie sich:

O Wie sehr richte ich mich nach Mode, Labels, gesellschaftlich vorherrschenden Trends? Wie grenze ich mich davon ab?

O Welche Konsumgüter sind mir wichtig, und was geben Sie mir?

O Worauf könnte ich zwar verzichten, will es aber nicht?

O Welche Dinge in meiner Wohnung/im Kleiderschrank kann/ will ich weggeben, sodass dort mehr Klarheit/Übersichtlichkeit vorliegt?

O Wie sorgfältig gehe ich mit den Dingen in meiner Umgebung um?

O Wie kann ich mein Leben einfacher und individueller gestalten?

Akzeptieren oder ärgern?

> Wir brauchen nicht so fortzuleben,
> wie wir gestern gelebt haben. Machen
> wir uns von dieser Anschauung los,
> und tausend Möglichkeiten laden
> uns zu neuem Leben ein.
>
> Christian Morgenstern (1871–1914)

Manchmal ärgern wir uns, weil wir zum 101. Mal zur Schwiegermutter zum Sonntagsnachmittagskaffee gegangen sind, obwohl wir lieber zu Hause geblieben wären. Oder einer Freundin zugehört haben, die zum wiederholten Mal eine Beschwerde über ihren ach so engstirnigen Chef vorgetragen hatte. Oder wieder einmal auf den Charme unseres Partners reingefallen sind, obwohl wir uns fest vorgenommen hatten, ihm gegenüber standhaft zu bleiben.

Warum ärgern wir uns eigentlich darüber? Warum fällt es uns oft schwer, die Dinge so zu akzeptieren, wie sie nun mal sind?

»Wieso soll ich überhaupt etwas akzeptieren, das mir nicht gefällt?«, höre ich immer wieder in Trainings.

Meine Großmutter hatte mir oftmals gesagt, wenn ich als Kind zu ihr kam und mich über die »ungerechten Lehrer« beschweren wollte: »Kind, es ist, wie es ist.« Ich hatte gehofft, dass meine Oma mich unterstützt und so etwas gesagt hätte wie: »Ja, Gabi, es ist unfair und ungerecht.« Stattdessen wiederholte sie dann: »Menschen sind, wie sie sind, ob dir das gefällt oder nicht.« Mich hatten ihre Aussagen damals total geärgert, ich hätte gerne Zustimmung und Rückhalt von ihr gehabt. Rückblickend kann ich jedoch sagen: Das waren Lektionen in Sachen Akzeptanz, auch wenn ich dies damals noch nicht verstanden hatte.

Warum fällt uns Akzeptanz so schwer?

Unsere Gesellschaft verlangt zügiges Handeln nach dem Motto »Problem erkannt, Problem gebannt«. Wir wollen rationale Lösungen – möglichst sofort, damit wir wieder die Kontrolle über die Dinge haben, damit es wieder reibungslos läuft und wir uns keine weiteren Gedanken darüber machen müssen. Dieser Weg ist bei vielen äußeren Problemen zielführend, praktisch, effektiv. Wird der Auspuff bei unserem Auto laut, wissen wir, dass etwas nicht in Ordnung ist. Wir bringen das Auto in die Werkstatt, damit dort die Ursache gefunden und das Problem gelöst wird. Oder wenn wir kein frisches T-Shirt mehr im Schrank haben, wird es Zeit zu waschen. Dies tun wir und haben dann wieder frische Wäsche.

Wir machen dabei ganz automatisch einen kognitiven Fünferschritt. In einem NLP-Master-Training, das ich bei Gabriele Stöger besucht habe, lernte ich das PUSTE-Modell kennen, das in einem Fünferschritt wie folgt zusammengefasst wird.

1. Problem erkannt
2. Ursache(n) entdeckt
3. Sinnvolle Lösung gefunden
4. Talente und Ressourcen aktiviert
5. Ergebnisse erzielt – Dinge umgesetzt

Und weil dies bei äußeren Problemen so gut klappt, wollen wir auch bei inneren Belangen diesen raschen zielführenden Fünferschritt gehen. Doch gerade wenn Gefühle, Erinnerungen, Glaubenssätze, Empfindungen eine Rolle spielen, dann greifen kognitive Antworten zu kurz, die Wirksamkeit der Lösungen bleibt begrenzt. Hier ist das achtsame Wahrnehmen und Akzeptieren der inneren Befindlichkeiten wichtig, denn auf der Grundlage von Akzeptanz können wir die Vergangenheit hinter uns lassen und sind offen für neue Möglichkeiten und Wege. Durch Akzeptanz dessen, was ist, ist proaktives Denken und Handeln möglich.

»Was, ich soll akzeptieren, dass mir mein Kollege immer wieder Zusatzarbeit aufhalst? Das kann ich nicht! Dann würde ich ja sein Verhalten gutheißen«, echauffiert sich eine Teilnehmerin im Selbstakzeptanztraining.

Viele Menschen bringen »Akzeptanz« in Verbindung mit Selbstaufgabe, Schwäche, mit Resignation und Handlungsunfähigkeit. Sie glauben, sie würden dann nur noch die Hände in den Schoß legen, alles Unangenehme passiv erdulden und sich ohnmächtig in ihr Schicksal ergeben. Das Akzeptieren einer Situation ist für viele Menschen ungewohnt, fremd und daher herausfordernd, denn der Verstand definiert sich über Bewertungen, Urteile, Vergleiche und will klare, logische und durchgeplante Lösungen. Dadurch kann aber eine Situation nicht umfassend von allen Seiten beleuchtet werden, doch genau das ist notwendig, um aus einem automatisierten einschränkenden mentalen Teufelskreis auszubrechen!

Was ist mit »Akzeptanz« gemeint?

Akzeptanz ist die Grundlage proaktiver Veränderungen und der Beginn für neue Entwicklungsprozesse.

Unter Akzeptanz verstehe ich das umfassende Annehmen einer Situation, so wie sie jetzt gerade ist. Akzeptanz ist eine bejahende Haltung, verbunden mit dem Annehmen unliebsamer Gefühle, Empfindungen, Gedanken und Handlungen sowie der Annahme eigener Grenzen und der Begrenztheit unseres eigenen menschlichen Daseins. Akzeptanz bezieht sich auch auf andere Menschen, auf deren Rollen, deren Denk- und Verhaltensweisen, auf deren Äußerungen. Zur Akzeptanz gehört auch, einzusehen, welch begrenzten Einfluss wir auf das Verhalten anderer Menschen haben, obwohl das sicher nicht immer leichtfällt.

Wenn Sie etwas akzeptieren, sagen Sie Ja zu dem, was gerade ist, gleichgültig, ob es Ihnen gefällt oder nicht. Sie sagen Ja zu Ihren Erfahrungen, Ihren Glaubenssätzen, sagen Ja zu Ihren Stärken und Schwächen. Sie beschönigen nichts, sie werten auch nichts ab und reagieren nicht zwingend auf eigenes gegenwärtiges Gedankenkreisen. Sie erkennen die Wahrheit der jeweiligen Situation, ohne sie zu verurteilen, ohne daran rumzudeuteln. Das ist nicht immer leicht. Gerade wenn wir uns schwach fühlen, unsicher sind, einen Fehler gemacht oder eine Niederlage erlitten haben, gerade dann ist es wichtig, dass wir liebevoll mit uns selbst umgehen und akzeptieren, dass wir Menschen sind mit den unterschiedlichsten Gefühlen und dass alle Gefühle da sein und gesehen werden dürfen. Durch Akzeptanz sagen wir Ja zu uns selbst und werden weicher, milder, mitfühlender, aber auch klarer.

Sollten Sie feststellen, dass Sie sich oder andere gerade wieder einmal verurteilen, dann sagen Sie Ja zu Ihren Bewertungen und akzeptieren, dass der Verstand es gewohnt ist, zu kritisieren und Werturteile zu fällen, zum Beispiel: »Mein Mann ist so stur.« Vielleicht können Sie wahrnehmen, dass das letztlich Gedanken sind. Und Gedanken sind *nur* Gedanken, nicht mehr und nicht weniger.

Eine junge Frau im Selbstakzeptanztraining (SAT) sagte: »Ich bin in Gesellschaft zu schüchtern, um meine Meinung zu sagen. Gleichzeitig ärgere ich mich und denke: ›Dumme Nuss! Sage endlich, was dir wichtig ist!‹ Sie war hin- und hergerissen zwischen den beiden widersprüchlichen Gedanken. Den einen lehnte sie ab und wünschte sich den anderen sehnlichst herbei. So ging es immer wieder hin und her. Mal war sie auf der einen, mal auf der anderen Seite, in einem inneren Kampf gefangen, der viel Energie und Kraft kostete.

Kampf ist Ausdruck von Widerstand gegen die Realität und führt zu Spannung, Druck und Stress. Kampf erzeugt innere Spaltung, Schmerz, Leiden. Unsere Gedanken werden enger, wir fühlen uns schlechter, werden hektisch und nervös …

Wenn wir die Realität ablehnen, Nein sagen zu dem, was ist, und dagegen kämpfen, dann verlieren wir, denn die Wirklichkeit ist immer größer als wir! Sie ist größer als unsere Erwartungen, Wünsche, Vorstellungen. Manche Menschen verschließen sich vor der Wahrheit und laufen vor der Wirklichkeit davon – sie lenken sich durch Konsum, Alkohol, Essen, Sex, Arbeit, Drogen und andere Süchte ab und hoffen, dass sich Probleme von alleine lösen. Wieder andere stecken den Kopf vor der Wirklichkeit in den Sand nach dem Motto »Wenn ich das Problem nicht sehe, dann gibt es das auch nicht«. Sie verleugnen die Realität, halten still und warten ab … Und bleiben in alten Mustern stecken.

Das sind zwar verständliche Strategien, doch sie ändern leider nichts. Es liegt an uns, wie wir mit den Dingen umgehen. Wer gegen die Realität kämpft oder vor ihr flüchtet, unterliegt auch genauso wie derjenige, der den Kopf in den Sand steckt.

Wenn wir eine Situation umfassend wahrnehmen und akzeptieren, dann können wir bewusst wählen, wie wir damit umgehen wollen. Dann haben wir die Entscheidungsfreiheit, bewusst Ja oder Nein zu sagen und uns abzugrenzen. Auf der Basis von Akzeptanz haben wir drei Wahlmöglichkeiten:

1. Wir können etwas ändern, wenn es in unserer Macht steht.

2. Wir können Dinge sein lassen, wenn es außerhalb unserer Macht steht. Wir können uns zum Beispiel täglich über unseren ignoranten Chef ärgern. Wir können mit ihm zwar darüber reden, doch es liegt außerhalb unserer Macht, ihn zu verändern. Also lohnt es sich nicht, sich jeden Tag darüber erneut aufzuregen. Wir können es sein lassen. Wir können aber auch die Firma verlassen – die Frage ist, ob wir die damit verbundenen Konsequenzen in Kauf nehmen wollen.

3. Wir können eine Situation auf einer tiefen Ebene bejahen – nämlich dann, wenn wir diese weder ändern noch sein lassen können, zum Beispiel bei einer Krankheit.

Übung
AKZEPTANZ

○ Stellen Sie sich eine Situation vor, in der Sie auf eine andere Person wütend oder gekränkt reagiert haben. Führen Sie sich diese Situation noch einmal deutlich vor Augen und nehmen Sie diese nicht wertend wahr. Hören Sie, was die andere Person gesagt oder getan hat, und achten Sie darauf, wie Sie reagiert haben – wie Sie sich gefühlt, was Sie gesprochen und wie Sie gehandelt haben.

○ Beobachten Sie, welche Glaubenssätze, Erwartungen, Wünsche Sie an den anderen in dieser Situation hatten, die – leider, leider – nicht erfüllt wurden, und akzeptieren Sie all Ihre Gedanken und Gefühle ... akzeptieren Sie Ihre inneren und äußeren Reaktionen. Was nehmen Sie dabei körperlich wahr? Wie verändern sich Ihre Emotionen und Gedanken?

○ Nehmen Sie auch die andere Person wahr, wie diese auf Sie reagiert hat – und akzeptieren Sie, dass der andere anders denkt, fühlt und handelt als Sie.

○ Sie können sich zusätzlich fragen: Muss denn der andere meine Erwartungen und Wünsche unbedingt erfüllen?

○ Wissen Sie, welche konkreten Erwartungen der andere in dieser Situation an Sie hatte? Und – erfüllen Sie seine Erwartungen und Wünsche so, wie er das möchte?

Das Geschehene können Sie nicht ändern, also ist es sinnvoll, dies zu akzeptieren und daraus zu lernen. Was genau haben Sie aus der Übung gelernt?

Übung
AKZEPTANZ UND VERÄNDERUNG
VON GLAUBENSSÄTZEN

○ Nehmen Sie wieder Ihr Logbuch und schreiben einen Ihrer Glaubenssätze auf. Zum Beispiel: »Ich muss Rücksicht nehmen.«

○ Als Nächstes ergänzen Sie den Satz mit: »Das ist nur ein Gedanke, den ich akzeptiert habe.«

○ Als Drittes fügen Sie hinzu: »Und ich habe das Recht, meine Meinung zu sagen, wenn es für mich sinnvoll ist.«

Vollständig lesen Sie dann: »Ich muss Rücksicht nehmen. Das ist nur ein Gedanke, den ich akzeptiert habe. Und ich habe das Recht, meine Meinung zu sagen, wenn es für mich sinnvoll ist.«

○ Nehmen Sie dabei wahr, was innerlich in Ihnen vorgeht, was Sie dabei denken, wenn Sie den Satz lesen, wie Sie sich fühlen, was Sie körperlich spüren, und wiederholen Sie ihn mehrmals mit all Ihren Gefühlen und Empfindungen.

Eine Alternative dazu ist:

Sie können den Satz »Ich *muss* Rücksicht nehmen« verändern, indem Sie die Möglichkeitsform verwenden: »Ich *kann* Rücksicht nehmen«. Dadurch eröffnen sich sofort mehr Wahlmöglichkeiten.[7]

Achtsamkeit – wahrnehmen, ohne zu werten

> Die höchste Form menschlicher Intelligenz ist,
> zu beobachten, ohne zu bewerten.
>
> Jiddu Krishnamurti (1895–1986)

Voraussetzung dafür, dass wir etwas ändern können, ist, dass wir überhaupt wahrnehmen, was gerade jetzt in uns abläuft. Das ist eine Herausforderung, besonders in Situationen, in denen ein

Wort das andere ergibt und wir uns hinterher erstaunt fragen: »Wie konnte das geschehen, dass ein so harmloser Gesprächsbeginn im Streit geendet hat?« Denn fast jeder reagiert in so einer Situation plötzlich nur auf bestimmte Reizwörter des anderen, auf einen bestimmten Tonfall, Blick, auf eine Geste oder die Mimik des anderen. Er fühlt sich plötzlich angegriffen, verteidigt sich oder fühlt sich ohnmächtig, zieht sich zurück und schweigt.

Wenn wir Wahrnehmungen mit gedanklichen Bewertungen und Gefühlen vermischen, verlieren wir jeden Abstand und reagieren quasi automatisch. Das Wahrnehmen dessen, was sich in uns abspielt, und das Akzeptieren dessen ist kaum mehr möglich.

Was also tun? – Achtsamkeit üben

Als ich vor vielen Jahren meditieren lernen wollte, hörte ich in einem Kurs, was Osho über Meditation sagte: »Beobachte deine Gedanken, beobachte deine Gefühle, beobachte deinen Körper und urteile nicht.« Sollte dies überhaupt möglich sein? Nicht urteilen, wie sollte das denn gehen? Was sollte ich damit im Alltag anfangen können?

Um mehr Wahlfreiheit unseres Denkens und Verhaltens zu gewinnen, ist es sinnvoll, dass wir das, was wir wahrnehmen, von gedanklichen Bewertungen und Gefühlen trennen können. Doch woran liegt es zunächst, dass wir Wahrnehmung und Bewertung so schlecht unterscheiden können?

- Wir nehmen selektiv wahr. In unsere Wahrnehmung fließen unsere Ziele, Werte, Erfahrungen, Glaubenssätze, Wünsche, Bedürfnisse, Erwartungen mit ein.

- Unsere Bewertungen erfolgen oftmals so schnell, dass Wahrnehmung, Bewertung und Gefühle fast eins sind.

Unser Job ist es demzufolge, langsamer und achtsamer zu werden, sodass wir überhaupt erst unterscheiden können zwischen Wahrnehmung und Bewertung. Dabei wird unsere Aufmerksamkeit bewusst auf die Gegenwart gerichtet, auf das, was gerade *jetzt* ist. Sodann nehmen Sie nicht wertend, nicht urteilend wahr, was sich gerade jetzt in der Außenwelt und in Ihrer Innenwelt abspielt.

Jetzt, während Sie diese Zeilen lesen, können Sie innehalten und Ihre Aufmerksamkeit bewusst auf folgende Wahrnehmungs-übung lenken: Was nehmen Sie gerade jetzt von der Außenwelt wahr? Wie halten Sie dieses Buch? Welche Geräusche nehmen Sie gleichzeitig wahr? Dann gehen Sie allmählich zur Innenwelt über: Sitzen oder liegen Sie, während Sie das Buch lesen? Wie bequem ist Ihre Haltung? Was spüren Sie gerade jetzt im Inneren Ihres Körpers, während Sie ihn wahrnehmen? Wie tief oder flach atmen Sie? Können Sie wahrnehmen, wie sich Ihr Brustkorb hebt und wieder senkt? Welche Gefühle haben Sie gerade jetzt? Was denken Sie gerade jetzt?

Bewusstes, nicht wertendes Wahrnehmen erfordert eine innere Haltung, bei der Sie offen, wertschätzend und aufmerksam beobachten, was gerade gegenwärtig ist, ohne etwas verändern zu wollen. Alles – jeder noch so abstruse Gedanke, jedes noch so unliebsame Gefühl, jede Körperempfindung, jedes Geräusch, jeder Geruch … jeder Lärm – alles darf da sein. Es ist ohnehin so, wie es ist, egal, ob Sie dafür oder dagegen sind. Sie sitzen zum Beispiel alleine in Ihrem Wohnzimmer und beobachten bewusst Ihren Atem. Da erscheint immer wieder der Gedanke wie: »Hilfe, steht mein Freund überhaupt noch hinter mir?« Nehmen Sie diesen Gedanken nicht wertend wahr. Nehmen Sie weiter wahr, dass Sie gerade jetzt alleine im Wohnzimmer sitzen und erkennen, dass das gerade in diesem Augenblick nur ein Gedanke ist, nichts weiter. Nun kehren Sie mit Ihrer Aufmerksamkeit bewusst zu Ihrem Atem zurück. Dann kommt ein anderer Gedanke hoch. Auch den nehmen Sie nicht wertend wahr und bemerken, dass dieser Gedanke auch wieder vergeht, genauso wie er gekommen ist. Dann erscheint vielleicht ein Gedanke wie »Hunger«. Auch diesen nehmen Sie wahr, ohne sofort aufstehen zu müssen und sich etwas in den Mund zu schieben. Sie nehmen ihn einfach wahr und kehren wieder zum Atem zurück. Und wenn Sie merken, dass Sie Gedanken oder Gefühle ablehnen oder besonders gerne bei ihnen verweilen und sie festhalten möchten, so nehmen Sie auch dieses nicht wertend und bewusst wahr und kehren dann zum Atem zurück. Sie erkennen bei längerem Üben, dass Gedanken einfach nur Gedanken sind, und bemerken, dass bestimmte Gedanken zu weiteren Gedanken führen und bestimmte Gefühle und Empfindungen nach sich ziehen. Und Sie werden feststellen, dass Sie Lieblingsgedanken und Lieblingsgefühle haben.

Achtsames Selbstbeobachten öffnet den Zugang zur Gegenwart – zu tiefen Gefühlen, zu Ihrem Körper, zu bislang verborgen gebliebenen Gedanken, zu Ihren Sinnen, zum Sein. Sie gewinnen Einsichten in Ihr Innenleben, verstehen sich und Ihre Reaktionen besser.

Durch die Selbstwahrnehmung ziehen Sie Energie ab von den vielen Gedanken, die den ganzen Tag in Ihrem Kopf herumschwirren. Dadurch werden Ihre Gedanken ruhiger. So kommen Sie mehr zu sich, gewinnen Abstand zu Ihren Gedanken und Gefühlen. Auch Glaubenssätze wie auch schlechte Gewohnheiten werden durch regelmäßiges Üben schwächer. Dadurch, dass Sie alle Gedanken, Gefühle, Empfindungen, alle Erfahrungen zulassen und nicht wertend wahrnehmen, lösen sich mentale und körperliche Anspannungen auf, vertiefen sich nach und nach Vertrauen, Mitgefühl und Lebensfreude. Die Identifikation mit dem Verstand lockert sich, Sie sind gegenwärtiger, präsenter und klarer. Dadurch können Sie Ihre tagtäglichen Aufgaben leichter und gelassener meistern.

Der Verstand beschäftigt sich meist mit der Vergangenheit oder mit der Zukunft, kaum mit der Gegenwart. Tatsache jedoch ist, dass die Vergangenheit vorbei ist, auch wenn sie in unseren Erinnerungen weiterlebt, doch wann geschieht das? Jetzt. Tatsache ist auch, dass die Zukunft noch nicht da ist, wir uns aber Gedanken darüber machen, und wann geschieht das? Auch jetzt.

Es gibt nur die Gegenwart. Wir leben jetzt, atmen jetzt, treffen Entscheidungen jetzt oder vertagen sie jetzt. Alles geschieht immer nur jetzt, in diesem Augenblick. Sie können immer wieder bewusst die Frage stellen: »Was ist jetzt?« Damit holen Sie Ihre Gedanken wieder zurück in die Gegenwart.

Die größte Kraft ist die Gegenwart, in ihr liegt die Wahrheit. Durch die Rückverbindung mit unserem Körper verankern wir uns wieder in der Gegenwart und können durch nicht wertende Wahrnehmung unsere Gedanken, Gefühle und Empfindungen mit Abstand beobachten. Wir lassen uns nicht mehr von jedem Gefühl und Gedanken mitziehen, müssen nicht auf jeden Gedanken, jedes Gefühl reagieren und glauben auch nicht mehr zwingend, dass alle Gedanken wahr sind!

Den inneren Beobachter entwickeln und stärken

Es ist so leicht, sich in Gedanken zu verlieren. Erst kommt ein Gedanke, dem schließt sich ein zweiter an, ein dritter – und schwupp!, befinden Sie sich inmitten eines Gedankenstrudels, der immer weitere Kreise zieht, Gefühle und Empfindungen in Mitleidenschaft zieht.

Je mehr Sie nicht wertendes, achtsames Wahrnehmen üben, desto leichter fällt es Ihnen, im Hier und Jetzt zu bleiben oder wieder zur Gegenwart zurückzukehren. Sie entwickeln dabei so etwas wie einen inneren Beobachter, von dessen Position aus Sie mehr und mehr wahrnehmen können, was sich in Ihnen und außerhalb von Ihnen abspielt.

So können Sie durch regelmäßiges Üben auch in zunehmend herausfordernden Situationen in diese Beobachterposition wechseln und von dort aus das Geschehen achtsam und nicht urteilend betrachten und angemessen handeln.

Zudem erkennen Sie, dass Sie mehr als Ihre Gedanken und Ihre Gefühle sind und dass Sie bewusst Ihre Gedanken in die gewünschte Richtung lenken können.

Übungen zur Achtsamkeit

Erstens:
ATEM-ACHTSAMKEITS-MEDITATION

Nehmen Sie sich zu Beginn fünfzehn Minuten Zeit, setzen Sie sich aufrecht an einen ruhigen Platz und schließen Sie die Augen.

○ Am einfachsten können Sie lernen, gegenwärtig zu sein, wenn Sie Ihren Atem beobachten – wie Sie einatmen und ausatmen. Sie bemerken, wie sich beim Einatmen der Brustkorb hebt und die Lungen mit Luft gefüllt werden. Sie beobachten, wie Sie ausatmen, und erleben, wie nach jedem Ausatmen eine kleine Pause folgt. Sie können wahrnehmen, dass Sie in Ihrem ganz eigenen Tempo, Ihrem eigenen Rhythmus atmen. Wahrscheinlich stellen Sie fest, dass Ihre Aufmerksamkeit immer wieder abschweift, und können wieder zum Atem zurückkehren. Wenn Sie den Atem achtsam wahrnehmen, ziehen Sie gleichzeitig Energie vom Denken ab, sodass Ihre Gedanken an Zwanghaftigkeit verlieren und ruhiger werden.

Mit etwas Übung können Sie mehr und mehr wahrnehmen, ob und welche Gedanken kommen und gehen, welche Gefühle gerade da sind, welche Körperempfindungen Sie gerade spüren. Sie können zunehmend erkennen, wann Ihr Verstand wieder von der Gegenwart abschweift und Nein zur Realität sagt, indem er sich in wundervollen Träumen verfängt oder Sie kritisiert. Er fordert dann zum Beispiel, dass Sie mit dem Wahrnehmen aufhören, weil das »Schmarrn« ist, weil das wirkliche Leben anders ist, als es gerade jetzt ist, und das Wahrnehmen dessen, was sich innen abspielt, Zeitverschwendung ist usw. Nehmen Sie auch dieses nicht wertend wahr.

○ Nach fünfzehn Minuten öffnen Sie wieder die Augen, dehnen, recken und strecken sich und gehen wieder Ihrem Alltag nach.

Für regelmäßiges Üben ist es sinnvoll, sich täglich am gleichen Platz hinzusetzen und fünfzehn Minuten zu üben. Sie können im Lauf der Zeit die Achtsamkeitsübung auf eine Stunde ausdehnen.

Zweitens:
ACHTSAMKEIT IST ÜBERALL MÖGLICH

Das nicht wertende Wahrnehmen können Sie überall üben. Dazu sind keine Bedingungen nötig. Sie müssen weder in einer bestimmten Haltung verharren noch bestimmte Vorkehrungen treffen.

Sie können in der Natur bewusst sehen, was es zu sehen gibt, hören, welche Geräusche da sind. Sie können bewusst gehen und dabei spüren, wie sich Ihr ganzer Körper bewegt und wie die Fußsohlen sich auf dem Untergrund abrollen.

Sie können im Supermarkt in der Schlange an der Kasse stehen und die Aufmerksamkeit bewusst auf Ihren Atem lenken.

Sie können bewusst und nicht wertend Routinetätigkeiten wahrnehmen, zum Beispiel bewusst Geschirr spülen oder Staub saugen. Sie können sich bewusst duschen und dabei spüren, wie das Wasser warm oder kalt über Ihren Körper rinnt, und fühlen, wie es Ihnen dabei geht.

Sie können bewusst einen Cappuccino trinken, dabei spüren, wie der Schaum auf der Zunge zergeht, wie er schmeckt, die Kehle herunterrinnt etc., etc.

Drittens:
ACHTSAMKEIT MIT ANDEREN

Dies ist eine Übung für Fortgeschrittene.

○ Nehmen Sie bewusst und nicht wertend wahr, wie es ist, wenn Sie sich mit einem Freund, einer Freundin über alltägliche Dinge austauschen. Achten Sie darauf, wie es für Sie ist, Ihre eigenen Regungen und Ihr Gegenüber gleichzeitig wahrzunehmen. Beobachten Sie auch, wenn Sie in Bewertungen kommen, was dann mit Ihren Gefühlen und Ihrem Körper passiert.

Viertens:
ONE MOMENT MEDITATION

Es gibt eine Übung, die ich besonders liebe. Sie stammt von Martin Boroson und ist für Menschen, die wenig Zeit haben. Sie kann überall durchgeführt werden, besonders auch während der Arbeit. Sie dauert genau *eine* Minute. In dieser Minute nehmen Sie sich Zeit für sich – Zeit für das Wunder des Augenblicks.

○ Zur Vorbereitung stellen Sie sich einen Wecker – genau auf *eine* Minute.

○ Dann setzen Sie sich aufrecht hin, bringen die Beine in eine stabile Position, schließen die Augen, »lassen Ihren Geist in den Atem sinken« und nehmen wahr, was gegenwärtig ist ... wie Sie atmen, wie Sie sich fühlen, was Sie spüren, welche Geräusche Sie hören ...

○ Nach einer Minute klingelt der Wecker, Sie kehren zurück, dehnen und recken sich und gehen wieder Ihrer Arbeit nach.

Bei all diesen Übungen gibt es nichts Bestimmtes zu erreichen. Sie nehmen lediglich das wahr, was gerade ist. Nur der Verstand will immer etwas erreichen, will es besonders gut machen, will besonders effektiv die Zeit nutzen und sofort ein Ergebnis. Es muss sich lohnen! Natürlich profitieren Sie durch bewusste Achtsamkeitsübungen.

Doch genau dann, wenn Sie unbedingt ein bestimmtes Ziel erreichen wollen, zum Beispiel Entspannung, verkrampft sich der Verstand, Sie verspannen sich, ärgern sich vielleicht darüber, dass

Sie nichts Besonderes wahrnehmen können, und brechen frustriert ab oder sagen: »Ich hab's schon immer gewusst, das bringt mir nichts!« Anstatt dann aufzustehen und derlei Übungen nie wieder zu machen, können Sie diese Gedanken als Gedanken erkennen und beim bewussten Wahrnehmen dessen, was ist, bleiben.

DURCH AKZEPTANZ UND ACHTSAMKEIT GESCHIEHT ETWAS WUNDERBARES

- Sie können erkennen, dass sich Gedanken und Gefühle verändern – je nach Situation und eigenem Zustand.

- Sie können spüren, wie sich Ihre inneren Spannungen lösen, wie Sie sich mehr und mehr entspannen und Ihre Muskeln sich lockern.

- Sie gewinnen Abstand zu Gedanken, Gefühlen und Empfindungen.

- Alter Schmerz, Ängste und emotionale Verstrickungen lockern und lösen sich in der Gegenwärtigkeit des Bewusstseins.

- Harmonie und Frieden entfalten sich.

- Sie reagieren besonnener und gelassener.

- Sie sind zuversichtlicher und werden frei für das, was Sie wirklich wollen.

- Sie erweitern Ihre Wahrnehmung, öffnen sich für Neues.

- Sie werden innerlich stabiler, kraftvoller und können Ihre Energie, die bislang zur Unterdrückung von Gefühlen und Empfindungen benutzt wurde, nun proaktiv für sich einsetzen.

- Sie können besser mit Stress umgehen sowie innere oder äußere Situationen mit Würde meistern.

Wenn Sie im gegenwärtigen Augenblick offen und präsent bleiben, können Sie immer besser die Wahrheit einer Situation verstehen. Sie können sogar wahrnehmen und akzeptieren, wenn Sie wieder einmal Bedingungen an die Realität gestellt haben – dass die Dinge wieder einmal anders gelaufen sind, als Sie das geplant hatten, oder dass etwas passiert ist, was eigentlich nicht hätte passieren sollen. Sie können dies zunehmend mit Abstand erkennen und mehr und mehr Ihren eigenen Konditionierungen auf die Spur kommen.

Rückfall – Hilfe!!!

Immer mal wieder passiert es, dass wir das Verhalten eines anderen Menschen nicht akzeptieren. Etwas stört uns an ihm, wir ärgern uns über ihn und wollen, dass er sich ändert. Dies ist genau der richtige Zeitpunkt, nicht wertend unsere Beziehung zu diesem Menschen wahrzunehmen, denn in aller Regel zeigt er uns etwas, was mehr mit unseren Glaubenssätzen, Vorstellungen, Wünschen, Bedürfnissen und Erwartungen zu tun hat als mit ihm. Er kann uns auf unsere verdrängten, versteckten Anteile, auf unbewusste Glaubenssätze, aber auch auf schlummernde Talente aufmerksam machen.

Angenommen, Sie sitzen in einer geselligen Runde und einer am Tisch ist schlagfertig, gewitzt und führt das Wort. Wenn Sie bemerken, dass Ihr innerer Kritiker an dessen Verhalten herummeckert, so können Sie sich fragen, ob Sie vielleicht neidisch auf ihn sind. Vielleicht wären Sie heimlich auch gerne so schlagfertig und würden gerne im Mittelpunkt stehen …

Eine Freundin von mir beklagte sich über einen Kollegen, der so schrecklich stur sei. Ihrer Meinung nach müsste er in einer bestimmten Angelegenheit auf sie zukommen. »Warum rufst du ihn nicht an?«, fragte ich sie. »Nein, er soll mich anrufen.« Später bemerkte sie, dass sie genauso stur war wie er, und konnte ihre Sturheit lächelnd akzeptieren.

Und immer wieder vergessen wir, achtsam wahrzunehmen. Wir fallen in alte Denk- und Verhaltensmuster zurück. So what? Rückfälle gehören dazu und sind ein Motivationstest, wie wichtig Ihnen Ihr Ziel ist. Wir können dankbar dafür sein. Wann immer wir etwas am anderen nicht akzeptieren, dann akzeptieren wir etwas bei uns selbst noch nicht selbst. Was das genau ist, das kann nur jeder für sich selbst herausfinden.

Tatsache ist: Jeder Mensch ist ein Unikat. Es gibt ihn tatsächlich nur ein einziges Mal auf der Welt. Wie er denkt, fühlt, handelt – so lebt nur er. Genau wie Sie hat jeder Mensch das Recht auf eigene Bedürfnisse, Wünsche und Vorstellungen vom Leben. Er will – genau wie Sie – Schmerz und Leiden vermeiden und hat – genau wie Sie – Angst, etwas falsch zu machen. Er will – genau wie Sie – wertgeschätzt und geliebt werden. Er ist – genau wie Sie – ein Mensch, der verletzt worden ist, verletzlich ist, eigene Grenzen hat und im Leben Begrenzungen erfährt.

Also ist es doch sinnvoll, unsere eigene Menschlichkeit zu akzeptieren und die des anderen auch. Oder?

Übung
INTEGRATION

○ Tragen Sie wieder in Ihr Logbuch ein: Gibt es etwas an Ihnen selbst – zum Beispiel eine Eigenschaft, ein Verhalten, etwas an Ihrem Körper –, das Sie bisher noch nicht akzeptiert haben?

○ Als Nächstes stellen Sie sich vor, wie Sie diesen Teil liebevoll umarmen und mit Licht füllen, während Sie dabei spüren und fühlen, was sich in Ihnen verändert.

○ Sie können ergänzend zu sich liebevoll und aus ganzem Herzen zum Beispiel einen Satz sagen wie: »Ich umarme meine Sturheit und akzeptiere und liebe mich so, wie ich bin.«

Wie Sie Kraftquellen aktivieren und Ihr Selbstvertrauen stärken

Ganz gleich, wie beschwerlich das Gestern war,
stets kannst du im Heute von Neuem beginnen.

Buddha

Vielleicht kennen Sie die überlieferte Geschichte mit den zwei Wölfen:

»Ein Indianerjunge kommt zu seinem Großvater und sagt: ›Großvater, in meinem Inneren gibt es zwei Wölfe. Der eine Wolf ist rachsüchtig, aggressiv und grausam, der andere will Harmonie und Liebe. Sag mir, welcher Wolf wird gewinnen?‹

Da lächelt der Großvater antwortet: ›Der, den du fütterst.‹«

Welchen Wolf wollen Sie füttern?

Wenn es gerade mal nicht so gut läuft, wenn wir Probleme, Sorgen oder Kummer haben, dann tendiert unser Verstand dazu, sich genau darauf zu konzentrieren. Wir fühlen uns schlecht, Stresshormone werden ausgeschüttet. Wir wollen unsere Probleme »loswerden«, denken ständig daran, drehen uns im Kreis und finden kaum einen Ausweg. Um im obigen Beispiel zu bleiben – wir füttern nur den einen Wolf und leben einseitig.

In diesem Kapitel erfahren Sie, wie Sie sich mit Ihren inneren Kraftquellen verbinden und damit rasch zu Ihrer Stärke zurückfinden können.[8] Dies ist besonders dann nützlich, wenn Sie in herausfordernden Situationen sind und selbstsicher bleiben wollen.

Unser Gehirn läuft mal nun gerne auf Autopilot, wie Sie es ja von den Glaubenssätzen her kennen. Sie wissen, dass wir einschränkende Muster unterbrechen und uns genau *jetzt* daran erinnern können, dass wir uns auch gut fühlen können – und dürfen, dass zur Ganzheit des Lebens beide Pole gehören – das Leid *und* die Freude, Stress *und* Ruhe, Angst *und* Liebe. Natürlich können Sie sich schlecht fühlen. Manchmal ist es auch wichtig, einfach mit dem zu sein, was gerade da ist. Doch wir können uns mit unserem Wissen von heute auch ganz bewusst auf unsere inneren Kraftquellen konzentrieren, daran andocken und zu unserem Selbstbewusstsein, unserer inneren Kraft und Energie zurückfinden. Ich arbeite oft mit Hochleistungssportlern. Diese nutzen speziell vor einem Wettkampf solche Techniken, damit sie in ihrer mentalen Stärke und ihrer Power bleiben und die untrügliche Gewissheit haben: »Ich schaff's!«

Durch die Verbindung mit unseren inneren Kraftquellen können wir uns beruhigen, entspannen und stabilisieren, werden gelassen und sicher, können unser Selbstwertgefühl vertiefen. Sie verleihen uns Flügel, aktivieren das, was in uns steckt, und bereichern unser Leben. Wir können uns durch unsere Kraftquellen ermutigende Freiräume schaffen, können uns selbst dadurch von unangenehmen Themen entlasten, um uns später – mit gewonnenem innerem Abstand und neuer Kraft – damit auseinanderzusetzen.

Vor allem aber gewinnen wir an Selbstvertrauen, an Zuversicht und wissen, dass wir herausfordernde Situationen schneller, leichter und besser meistern. Innere Kraftquellen – auch Ressourcen genannt – besitzen die Macht, uns zu unterstützen, wenn wir über unsere Grenzen hinauswachsen wollen. Sie helfen uns, mutig zu sein, und dienen als Sprungbrett für neue Entwicklungen.

»Aber da manipuliere ich mich ja«, höre ich manches Mal im Training.

Ja, natürlich tun Sie das! Wir manipulieren uns mental tagaus, tagein ohnehin, die Frage ist, in welche Richtung wir uns manipulieren. Welchen Wolf wollen Sie füttern?

»Als ob das so einfach ginge«, sagen manche Skeptiker. Stimmt, aber wer sagt denn, dass es einfach sein soll? Es hat ja auch eine ganze Weile gebraucht, bis wir unsere Glaubenssätze verinnerlicht haben. Doch wir können unsere Aufmerksamkeit immer wieder bewusst auf das lenken, was wir anstreben, und je öfter wir unsere Aufmerksamkeit zum Beispiel auf unsere innere Kraftquellen, auf unsere innere Stärke lenken, desto eingeschliffener werden diese neuronalen Schaltkreise, desto schneller können wir uns wieder gut fühlen.

Innere Kraftquellen nutzen

Jeder Mensch hat innere Stärken und Kraftquellen, aus denen er schöpfen kann. Unsere Kraftquellen sind wertvolle Schätze, die uns auf unserem Weg unterstützen. Manchmal erinnern wir uns an einen schönen Abend im Urlaub, bei dem einfach alles gepasst und gestimmt hat, und schöpfen daraus Kraft. Oder wir denken daran, wie wir zum ersten Mal unseren Partner gesehen haben, und freuen uns wieder. Oder wir schauen immer wieder ein bestimmtes Foto an, das unser Herz zum Hüpfen bringt, denken an eine knifflige Situation, die wir gemeistert haben, oder erinnern uns an das Rauschen des Waldes und werden still.

Wie oft nutzen Sie innere Kraftquellen ganz bewusst, um Ihre Ziele und Vorhaben leichter zu erreichen?

Wie oft verbinden Sie sich gezielt mit Ihren inneren Ressourcen, um gestärkt und sicher in ein wichtiges Gespräch zu gehen?

Wie oft docken Sie an Ihre speziellen Kraftquellen an, um sich gut und gelassen oder kompetent und motiviert zu fühlen?

Wenn wir uns ganz bewusst auf die Suche nach »inneren Schätzen« machen, dann können wir auf vielerlei Weise fündig werden. Wir haben alle in unserem Leben viele stärkende Erfahrungen gemacht, viele Erinnerungen und innere Bilder gespeichert, die uns Kraft spenden können. Sogar schwierige Zeiten, die wir durchlebt und gemeistert haben, können uns heute als Kraftquelle dienen, sie können für uns ein unerschöpflicher Brunnen der Inspiration sein, verbunden mit dem Wissen: »Ich habe schon herausfordernde Zeiten durchgestanden, bin daran gewachsen und stärker geworden.«

Entdecken Sie Ihre Kraftquellen

Es können reale Erfahrungen sein, die Sie im Lauf Ihres Lebens gemacht haben. Das können vielerlei Erinnerungen sein – friedliche Stimmungen mit einem bestimmten Menschen, Landschaften, die Sie mit Kraft und Stärke oder Stille und Frieden verbinden. Dies kann ein besonderes Gespräch sein, aber ebenso eine herausfordernde Situation, die Sie erfolgreich gemeistert haben. Sie können sich mit einem Erfolg oder auch einer religiösen Erfahrung verbinden oder an eine Situation andocken, in der Sie sich besonders gefreut oder in der Sie sehr dankbar waren.

Es können Bilder sein, die Sie aus Filmen, vom Fernsehen oder von Fotos kennen. Manchmal sehen wir so etwas, und das gräbt sich tief bei uns ein – weckt eine Sehnsucht oder ist Ausdruck von Lebensfreude, Tatkraft. Ich zum Beispiel hatte als Kind einen Zeichenblock, auf dessen Deckblatt der Taj Mahal abgebildet war. Dieses Bild fand ich so unglaublich schön, dass ich es immer wieder abgemalt und davon geträumt hatte, irgendwann einmal im Leben nach Indien zu fliegen, um dieses wunderbare monumentale Meisterwerk zu sehen. Später habe ich es getan und war überwältigt von den Ausmaßen und der Schönheit. Die Realität hatte alle meine Kindheitsfantasien bei Weitem übertroffen. Für mich ist der Taj Mahal nach wie vor ein Wunder, das mich – auch in der Erinnerung – zum Staunen bringt und mein Herz erfreut.

Andere hängen Urlaubsbilder auf, und wenn sie diese ansehen, reaktivieren sie all die guten und entspannenden Gefühle voller Lebensfreude, die damit verbunden waren – und schaffen so eine kleine Pause und Distanz zum Alltag.

Manchmal können auch Träume als Kraftquelle fungieren. Eine Trainingsteilnehmerin berichtete, dass sie nicht wusste, ob sie sich von ihrem Mann trennen oder bei ihm bleiben sollte. Sie war monatelang hin- und hergerissen und kam zu keinem Schluss. Da hatte sie folgenden Traum: »Ich stand am Ufer eines breiten Flusses, der in der Mitte gestaut war. Auf der einen Seite lief er fast über, war braun und schmutzig, auf der anderen war das Flussbett ausgetrocknet. Auf meiner Seite des Ufers war die Landschaft trocken und kahl. Ich beschloss, durch das ausgetrocknete Flussbett auf die andere Seite zu gehen. Während ich an der Staumauer aus Gestrüpp, Steinen und Unrat ging, entdeckte ich ein kleines Rinnsal, das die Staumauer durchdrungen und nun durch die trockene Seite floss. Ich lief immer schneller zum anderen Ufer, und als ich dieses erreicht hatte, brach der Staudamm zusammen, und der Fluss konnte wieder fließen. Auf dieser Seite des Ufers blühte und grünte es. Ich setzte mich ins Gras und sah dem Fließen des Wassers zu, war entspannt und glücklich.« Sie interpretierte den Traum so, dass es Zeit war, sich von ihrem Mann zu trennen – sich von einem Ufer zu lösen, zum anderen zu gehen – und war sehr zuversichtlich. Achten Sie darauf, was Sie träumen und wie Sie sich beim Aufwachen fühlen. Ihre Träume können sich als wahre Quellen innerer Kraft und Stärke erweisen!

Als Kraftquelle können auch andere Menschen dienen, gleichgültig, ob wir sie persönlich kennen oder nicht. Sie können zu unseren »inneren Helfern« werden, die wir um Rat und Unterstützung bitten, mit denen wir innere Zwiegespräche halten.

Es können Tiere, Märchenfiguren, Fantasieerscheinungen sowie unterstützende Bücher oder eine bestimmte Musik sein. Ein Manager entwickelte im Coaching »Foxi«, ein witziges Fabeltier, das immer dann in Erscheinung trat, wenn er neue pfiffige Ideen brauchte. Manchmal hilft ein Teddybär, um sich nicht einsam zu fühlen. Gerade bei tiefen Erfahrungen können auch archetypische Figuren wie Engel, Weise oder religiöse Führer als innere Helfer zur Verfügung stehen.

Sie können auch ein motivierendes, inspirierendes »Kraftquellenbuch« mit stärkenden Sprüchen, ermutigenden Erlebnissen des Tages, ideenreichen Fotos kreieren.

Andere malen oder fotografieren, wieder andere fabrizieren große Collagen mit ihren Zielen, Stärken und Zeichnungen, die sie aufhängen, um sich immer wieder daran zu erinnern.

Symbole waren schon in allen Kulturen wichtige Kraftquellen, versinnbildlichten bestimmte Qualitäten. Sie können Ihr eigenes Symbol entwickeln, das für Sie von Bedeutung ist und von dem nur Sie wissen, warum es für Sie so wichtig ist. Sie können es dann im Büro oder zu Hause aufstellen. Eine Trainingsteilnehmerin hat auf ihrem Schreibtisch gut sichtbar einen schönen Stein platziert, der für »Ruhe und Kraft« steht. Immer wenn sie den Stein anschaut, erinnert sie sich daran, wird ruhiger, gewinnt Abstand zu ihren herausfordernden Aufgaben und kann gelassener weiterarbeiten. Ein anderer Teilnehmer nahm eine Pflanze mit ins Büro, die er mit »Wachstum und Weiterentwicklung« und dem Annehmen neuer Aufgaben verband.

Aber auch Massagen, Sauna, ein Wohlfühlbad, Yoga, Tai Chi, Sport können wichtige Quellen der Kraft sein. Boris Becker setzte seine geballte Faust, die als »Beckerfaust« berühmt wurde, in herausfordernden Situationen bei einem Tennismatch an. Sie können für sich bestimmte Bewegungen oder Berührungspunkte am Körper installieren, die Sie mit »innerer Kraft«, mit »Gelassenheit und Stärke« oder mit »Selbstbewusstsein und Zielklarheit« verbinden, und immer wieder aufladen, sodass diese Bewegungen oder Berührungspunkte mit den genannten Qualitäten konditioniert werden und Ihnen zur Verfügung stehen, wann immer Sie diese spezifische Qualität brauchen.

Auch Tiefenentspannung mit Visualisierungen und Meditation sind ideale Kraftquellen.

Sie können zusätzlich folgende Fragen beantworten – und entdecken möglicherweise weitere Kraftquellen:

- Was mögen Sie an sich selbst?
- Wann erleben Sie sich als besonders kraftvoll und präsent?
- Bei welchen Erinnerungen fühlen Sie sich besonders lebendig?
- Welche »verrückten Dinge« haben Sie gemacht, über die Sie sich heute noch freuen? Welche weiteren Qualitäten haben Sie dabei entdeckt oder erweitert?

- Wie erholen Sie sich am besten und schöpfen neue Kraft?
- Wofür sind Sie dankbar?
- Welche Ihrer Qualitäten ließ Sie Herausforderungen meistern?
- Womit belohnen Sie sich nach getaner Arbeit?
- Wer steht Ihnen mit Rat und Tat zur Seite, wenn Sie Unterstützung brauchen?

Ihrer Fantasie sind keine Grenzen gesetzt. Es gibt ungeheuer viele Kraftquellen, die Sie verwenden können, sobald Sie Ihre Aufmerksamkeit bewusst auf Ihre Ressourcen lenken. Dadurch sind Sie mit Ihren ohnehin vorhandenen inneren Stärken verbunden. Sie spüren, wie sich Ihre Körperempfindungen verändern, und fühlen sich kraftvoll, motiviert und präsent. Ein Hochleistungssportler, mit dem ich gearbeitet habe, stellte sich am Abend vor einem internationalen Wettkampf immer ein Plakat vor, auf dem stand: »Ich pack's.« Dazu hörte er den Song von Queen, »We are the champions«, und erinnerte sich an seinen ersten gewonnenen Weltmeistertitel und wie er sich dabei gefühlt hatte.

Übung

KRAFTQUELLEN SPEICHERN – SELBSTBEWUSST SEIN, WENN'S DRAUF ANKOMMT

Sie können bewusst Kraftquellen speichern und sie dann über Berührungspunkte am Körper – quasi per Knopfdruck – aktivieren, wenn Sie diese brauchen!

◯ Sie überlegen sich, welche Qualität Sie in einem herausfordernden Gespräch brauchen, in dem Sie sich erfolgreich abgrenzen wollen. Sie benötigen zum Beispiel *Selbstbewusstsein*.

◯ Vor der Übung wählen Sie einen Punkt am Körper, den Sie leicht und jederzeit berühren können, wann immer Sie *Selbstbewusstsein* brauchen. Gut geeignet hierfür ist es, wenn Sie Daumen, Zeigefinger und Mittelfinger miteinander verbinden.

○ Dann denken Sie an eine Situation, in der Sie sicher, klar und absolut selbstbewusst gehandelt haben.

○ Stellen Sie sich jetzt diese Situation bildhaft vor. Versetzen Sie sich wieder in die Situation und erleben Sie diese erneut mit allen Sinnen – groß und farbig. Was haben andere zu Ihnen gesagt? Was haben Sie zu sich selbst gesagt? Wie haben Sie sich dabei gefühlt? Was haben Sie körperlich empfunden? Erlauben Sie sich, dies intensiv im ganzen Körper zu spüren.

○ Wenn Sie die Gefühle und Empfindungen intensiv und deutlich spüren, drücken Sie Daumen, Zeigefinger und Mittelfinger zusammen und nehmen Sie wahr, wie sich Ihre körperlichen Empfindungen und das Gefühl von »Selbstbewusstsein« mit den Fingern verbinden. Drücken Sie Ihre Finger jetzt so lange zusammen, bis Sie das Gefühl haben, dass das *Selbstbewusstsein* nun gut gespeichert ist.

○ Öffnen Sie langsam wieder die Augen …

Wiederholen Sie die Übung noch zwei Mal, danach jede Woche!

Wenn Sie sich immer wieder mit Ihren Ressourcen verbinden, können Sie mehr und mehr erkennen, was Sie alles an inneren Schätzen in sich tragen. So können Ihre Kraftquellen eine wunderbare Grundlage für die eigene Wertschätzung und Würde werden.

Übung
STÄRKEN VON ANDEREN ABSCHAUEN

Jeder Mensch hat einzigartige Fähigkeiten, die ihn auszeichnen. So können wir von jedem Menschen etwas lernen. Um ein neues Verhalten rascher zu lernen, können wir von anderen abschauen, wie diese sich verhalten. Oftmals machen wir das unbewusst, dass wir von anderen Verhaltensweisen, die wir gut finden, übernehmen.

Doch wir können auch gezielt und bewusst Fähigkeiten von anderen abschauen.

○ Wenn Sie nun eine bestimmte Qualität weiter ausbauen wollen, so können Sie schauen, welcher Mensch diese Fähigkeit, die Sie erweitern wollen, besonders gut kann, zum Beispiel freundlich und angemessen Nein sagen.

○ Beobachten Sie nun genau, wie derjenige zum Beispiel zu einem anderen Nein sagt. Was macht er genau? Wie ist seine Haltung, während er Nein sagt? Wie wendet er sich demjenigen zu, mit dem er spricht? Wie ist dessen Mimik? Seine Gestik? Welche Wortwahl benutzt derjenige? Wie ist sein Tonfall?

○ Was können Sie von demjenigen lernen?

○ Tragen Sie dies alles in Ihr Logbuch genau ein, sodass das Ganze so etwas wie ein Drehbuch für Sie wird.

○ Versetzen Sie sich nun in dessen Lage und adaptieren Sie dessen Körpersprache, Mimik, Gestik, Wortwahl, Tonfall so, dass es für Sie stimmig wird.

○ Wenden Sie die neu gelernten Verhaltensweisen zuerst in einer einfachen Situation an. Mit der Übung können Sie dann bei mehr herausfordernden Situationen das Neinsagen üben.

Sie kaufen zum Beispiel in einem Lebensmittelgeschäft Käse ein. Der Verkäufer hinter der Theke fragt: »Darf's etwas mehr sein?« Wenn Sie bisher ganz automatisch und großzügig Ja gesagt haben, so sagen Sie dieses Mal freundlich, aber klar: »Nein danke«, und schauen, was passiert. Wenn Sie alleine in ein Restaurant gehen und der Kellner Sie an einen Tisch setzen will, der Ihnen nicht behagt, sagen Sie: »Danke, an dem Tisch möchte ich nicht sitzen. Würden Sie mir bitte einen anderen Tisch geben?« Wenn Ihnen das Hotelzimmer nicht gefällt, bitten Sie um ein anderes Zimmer ...

Der konstruktive Umgang mit unliebsamen Gefühlen

> Als ich mich wirklich selbst zu lieben begann, konnte ich erkennen, dass emotionaler Schmerz und Leid nur Warnung für mich sind, gegen meine eigene Wahrheit zu leben. Heute weiß ich, das nennt man authentisch sein.
>
> Charlie Chaplin (1889–1977)

Wenn es uns gut geht, fühlen wir uns beschwingt, freudvoll, motiviert, sind gelassen, zuversichtlich, fühlen uns anderen Menschen und der Welt verbunden. Doch manchmal grollen wir innerlich, ärgern uns, sind ängstlich, niedergeschlagen, schämen uns, sind traurig, hilflos und – verletzt. Jeder fühlt sich manchmal so, doch wenn diese Art von Gefühlen unser Erleben über einen längeren Zeitraum dominiert, beeinträchtigt sie uns.

Während angenehme Gefühle in unserer Gesellschaft einen hohen Stellenwert haben, öffentlich gezeigt werden sollen, haben wir als Kinder erfahren, dass bestimmte Gefühle nicht erwünscht waren. Über Wut haben wir ja schon gesprochen. Aber es hieß auch: »Sei doch nicht traurig.« Oder: »Du hast doch gar keinen Grund zu weinen!« So haben wir effektive Strategien entwickelt, mit unliebsamen Gefühlen umzugehen.

Wir vermeiden möglichst Situationen, in denen diese Gefühle entstehen könnten. Oder wir betäuben unsere Gefühle, indem wir zu viel essen, trinken, zwanghaft einkaufen spielsüchtig, sexsüchtig oder arbeitssüchtig werden. Wir können Gefühle verleugnen oder unterdrücken und so tun, als ob alles in Ordnung wäre. Keine Frage, wir wollen uns damit schützen, doch das Übel ist, dass abgespaltene Gefühle *in uns* bleiben und uns dämpfen. Für deren Unterdrückung müssen wir Energie aufbringen – Energie, die uns zur Meisterung des Alltags fehlt.

Wofür unsere Gefühle wichtig sind

• Wir brauchen sie zum Überleben – wir können blitzschnell agieren, wenn es notwendig ist.

• Sie geben unserem Leben Sinn, zeigen uns, was uns wichtig ist und was wir wollen.

• Wir stellen durch sie eine Verbindung zu dem gegenwärtigen Erleben her und verankern uns in der Gegenwart.

• Wir können uns öffnen und eine Verbindung zu anderen herstellen.

• Sie helfen uns, im Leben klarzukommen und Entscheidungen zu treffen.

• Sie motivieren und beflügeln uns, unsere Ziele zu erreichen.

• Sie zeigen uns, ob es uns gut geht oder ob wir etwas verändern müssen – sie zeigen Handlungsbedarf an.

Wenn wir uns der Wahrheit unserer Gefühle stellen und uns erlauben, sie alle bewusst wahrnehmend und ohne Bewertung zu fühlen, finden wir zu unserer Lebendigkeit, Lebensfreude und Kraft zurück. Sie sind ein wesentlicher Schlüssel zu einem erfüllten Leben.

Gefühle können uns beflügeln, sie können uns aber auch ausbremsen und zurückhalten. Sie können uns unterstützen, Grenzen zu setzen und Nein zu sagen! Gefühle steuern maßgeblich unser Leben, sie geben unserem Leben eine Richtung und gehören zum Leben wie der Sonnenschein zum Tag. Jedes Gefühl, so unterschiedlich es auch sein mag, ist ein Ausdruck der Vielfalt des Lebens. Wenn wir verstehen, unsere unliebsamen Gefühle zu lesen, so können wir dankbar sein für *jedes* Gefühl.

• Trauer kann uns Tiefe lehren.

- Neid kann uns auf eigene verborgene Talente aufmerksam machen.

- Durch Hilflosigkeit kommen wir in Verbindung mit unseren Grenzen.

- Ohnmacht kann uns Hingabe und Vertrauen ins Leben lehren.

- Durch Schuldgefühle können wir zu Verantwortung finden.

- Angst macht uns auf mögliche Risiken und Gefahren aufmerksam.

- Durch Ent-Täuschung finden wir zur Realität zurück.

- Durch Trotz und Wut lernen wir, uns abzugrenzen.

Unliebsame Gefühle senden uns klare Signale und machen uns darauf aufmerksam, die jeweilige Situation genauer zu überprüfen und zu hinterfragen. Gefühle können uns an unser Recht auf Eigenleben, an unsere unterdrückten Bedürfnisse erinnern. Sie pochen immer wieder an unsere Tür, bis wir diese Gefühle zulassen, ernst nehmen, verstehen, was sie uns sagen wollen, und entsprechend handeln. Wir können sie daher als Handlungsbedarfssignale betrachten. Sie zeigen uns, wohin unsere Entwicklung gehen kann. Sie weisen uns darauf hin, dass sie integriert werden wollen, sodass wir ehrlich und authentisch leben können und uns nicht mehr verbiegen lassen.

Angenehme Gefühle hingegen zeigen uns, dass wir uns wohl und sicher fühlen.

Wovon Gefühle abhängig sind

Vielleicht kennen Sie diese Situation. Sie reden mit einem anderen Menschen. Es ist ein harmonisches Gespräch. Doch dann sagt dieser etwas, und urplötzlich reagieren Sie sauer …

Sie spüren, wie der Körper in Aufruhr gerät, spüren den Kloß im Hals oder einen Druck im Magen, atmen schneller, der Kopf wird rot, Ihnen wird plötzlich heiß …

Was wir alle in solchen Situationen meist nicht bemerken, ist, dass Gefühle mit Gedanken zusammenhängen, mit unseren Erwartungen, Glaubenssätzen, Zielen, Bedürfnissen. Dabei kann es durchaus sein, dass hinter dem ersten Gefühl ein weiteres steckt, das wir zunächst nicht wahrnehmen.

Günter fährt auf der Autobahn auf der linken Spur. Er ist auf dem Weg zu einem Kunden, er fährt schnell und ist spät dran. Da schert vor ihm ein Kleinwagen aus, Günter tritt massiv auf die Bremse, zuckelt langsam hinter diesem her, ist wütend und drückt auf die Lichthupe. Der Kleinwagen fährt deshalb nicht schneller, kann er ja nicht. Als die Straße endlich frei ist, rast er weiter. Es dauert eine ganze Weile, bis er sich beruhigt hat.

Bei Günter können wir Folgendes beobachten: Der Weg zwischen Reiz und Reaktion ist sehr kurz. Er reagiert auf den Kleinwagen sofort mit Wut und mit der Lichthupe. Seine Gedanken könnten sein: »Was fällt dem ein, mich so einzubremsen! Ich bin wichtiger als er. Ich muss zu einem Termin und will freie Bahn!«

Seine Wut könnte aber das Gefühl der Ohnmacht überlagern. Günter kann ja tatsächlich nicht schneller fahren als der Kleinwagen vor ihm, er muss es aushalten, dass er von einem anderen eingebremst wurde, dass er keine Kontrolle über das Fahrverhalten des anderen hat. Günter kann drei Dinge lernen:

- Akzeptieren, dass andere durchaus das Recht haben, in ihrem eigenen Tempo über die Autobahn zu fahren, auch wenn es ihm nicht gefällt.

- Er nimmt seine eigenen Gefühle der Ohnmacht wahr und akzeptiert sie. Dadurch löst sich seine Wut sehr schnell auf. Er kann gelassen weiterfahren.

- Er kann Verantwortung für seine Gedanken, Gefühle und Empfindungen übernehmen. Der Autofahrer des Kleinwagens hat, wenn er nicht gerade in den Rückspiegel schaut, keine Ahnung davon, dass Günter wütend ist. Er ist zwar Auslöser von Günters Wut, aber nicht die Ursache, sie liegt in Günters eigenen Gedanken und Gefühlen.

Gerade weil Emotionen oft so schnell erscheinen, ist es für uns wichtig, dass wir innehalten, uns innerlich verlangsamen und uns Zeit geben – denn nur dann können wir den Zusammenhang zu unseren Gedanken, unserem Körper und unseren Handlungen wahrnehmen. Wenn wir offen und bereit sind, unsere Gefühle zu fühlen und dabeizubleiben, auch wenn's etwas ungemütlich wird, so können sie sich verwandeln. Es kann sein, dass wir in Kontakt mit Schmerz kommen und erkennen: »Ja, es tat weh – und ich bin mehr als der Schmerz. Ich kann ihn wahrnehmen.« Es kann sein, dass wir in Kontakt mit Traurigkeit kommen – und können wahrnehmen: »Ja, es war traurig – und ich bin mehr als meine Traurigkeit. Ich kann sie wahrnehmen.« Dadurch gewinnen wir Abstand. Gefühle können sich sehr schnell verändern. Sie können aufflammen und abebben. Wir können aber auch an manchen Gefühlen festhalten und nach manch anderen Gefühlen Sehnsucht haben.

Wir können unsere Verletzlichkeit zulassen und spüren, welche tatsächliche Kraft in ihr steckt. Sie ist die Quelle von Lebendigkeit, Kreativität und Freude, aber auch der Grund für Angst. Mit unterschiedlichen Gefühlen wollen wir unsere Verletzlichkeit schützen und merken doch, dass es keine Garantie und keine Sicherheit gibt, nicht mehr verletzt zu werden. Auch das gehört zum Leben. Jedes Mal, wenn wir etwas Neues tun, riskieren wir, verletzt zu werden. Doch jedes Mal haben wir auch die Chance, authentisch zu sein und uns so zu zeigen, wie wir sind. Das bedeutet nicht, dass wir alle Gefühle ausagieren, es bedeutet auch nicht, sie zu unterdrücken. Es bedeutet vielmehr, *bewusst* mit ihnen umzugehen. Wie gehen wir zum Beispiel mit Schuld- oder Schamgefühlen um?

Schuldgefühl: In aller Regel fühlt sich jemand schuldig, wenn er in seinen eigenen oder in den Augen von anderen etwas falsch gemacht hat. So kann sich jemand schuldig fühlen, dass er eine Freundin nicht angerufen hat, obwohl er es ihr versprochen hat. Sobald Sie sich selbst schuldig fühlen, können Sie sofort nachforschen, wodurch dies ausgelöst worden sein könnte – mit einem Glaubenssatz, Ihren Erwartungen an sich selbst oder weil Sie die ausgesprochenen oder unausgesprochenen Erwartungen anderer nicht erfüllt haben? Erinnern Sie sich immer wieder daran, dass wir über Schuldgefühle manipulierbar sind.

Schamgefühl: Wenn sich jemand schämt, so hat er das Gefühl, als ganze Person nicht gut genug, irgendwie nicht in Ordnung zu sein. Dadurch leidet sein Selbstwertgefühl erheblich. Wenn Sie daran denken, in welcher Situation genau Sie sich geschämt haben, so haben Sie die Möglichkeit nachzuspüren, womit dies zusammenhängen könnte. Sie können liebevoll, behutsam und achtsam mit sich selbst umgehen und dabei mögliche tief verwurzelte Situationen, in denen Sie sich beschämt gefühlt haben, entdecken, können sie akzeptieren, verwandeln und sich selbst stärken.

Selbstliebe ist das beste Heilmittel gegen unliebsame Gefühle. Indem wir alle Gefühle zulassen, sie gleichzeitig achtsam wahrnehmen und ehrlich zu uns selbst sind, können wir deren körperliche Verankerung spüren. Wir erfahren, wie entspannend, nährend und freudvoll es ist, mit uns selbst verbunden zu sein. Dies verleiht uns eine große Sicherheit, Klarheit, Mut und Zuversicht. Wir fühlen uns lebendiger und lebensfroh, können uns selbst annehmen, wie wir sind, mit dem sicheren Gefühl, *gut genug und wertvoll zu sein.* Wir übernehmen Verantwortung für unsere Gefühle – wir produzieren sie ja selbst – und beziehen nicht mehr jede Aussage anderer auf uns. Wir können mehr und mehr unterscheiden zwischen unseren eigenen Gefühlen und den Gefühlen anderer und nehmen deren Ansichten nicht mehr so persönlich.

 **Übung**
WAHRNEHMEN UND ERKENNEN DER GEFÜHLE

Sinnvoll ist es, wenn Sie wieder Ihr Logbuch verwenden und die Übung aufschreiben. Erlauben Sie sich vor der konkreten Übung, sich mit Ihrem inneren Beobachter zu verbinden, sodass Sie in der Übung leichter Abstand zu Ihren Gefühlen finden.

○ Wählen Sie eine Situation mit einem unliebsamen Gefühl.

○ Versetzen Sie sich in die Situation hinein und fühlen Sie dieses Gefühl, während Ihr innerer Beobachter dies gleichzeitig nicht wertend wahrnimmt.

○ Welches Gefühl erleben Sie? Sie können dankbar sein, dass Sie dieses Gefühl wahrnehmen. Erlauben Sie sich, es liebevoll und wertschätzend zu akzeptieren.

○ Geben Sie sich ausreichend Zeit, bei dem Gefühl zu verweilen. Seien Sie dann neugierig herauszufinden, worauf Sie dieses Gefühl aufmerksam machen will. Was will Ihnen dieses Gefühl Wichtiges vermitteln?

○ Gab es eine Diskrepanz zwischen dem, was tatsächlich war, und Ihren Erwartungen?

○ Welche möglichen Erwartungen oder Glaubenssätze können sich hinter Ihrem unliebsamen Gefühl verbergen?

○ Erlauben Sie sich, Ihre enttäuschten Erwartungen bzw. Ihre Glaubenssätze zu akzeptieren. »Ja, so ist es.«

○ Nun können Sie entweder Ihren herausgefundenen Glaubenssatz oder Ihre Erwartung an die Situation verändern, sodass Sie wieder zu Ihrer Kraft und Stärke finden.

Was haben Sie bei dieser Übung entdeckt und gelernt?

Übung

GEFÜHLE ZEIGEN ODER VERBERGEN

Vorschlag: Erstellen Sie eine Liste mit zwei Spalten und schreiben Sie als Überschriften:

Gefühle, die ich zeige	Gefühle, die ich möglichst nicht zeige

○ Schreiben Sie in die entsprechenden Spalten alles, was Ihnen dazu einfällt.

○ Danach lesen Sie die jeweilige Spalte langsam durch und nehmen dabei nicht wertend wahr, wie Sie sich fühlen.

○ Als Nächstes betrachten Sie die Gefühle, die Sie nicht zeigen, und gehen jedes einzelne der Reihe nach durch, während Sie dabei sagen wie: »Dieses Gefühl X darf da sein, und ich nehme es liebevoll an.«

Tipp: Wenn Sie in einem Gespräch sehr erregt sind und befürchten, die Kontrolle zu verlieren, atmen Sie ein paarmal tief aus, erinnern Sie sich wieder an Ihre Kraftquellen und drücken Sie Ihre Berührungspunkte.

Wenn das nicht hilft, bitten Sie um eine Pause. Später können Sie, wenn Sie wieder ruhig sind, das Gespräch fortsetzen.

Wie können Sie nun im Gespräch mit anderen erfolgreich Grenzen setzen und Nein sagen?

Nein sagen will gelernt sein!
So verbessern Sie Ihre Kommunikation!

> Auf sich selbst hören zu können ist eine Vorbedingung
> dafür, dass man auf andere hören kann; bei sich selbst
> zu Hause zu sein ist die notwendige Voraussetzung,
> damit man sich zu anderen in Beziehung setzen kann.
>
> Erich Fromm (1900–1980)

In den vorherigen Kapiteln haben Sie gelernt, Ihre inneren Barrieren zu erkennen und beiseitezuräumen. Sie haben damit gute Vorbedingungen geschaffen, um authentisch, selbstbewusst und mit gutem Gewissen Ihren Standpunkt zu vertreten. Jetzt geht es ganz konkret darum, wie Sie erfolgreich mit anderen kommunizieren können.

Kommunikation ist wichtig, das wissen wir alle. Und in vielen Situationen klappt sie auch gut. Und doch geschieht es – besonders in Stresssituationen –, dass wir den anderen missverstehen oder selbst missverstanden werden, dass wir unsicher werden und nicht mehr genau wissen, was wir sagen wollen, oder übers Ziel hinausschießen und uns wundern, warum der andere uns nicht zuhört.

Jetzt geht es um folgende Punkte:

- Welche innere Einstellung brauchen wir für ein befriedigendes Gespräch?

- Welche Ebenen spielen bei der Kommunikation eine Rolle?

- Was können wir tun, damit unsere Kommunikation gelingt?

- Wie können wir konstruktiv mit Kritik umgehen und dem anderen wertschätzend sagen, was uns an dessen Verhalten stört bzw. was wir uns von ihm wünschen?

Paul Watzlawick, ein bekannter Kommunikationswissenschaftler, sagte: »Wir können nicht nicht kommunizieren.« Wir kommunizieren also immer, selbst wenn wir nichts sagen.

Das Wort »Kommunikation« stammt aus dem Lateinischen *communicare* und bedeutet »mitteilen«, »austauschen«.

Kommunikation fängt bei uns selbst an, bei unserer inneren Einstellung zu uns selbst, zum anderen und zum jeweiligen Thema. Und je mehr wir zu uns stehen und wissen, was wir in einem Gespräch sagen wollen, desto selbstbewusster treten wir in der Situation auf – das zeigt sich in unserer Haltung, Körpersprache, Mimik und Gestik, aber auch im Tonfall und in der Eindeutigkeit unserer Sprache. Und schon – ohne den Inhalt zu kennen – spürt unser Gesprächspartner, dass Denken, Fühlen und Handeln im Einklang sind. Er merkt, wie sicher wir sind und dass das Thema für uns wichtig ist.

Genauso aber spürt er, wenn wir unsicher sind. Dann weichen wir dem Blickkontakt aus, unser Sprechtempo steigt, unsere Stimme klingt höher, dünn oder quengelig. Wir wissen nicht genau, was und wie wir Dinge ansprechen, können leicht aus dem Konzept gebracht werden … Kommt dann noch ein Verbalangriff, eine kritische Bemerkung unseres Gesprächspartners hinzu, meldet unser Gehirn »Gefahr, Bedrohung«. Jetzt werden erst recht Stresshormone ausgeschüttet. Diese schmälern unser rationales Denken, und ehe wir uns versehen, haben wir den roten Faden völlig aus den Augen verloren und fühlen uns unterlegen. Dann hat der andere leichtes Spiel mit uns.

Das soll möglichst nicht passieren.

Das Ziel eines Gesprächs kann sein, dass zwei Partner sich einfach treffen, sich austauschen und zuhören, wie es dem einen und dem anderen geht, was sich im jeweiligen Leben so abspielt, dabei Verständnis zeigen und sich dabei wohlfühlen. Das Ziel kann aber auch sein, dass beim Gespräch mit einem anderen ein gutes Ergebnis für beide herauskommt. Auch in einem solchen

Gespräch wollen wir gehört und verstanden werden – und der andere auch. Jeder Mensch weiß, wie bereichernd, anregend und belebend ein gutes Gespräch sein kann. Meist geschieht dies unbewusst, wir merken, wenn wir einen guten Draht zu anderen gefunden haben. Dieser kann tatsächlich bewusst weiter verbessert werden, sodass es uns noch leichterfällt, mit anderen Menschen zu kommunizieren, besonders mit Menschen, die für uns herausfordernd sind.

Vorab eine kleine Aufgabe:

Was, glauben Sie, wie viel Prozent der Information eines Gesprächs werden vermittelt über

O Körpersprache, Mimik und Gestik: _____%

O Stimme (Tonfall, Lautstärke, Sprachrhythmus, Höhe bzw. Tiefe): _____%

O den Inhalt allein: _____%

(Die Auflösung folgt am Ende dieses Kapitels, Seite 220.)

Die zwei Gesprächsebenen

Bei jedem Gespräch sind zwei Ebenen beteiligt: die Sachebene und die Beziehungsebene.

1. Die Sachebene – verbale Ebene

Hier geht es um das, was Sie miteinander besprechen wollen, es geht um die Sache. Es geht um all die Themen, die Sie mit einem anderen austauschen. Das ist die Ebene, von der viele glauben, sie sei die einzig wichtige! Nicht umsonst hören wir manchmal den Satz »Bleib doch mal sachlich!«.

2. Die Beziehungsebene – nonverbale Ebene

Basis eines jeden erfolgreichen Gesprächs ist aber die Beziehungsebene. Wir wollen nicht nur Informationen austauschen, wir wollen mit dem Gesprächspartner in Verbindung, in Resonanz sein.

Auf dieser Ebene spielen unsere Überzeugungen, Bedürfnisse,
Wünsche, Glaubenssätze, Emotionen eine Rolle. Hier meldet
sich der innere Kritiker. Hier nehmen wir die Stimmung zwischen uns und dem anderen wahr, die Ausstrahlung und Energie
des Gegenübers, lesen Körpersprache, Haltung, Veränderung der
Hautfarbe, Atmung, Mimik, Blicke und Gestik, hören dessen
Tonfall und deuten dies blitzschnell. Unser emotionales Gedächtnis scannt im Hintergrund alles, was passiert, vergleicht frühere Erfahrungen mit den gegenwärtigen und meldet entweder
»Alles gut« oder »Gefahr«.

Unser Job ist es, besonders bei herausfordernden Gesprächen,
unserem Gegenüber über Körpersprache, Mimik und Gestik zu
signalisieren, dass wir wissen, was für uns selbst wichtig ist. Das
können Sie am einfachsten erreichen über eine klare, aufrechte
Körperhaltung, indem Sie den anderen direkt anschauen und Ihr
Thema, aber auch Ihre Gefühle, Bedürfnisse und Wünsche eindeutig ansprechen.

Deshalb ist es für eine gelingende Kommunikation notwendig,
die Beziehungsebene in jedem Gespräch bewusst einzubeziehen
und anzusprechen. Wenn Inhalts- und Beziehungsebene miteinander übereinstimmen, sind Körpersprache, Stimme und Inhalt in
Einklang. Sie senden Ihrem Gegenüber eindeutige Signale, sodass er Sie leichter verstehen kann. Wenn Sie jedoch in innerem
Konflikt sind, dann kann es passieren, dass Körpersprache und
Inhalt unterschiedliche Aussagen machen. Ihr Partner weiß nun
nicht, welchen Signalen er trauen kann. Deshalb ist es zielführend,
bevor Sie mit dem anderen ein anstehendes Gespräch führen, sich
entsprechende Gedanken zu machen. Das ist besonders wichtig,
wenn es sich um ein Kritik- oder Konfliktgespräch handelt.

Überprüfen Sie vor wichtigen Gesprächen:

A) Ihre Einstellung zu sich selbst.

Die innere Einstellung, wie wir uns selbst sehen, das, was wir über uns selbst und den anderen denken, wie einfühlsam, achtsam, präsent wir sind, ist entscheidend für die Kommunikation. Zielführende Techniken sind hilfreich, aber viel wichtiger ist unsere innere Haltung.

Je besser Sie sich selbst kennen und wissen, was *in Ihnen* vorgeht, je besser Sie Ihre Stärken und Lernnotwendigkeiten kennen, je realistischer Sie sich selbst einschätzen, desto gelassener gehen Sie in ein Gespräch, desto leichter können Sie auch mit Kritik und Konflikten umgehen. Oftmals geht es verdeckt in einem Gespräch um Über- oder Unterlegenheit, um Rechthaben und Rechtbehalten. Das ist eine Möglichkeit, führt aber langfristig zu Machtkonflikten, die nicht selten höchst unproduktiv enden.

Deshalb ist es sinnvoll, in einem Gespräch – gleichgültig, ob dies privat oder beruflich ist – die volle Selbstverantwortung für sich zu übernehmen, denn auf dieser Grundlage sind Sie als Mensch auf Augenhöhe mit einem anderen Menschen. Dadurch agieren Sie aus einer Haltung von Stärke, Klarheit, Vertrauen und Neugier, achten auf Ihre eigenen, aber auch auf die Grenzen Ihres Gesprächspartners. Sie sind interessiert, was der andere zu sagen hat. So kann sich Ihr Gesprächspartner öffnen und – ebenso wie Sie – Anteil nehmen.

Für ein herausforderndes Gespräch ist es sinnvoll, sich innerlich gut einzustimmen, um beim Gespräch »bei sich« bleiben zu können. Wenn Sie sich vor einem wichtigen Gespräch mit Ihren Kraftquellen und Stärken verbinden und Ihre Berührungspunkte für das Gespräch parat haben, so stärken Sie Ihr Selbstvertrauen. Und Selbstvertrauen, das wissen wir aus der Hirnforschung, ist das beste Gegenmittel gegen Unsicherheit, Angst und Übererregung. Eine gute Möglichkeit dazu ist es, dass Sie vor dem Gespräch die Übung mit der »Schutzhülle« machen (siehe Seite 160 ff.).

Wie können Sie sich optimal auf ein Gespräch vorbereiten, sodass Sie sicher und neugierig in das Gespräch gehen?

Entscheidend für den Verlauf eines Gesprächs ist auch Ihre Einstellung zum Gesprächspartner.

B) Ihre Einstellung zum Gesprächspartner.

Was denken Sie über Ihren Gesprächspartner?

Wie können Sie ihm auf Augenhöhe begegnen, sodass beide sich wohlfühlen und zu einem guten Ergebnis kommen? Wie können Sie ihm signalisieren, dass er Ihnen wichtig ist und dass Sie Interesse an ihm als Mensch haben wie auch an dem, was er zu sagen hat?

Überlegen Sie sich im Vorfeld, welches Interesse Ihr Partner an dem Gespräch haben und welche Gesprächspunkte für ihn von Bedeutung sein könnten.

Damit die Kommunikation gelingt, ist es wichtig, von Beginn an einen guten Draht zum anderen herzustellen, sodass Sie mit ihm auf einer Wellenlänge sind. Wenn die Ausgangsbasis für das Gespräch stimmt, können auch Kritikpunkte und Konflikte leichter angesprochen und geklärt werden.

C) Was wollen Sie in dem Gespräch bewirken?

Fragen Sie sich: Wie sehr liegt mir das kommende Gespräch am Herzen?

Was will ich in dem Gespräch genau dem anderen mitteilen? Ist mein Ziel KLAR, realistisch und motivierend? Wie weit bin ich bereit, von meinem Ziel abzuweichen und neue Möglichkeiten zuzulassen?

Mit welchen Gegenargumenten vom anderen muss ich rechnen? Wie kann ich mich so vorbereiten, dass ich selbst bei Gegenwind den roten Faden behalte?

Wie will ich beginnen? Wie das Gespräch beenden?

Jeder, der mit einem anderen redet, hält sich unbewusst an bestimmte Spielregeln, die er zu Hause, im Kindergarten und in der Schule, in der Ausbildung und Arbeit verinnerlicht hat. Für jedes Gespräch ist es hilfreich, die Spielregeln für eine Kommunikation im Hinterkopf zu behalten. Sie erleichtern die Kommunikation und auch die Zusammenarbeit mit anderen.

Spielregeln für gelingende Kommunikation

- Jeder ist verantwortlich dafür, was und wie er etwas sagt, und auch dafür, was er nicht sagt.

- Gegenseitige Achtung und Wertschätzung sind in der Kommunikation wichtig. Beide Partner tauschen sich aus, es ist ein Geben und Nehmen.

- Beide sind dabei fair, ehrlich und offen. Sie müssen nicht alles sagen, was sie wissen. Aber was sie sagen, muss ehrlich sein.

- Es spricht immer nur einer.

- Halten Sie Blickkontakt und wenden Sie sich dem anderen aufmerksam zu, sodass er erkennt, dass Sie sich dafür interessieren, was er sagt. Signalisieren Sie, dass Sie zuhören, indem Sie mit dem Kopf nicken, fragen, nachhaken.

- Zuhören heißt nicht unbedingt gutheißen. Doch wenn Sie nachvollziehen wollen, was der andere denkt und sagt, ist es wichtig zuzuhören.

- Bleiben Sie bei dem Thema, das für Sie beide wichtig ist, und finden Sie das wirklich Wichtige heraus.

- Lassen Sie den anderen ausreden und fallen Sie ihm nicht mit Ihren eigenen Meinungen ins Wort.

- Achten Sie auf seine, aber auch auf Ihre eigenen Gefühle – und sprechen sie diese gegebenenfalls an.

- Wenn der Gesprächspartner eine Pause macht, haben Sie Geduld und warten Sie.

- Wenn Sie von sich sprechen, sagen Sie jedes Mal *ich*, statt *man* oder *wir*.

- Sprechen Sie eindeutig und klar.

- Wahren Sie die Grenzen des anderen, aber auch Ihre eigenen.

Vielleicht denken Sie dennoch: »*Spielregeln für Kommunikation?* – alter Hut. Wozu die ganze Ausführung?«

Das verstehe ich, und in den meisten Gesprächen werden die Regeln automatisch befolgt. Doch gerade wenn es um ein herausforderndes Gespräch geht, werden die Regeln oft schnell vergessen. Anstatt sich bei einem Kritikgespräch auf ein konkretes Verhalten zu beziehen, werden oftmals alte, längst vergessen geglaubte Kamellen dem Partner an den Kopf geworfen … Ein verbaler Großangriff wird gestartet: »Schon damals, als du dich bei Firma X vorstellen hättest können, hast du auch gekniffen. Immer wenn es darauf ankommt, drückst du dich. Nie kannst du dein Wort halten! Du bist so unzuverlässig. Du bist so ein Schwätzer. Alle anderen wissen, was sie wollen, nur du nicht.« Derjenige, der diese geballte Ladung gesprochen hat, redet sich während »seiner Ansprache« richtig in eine Vorwurfstrance. Er glaubt sich im Recht und setzt seinen Gesprächspartner massiv ins Unrecht. Und: Wie, glauben Sie, reagiert derjenige, der diese Unmenge an Beschuldigungen zu hören bekommt? – Richtig, er fühlt sich angegriffen, macht dicht und kann nicht mehr zuhören … Er reagiert wie der Neandertaler auf Gefahr, entweder er kämpft gegen die Verbalattacke, indem er eine Drohkulisse aufbaut und zurückschießt. »Und du? Schau dich doch mal an! Was kriegst du denn auf die Reihe?«

Oder er flieht – sucht Ausflüchte, verlässt einfach den Raum –, oder er steckt den Kopf in den Sand und schweigt.

Die meisten Menschen in unserer Gesellschaft tun sich schwer, Dinge anzusprechen, die sie bei einem anderen stören. Manche bringen ihre Kritik unverblümt und unverhohlen an. Sie fallen mit der Tür ins Haus und sagen zum Beispiel: »Du stinkst. Wasch dich mal!« Oder: »Deine neue Frisur ist beschissen.«

Sie kommen sich toll vor, weil sie so gradlinig und ehrlich sind. Sie nehmen kein Blatt vor den Mund. Sie schleimen nicht, sie kommen direkt zum Punkt. Dabei nehmen sie überhaupt nicht wahr, dass sie ihren Gesprächspartner bis ins Mark verletzen. Sie wissen auch nicht, dass es durchaus möglich ist, klar zu sagen, was Sache ist, *und* dabei die Person wertzuschätzen. Deshalb ist es hilfreich, für ein Kritikgespräch eine erprobte Technik parat zu haben, die zum gewünschten Erfolg führt.

Am einfachsten ist es, Sie üben diese Technik an konkreten Beispielen zu Hause und lernen die Struktur auswendig. Damit Sie diese immer dann einsetzen können, wenn es für Sie wichtig ist. Sie wollen ja dem anderen in dem Gespräch rückmelden, wie dessen Verhalten auf Sie wirkt. Sie geben ihm Feedback. Den meisten Menschen fällt es leichter, wenn Sie anstatt »Ich kritisiere den anderen« sagen: »Ich gebe ihm Feedback.« Und ein Feedback kann für denjenigen, der es bekommt, ein Augenöffner sein und ihn im Leben weiterbringen.

Worauf müssen Sie als Feedbackgeber achten?

- Geben Sie das Feedback zeitnah – lassen Sie zwischen dem zu beanstandenden Verhalten und dem Gespräch nicht viel Zeit verstreichen.

- Sprechen Sie von sich selbst. »*Ich* habe gesehen.« »*Ich* empfinde dies als störend.« Oder: »*Ich* wünsche mir von dir …«

Damit drücken Sie sprachlich aus, dass es *Ihre* Meinung ist, die Sie dem anderen mitteilen. Der andere kann daraufhin sein Verhalten ändern, wenn er dies will und für richtig erachtet, er muss es aber nicht.

- Kritisieren Sie einen anderen niemals vor anderen Menschen! Dies ist abwertend, verletzend und demütigend. Er verliert sein Gesicht – zudem nötigen Sie andere, sich mit Dingen zu beschäftigen, die diese nichts angehen!

- Beziehen Sie sich in dem Gespräch auf das konkret zu beanstandende Verhalten in der konkreten Situation. Der andere kann nur dann etwas an seinem Verhalten ändern, wenn er zuvor ganz genau weiß, was er Ihrer Meinung nach falsch gemacht hat.

- Beschreiben Sie dabei ganz genau, wie sein Verhalten auf Sie wirkt.

- Lassen Sie dem anderen Zeit, die Situation aus seiner Sicht der Dinge zu schildern.

Konstruktiv Feedback geben

Für konstruktives Feedback gibt es eine wirkungsvolle Methode, die ich von meinem Kollegen Jochen Glöckler kennengelernt habe. Sie nennt sich *Powerburger*, weil sie an den Hamburger erinnert, und bezieht die Beziehungs- und die Sachebene ein: Oben und unten ist je eine Brötchenhälfte, dazwischen liegt der Burger mit Käse und Salatblatt. Dieses Prinzip macht sich die Powerburger-Technik zunutze.

1. Positiver Beginn (untere Brötchenhälfte): Beginnen Sie mit der Beziehungsebene und etwas Positivem. Gerade wenn uns etwas an einem anderen Menschen stört, neigen wir dazu, ihn im Gespräch sofort zu kritisieren. Doch da missachten Sie, dass die Beziehungsebene eine so wichtige Rolle im Rahmen der Kommunikation spielt.

»Wenn mir aber zum anderen nichts Positives einfällt?« Das mag zuerst sein, doch überlegen Sie, Ihnen fällt sicherlich eine

Kleinigkeit aus den vergangenen Tagen ein. Sie finden ein positives Detail – ein bestimmtes Verhalten, eine bestimmte Situation, eine Eigenschaft, eben etwas, das Ihnen am anderen gefällt. Dies erleichtert Ihnen und dem anderen den Einstieg ins Gespräch und schafft eine angenehme Atmosphäre.

2. Wahrnehmung (Fleischbelag): Als Nächstes sprechen Sie das genaue Verhalten des anderen an, das Ihnen aufgefallen ist, das Ihnen missfallen oder das Sie verletzt hat. Beschreiben Sie ausschließlich die konkrete Situation *ohne Wertung*. Was genau hat der andere gesagt, getan?

Durch die genaue Beschreibung merkt der andere, um welches Verhalten in der Situation es Ihnen genau geht. Konzentrieren Sie sich dabei wirklich auf diese *eine* Situation. Je konkreter Sie diese ausführen, desto besser. Damit kann Ihr Gesprächspartner etwas anfangen.

»*Ich* habe gesehen, dass …« »*Ich* habe bemerkt, dass …« Und dann folgt die genaue Beschreibung.

3. Wirkung (Käse): Jetzt geht es darum, wie das Verhalten Ihres Gesprächspartners auf Sie gewirkt hat.

»*Ich* habe mich darüber geärgert …« »*Ich* war darüber enttäuscht …« »*Ich* war irritiert …«

4. Wunsch (Salatblatt): Nun kommt der Wunsch, Ihre Erwartung an den anderen. Was konkret soll er an seinem Verhalten Ihrer Meinung nach ändern? Sprechen Sie über kleine, machbare Schritte, die Ihr Gesprächspartner einhalten kann (wenn er das möchte) und/oder fragen Sie ihn, was er sich vorstellen kann zu verändern.

»Ich bitte dich, dass du …« »Ist es für dich möglich, dass du …«

5. Positiver Abschluss (obere Brötchenhälfte): Wichtig ist der positive Abschluss. Hier geht es wieder wie zu Beginn des Gespräch s stark um die Beziehungsebene. Wenn Ihr Gesprächspartner mit einem positiven Gefühl aus dem Gespräch geht, ist seine Motivation höher, sein Verhalten zu verändern. Und für Sie ist dies ein Zeichen, dass Sie die richtigen Worte gefunden haben. Unterstreichen Sie, was Ihr Gesprächspartner gewinnt, wenn er Ihren Wunsch in die Tat umsetzt. Was hat er davon, wenn er sein Verhalten ändert?

»Damit wir in Zukunft weiter so gut zusammenarbeiten wie bisher.« »Damit wir miteinander wieder mehr zusammen unternehmen …« »Damit es uns wieder richtig gut miteinander geht.«

Beispiel: *Ein Mann verbringt seine Wochenenden oft mehr mit seinen Freunden bei ausgedehnten Bergtouren als mit seiner Frau. Sie führt mit ihm ein Feedbackgespräch über dieses Thema.*

Positiver Beginn: »Ich freu mich, dass du so viel für deine Gesundheit tust.«

Wahrnehmung: »In den letzten vier Wochen warst du sowohl ab Samstagnachmittag als auch den ganzen Sonntag mit deinen Kumpels beim Klettern.«

Wirkung: »Da fühle ich mich überflüssig. Es wirkt so, als ob du kein Interesse daran hast, mit mir am Wochenende Zeit zu verbringen.«

Wunsch: »Ich bitte dich, dass wir mehr Zeit am Wochenende miteinander haben, denn du bist mir wichtig. Wie kannst du dir das vorstellen?«

Er: »Oh, ich hab gar nicht gedacht, dass es so auf dich wirkt. Aber jetzt, nachdem du mir das so sagst … Mir sind die Bergtouren auch wichtig. Bist du damit einverstanden, dass ich jedes zweite Wochenende unterwegs bin?«

Sie: »Okay. Ist es so, dass du jedes zweite Wochenende mit mir verbringen willst?«

Er: »Ja.«

Sie: »Okay. Damit bin ich einverstanden.«

Positiver Abschluss: »Das freut mich sehr, ich mag es einfach gern, wenn wir miteinander Zeit verbringen.«

Übung

Denken Sie an eine Situation mit einer Person, deren Verhalten Sie in der letzten Zeit gekränkt, genervt, geärgert, irritiert hat. Schreiben Sie die Situation genau auf, basteln Sie einen Powerburger und geben Sie dieser Person gezielt Feedback.

Häufige Fragen sind:

Muss ich immer positiv beginnen?

Wenn Sie im Gespräch ohnehin schon einen guten Draht haben und es sich bei Ihrem Feedback nur *um eine Kleinigkeit* dreht, ist es nicht notwendig, sonst halte ich es für sinnvoll. Im Übrigen – verlassen Sie sich auf Ihre Intuition, auf Ihr Gefühl, was für Sie stimmig erscheint.

Wie unterbreche ich meinen Partner , wenn er Monologe hält?

Manchmal redet sich ein Partner in eine Vorwurfstrance, aus der er so schnell nicht mehr herausfindet. Sie können jedoch diese Trance gut unterbrechen, indem Sie seinen Namen deutlich aussprechen. Dann wird er zumindest für ein paar Augenblicke ins Wachbewusstsein zurückkehren und wahrnehmen, was um ihn herum ist. In dem Moment können Sie ihm sagen, was für Sie wichtig ist.

Sie können ihm aber auch ein Feedback geben, wie sein Verhalten auf Sie gewirkt hat, zum Beispiel:

Positiver Beginn: »Jochen, ich bin gern mit dir zusammen.«

Wahrnehmung: »Gerade eben hast du über zehn Minuten am Stück gesprochen.«

Wirkung: »So konnte ich dir gar nicht sagen, was für mich an dem, was du gesagt hast, wichtig ist. Da war ich enttäuscht und hab mich geärgert.«

Wunsch: »Ich wünsche mir in einem Gespräch, dass ich auch zu Wort komme. «

Positiver Abschluss: »So können wir uns beide besser austauschen. Dann macht es mir wieder Spaß, dir zuzuhören.«

Was tun, wenn eine Kollegin übel riecht?

Es kann vorkommen, dass eine Kollegin oder ein Kollege stark schwitzt und einen unangenehmen Geruch verbreitet. Oft rümpfen hinter deren Rücken die anderen Kollegen die Nase, lästern und machen einen Bogen um diese Person. Und die Betreffenden selber? Sie merken natürlich, dass da etwas ist, aber wissen nicht genau, was. Damit zum Beispiel Ihre Kollegin selbst Abhilfe schaffen kann, ist es wichtig, dass Sie Ihr feinfühlig Feedback geben. Dies verlangt von Ihnen viel Takt und Fingerspitzengefühl, denn Geruch ist etwas sehr Persönliches und oft mit Scham oder Peinlichkeit verbunden. Wenn Sie wortlos ein Deo auf deren Tisch stellen, so könnte sie beleidigt sein. Sprechen Sie mit ihr unter vier Augen, bauen Sie Ihrer Kollegin einen Powerburger und beginnen Sie mit einem ehrlichen, aber verbindenden Satz wie: »Ich möchte mit dir über etwas sprechen, was mir selbst unangenehm ist.«

Positiver Beginn: »Du bist mir wichtig, und ich arbeite gerne mit dir zusammen.«

Wahrnehmung: »In der letzten Zeit habe ich festgestellt, dass du einen anderen Geruch hast.«

Wirkung: »Das ist nicht angenehm.«

Wunsch: »Ich würde mich freuen, wenn du etwas dagegen unternimmst.«
(Hier können Sie zusammen mit der Kollegin Lösungen entwickeln, sodass sie aktiv einbezogen wird. Es kann ja viele Gründe für starkes Schwitzen geben. Sie können auch von einer imaginären Freundin berichten, die stark geschwitzt und dann das Produkt X genommen hat, das ihr sehr geholfen hat.)

Positiver Abschluss: »Ich bin gerne bereit, dich dabei zu unterstützen, denn du bist einfach eine tolle Kollegin, mit der ich gerne zusammenarbeite.«

Selbstverständlich müssen Sie bei dieser Art von Feedback besonders darauf achten, wie die Kollegin reagiert. Unterstreichen Sie den positiven Abschluss, indem Sie Hilfe anbieten.

Wenn Sie Feedback bekommen

Wenn Sie von einem anderen Menschen ein Feedback bekommen, zeigt er, dass Sie ihm wichtig sind. Er will Ihnen etwas sagen und hat den Mut, Sie auf eine bestimmte Verhaltensweise aufmerksam zu machen, die Ihnen selbst vielleicht gar nicht bewusst ist. Vielleicht hat er noch nie etwas von einem Powerburger gehört und sagt Ihnen ohne Umschweife, was ihm nicht passt und was er von Ihnen geändert haben möchte! Er weiß einfach nicht, wie man gezielt Feedback gibt. Woher auch?

Ein Feedback kann erst einmal wehtun, doch letztlich ist es ein Geschenk, das Sie von einem anderen bekommen. Sie können dieses annehmen – müssen aber nicht, denn im Feedback sagt ja Ihr Gesprächspartner nur etwas darüber aus, wie Ihr Verhalten auf *ihn* wirkt. Er sagt damit etwas über sich selbst aus, genau wie Sie, wenn Sie jemand anderem Ihr Feedback geben.

- Wenn Sie Feedback vom anderen bekommen, so hören Sie ihm interessiert und aufmerksam zu, auch wenn Sie ihn gerne unterbrechen und sich reflexartig verteidigen möchten!

- Fragen Sie nach, wenn Sie etwas nicht genau verstanden haben.

- Wichtig: Rechtfertigen Sie sich nicht, warum, weshalb Sie XYZ gemacht haben. Es besteht sonst die Gefahr, dass Sie sich in ein Pingpongspiel verstricken.

- Spüren Sie, wie die Worte des anderen auf Sie wirken. Erscheint es für Sie sinnvoll, Ihr Verhalten zu überdenken und zu verändern?

- Danken Sie zum Abschluss Ihrem Gesprächspartner für seine Ehrlichkeit und Offenheit. Dadurch geben Sie ihm die Rückmeldung, dass Sie seine Aussagen ernst genommen haben, das nimmt ihm Wind aus den Segeln … und Sie bleiben in Ihrer Stärke.

Wie sage ich Nein, wenn mich jemand um einen Gefallen bittet?

- Atmen Sie zuerst tief durch und machen Sie eine Pause. Denken Sie darüber nach, was Sie selbst wollen.

- Wenn Sie die Bitte ausschlagen wollen, so können Sie dies einfach, ehrlich und aufrichtig sagen. »Nein, ich hab schon was anderes vor.« »Nein, es geht nicht.« Sie brauchen sich nicht zu entschuldigen oder zu rechtfertigen, warum Sie etwas nicht tun wollen, Sie können Ihre Entscheidung begründen, müssen es aber nicht tun. Lassen Sie sich auf keine Diskussion ein.

- Sie können einen Alternativvorschlag machen.

- Sie können auch immer die BIB-Technik anwenden (sie wird auf Seite 218 ff. genauer vorgestellt). Das ist eine einfache Technik, bei der Sie Verständnis für die Situation des anderen

zeigen und mit ihm in Kontakt bleiben. Sie bescheinigen
dem anderen, dass Sie seine Bitte verstehen. Danach
informieren Sie ihn kurz, dass Sie seiner Bitte nicht nachkommen, und schließen mit der Frage um Bestätigung ab.

*Am folgenden Beispiel ist die BIB-Technik mit einem
Alternativvorschlag verbunden: Eine Freundin will mit
Ihnen spazieren gehen.*

Sie bescheinigen Ihr: »Ich freue mich, dass du dabei an
mich gedacht hast.«

Sie informieren: »Nein, es geht leider nicht.«

Sie bitten um Bestätigung: »Ist es für dich okay, wenn ich
dich in zwei Wochen anrufe? Dann bin ich mit der Arbeit
fertig, und wir können unseren Spaziergang nachholen.«

Authentisch zuhören – besser verstehen, was der Gesprächspartner sagt

Gelegentlich sagt unser Gesprächspartner etwas, er meint aber
etwas anderes. Wir haben nur mit halbem Ohr zugehört, waren
gedanklich vielleicht mit etwas anderem beschäftigt und verstehen noch einmal etwas ganz anders. Wir reagieren also nicht auf
das, was er gesagt, schon gar nicht darauf, was er gemeint hat,
sondern auf unsere eigene Vorstellung.

Beispiel:

Sie: »Wir könnten heute was unternehmen.« (Sie erwartet vom
    Partner eine Lösung.)

Er: »Ja, das könnten wir.« (Und liest weiter die Zeitung. Er
    versteht dies als vage Idee, auf die er nicht eingehen muss.)

Sie: »Immer muss ich dir Vorschläge servieren!« (Ärgerlich.)

Er: »Was ist denn jetzt schon wieder?« (Genervt.)

Vage Andeutungen versteht keiner! Wenn Sie etwas wollen, drücken Sie Ihr Anliegen freundlich *und* klar aus. So versteht der andere Sie.

Um für uns selbst Klarheit zu bekommen, ob wir den anderen richtig verstanden haben, liegt es in unserer Verantwortung, nachzuhaken, damit keine Missverständnisse aufkommen. *Authentisch zuhören* heißt hier die Zauberformel. Wir schaffen es, mit unserem Gegenüber eine vertrauensvolle Verbindung herzustellen und können den anderen besser verstehen, statt nur zu hören, was wir selbst hören wollen. Unser Gesprächspartner fühlt sich ernst genommen, er fühlt sich gut, Gesprächsblockaden können leichter gelöst werden. Wenn wir authentisch zuhören, so schenken wir unserem Gesprächspartner die volle Aufmerksamkeit und wenden uns ihm körpersprachlich zu.

Dazu gibt es einfache Möglichkeiten:

1. Sie wiederholen das Gesagte mit eigenen Worten, um sicherzustellen, ob Sie den anderen richtig verstanden haben

»Wenn du sagst, dass wir heute etwas unternehmen könnten, möchtest du, dass ich dir einen Vorschlag mache?«

Nützliche Satzanfänge sind auch:

»Wenn ich Sie richtig verstanden habe, dann meinen Sie …«
»Du sagst also …«
»Was ich jetzt heraushöre, ist …«
»Es ist dir wichtig, dass …«
»Ich habe den Eindruck, dass dir XYZ besonders wichtig ist, stimmt das?«

2. Vertiefende Fragen stellen – Sie fragen direkt nach, was der andere meint

»Was meinst du genau damit, dass wir heute etwas unternehmen?«

»Was bedeutet das für dich genau?«
»Welche Konsequenzen hat das für dich, wenn du XYZ?«

3. Sie sprechen Gefühle an

»Du wunderst dich vielleicht …«
»Du siehst erfreut aus.«
»Sie lächeln …«

4. Echo-Technik

Achten Sie in einem Gespräch darauf, welche wichtigen Wörter Ihr Gesprächspartner oftmals benutzt. Dann wiederholen Sie diese ebenfalls.

5. Nonverbale Signale

Sie signalisieren Ihrem Partner, dass Sie zuhören, indem Sie zum Beispiel mit dem Kopf nicken, nonverbal Interesse zeigen und dies durch »Hm« oder »Aha« verstärken. Auf diese Weise werden Konflikte schon im Ansatz ausgeräumt. Und Sie sind sicher, dass Sie das verstehen, was der andere gesagt und gemeint hat.

Sicher mit Verbalangriffen umgehen

Niemand wird gerne angegriffen, und doch geschieht es immer wieder. Sie sind zum Beispiel in einer Besprechung und sagen Ihre Meinung zu einem Thema. Plötzlich unterbricht ein Kollege Sie mit den wunderbaren Worten: »Wenn Sie die Sache mal nüchtern und sachlich betrachten würden …«

Oder: Sie sitzen mit einer Freundin zusammen und berichten ihr begeistert von Ihren neuen Vorstellungen und Ideen. Da unterbricht sie Sie mit dem so ermutigenden Satz: »Du wieder mit deinen verrückten Ideen. Das bringt am Ende doch nichts!«

Oder: »So geht das nicht!«

Solche Sätze können wie Nadelstiche sein, können aber auch Lernchancen sein!

Die Frage ist: Wie können Sie auf Verbalattacken zielführend antworten und sich abgrenzen?

Dazu gibt es mehrere Möglichkeiten:

1. Inneres Umdeuten – Angreifer oder Trainingspartner?

Zunächst können Sie für sich innerlich den Blickwinkel ändern. Anstatt den anderen als Angreifer zu sehen und ärgerlich zu werden, können Sie ihn als Trainingspartner betrachten. Durch ihn bekommen Sie die Gelegenheit, kostenlos neue Techniken zu üben, wie Sie sich rasch und sicher abgrenzen und gleichzeitig bei sich bleiben können. Lassen Sie sich überraschen, was sich allein dadurch verändert, dass Sie ihn nun als Trainingspartner wahrnehmen!

2. Was meinen Sie genau?

Wenn jemand Sie pauschal angreift und zum Beispiel sagt: »So geht das nicht!«, können Sie rückfragen: »Wie kann es dann gehen?« Damit erreichen Sie, dass der Fragesteller sofort aktiv Vorschläge einbringen muss.

Sie können auch fragen: »Was genau meinen Sie damit, wenn Sie sagen: ›Ich soll die Sache mal nüchtern und sachlich betrachten?‹« Oder: »Was genau meinst du gerade jetzt, wenn du sagst: ›Du mit deinen verrückten Ideen?‹« Oder: »Wie kommst du auf die Idee, dass dies am Ende nichts bringt?«

Auf diese Weise müssen diejenigen, die pauschal angreifen, sich konkret äußern und konkret Stellung beziehen.

3. Direkte, klare Abgrenzung

Jemand vergreift sich Ihnen gegenüber drastisch im Ton. Sie können direkt darauf antworten, um dessen Muster massiv zu unterbrechen. »Ich bitte Sie, nicht in dem Ton mit mir zu sprechen.« »Ich möchte nicht, dass Sie in dem Ton mit mir reden!«

Nun können Sie mit so einer direkten Abgrenzung Menschen ver-
prellen. Wenn Sie regelmäßig mit jemandem im Beruf zu tun haben und Wert auf eine gute Beziehung legen, so ist es sinnvoll,
die Beziehungsebene auch bei einem unsachlichen Angriff einzubeziehen. Am leichtesten geht dies mit der BIB-Methode.

4. BIB – für den erfolgreichen Umgang mit unfairen Angriffen

Dies ist eine wirkungsvolle Technik und beruht auf diesen drei
Schritten: Bescheinigen, Informieren, Bestätigung einholen.

a) Bescheinigen

Beim ersten Schritt bescheinigen Sie dem anderen, dass Sie ihn
gehört haben. Damit fühlt derjenige sich wahrgenommen.

Sagen Sie einen *passenden* Satz und anerkennen Sie, dass er
etwas gesagt hat, zum Beispiel: »Interessant, dass Sie das sagen.«
»Danke für die Anmerkung …« »Ich kann nachvollziehen, dass
du so denkst …« »Ich kann deine Bedenken verstehen …«

b) Informieren

Informieren Sie jetzt **kurz** den anderen, worum es Ihnen bei dem
Thema geht. Sie wiederholen, was Sie bis jetzt gesagt haben, und
fassen dies zusammen. Sie können auch ein passendes Beispiel,
eine Geschichte erzählen oder das Verhalten desjenigen ansprechen, der Sie unterbrochen hat.

»Ich bitte dich, mich ausreden zu lassen.« »Ich möchte zuerst
meine Ausführungen zu Ende bringen. Nachher können wir
gerne darüber diskutieren.«

c) Bestätigung einholen

Hier holen Sie sich die Einwilligung und Bestätigung ein, dass
Sie Ihr Thema zu Ende führen.

»Ist es für dich in Ordnung, dass ich jetzt weitermache?« »Ist es
für dich jetzt verständlicher, was ich meine?«

Wenn Sie die Bestätigung nicht einholen, so kann es sein, dass derjenige weiter unterbricht. Mit der Bestätigung signalisiert er sein Einverständnis, dass Sie jetzt mit Ihrem Thema fortfahren.

Die BIB-Technik kann auch bei *Forderungen* angewendet werden.

Natürlich gibt es Situationen, in denen Sie berechtigte Forderungen an andere stellen. Die BIB-Technik hilft Ihnen, beharrlich zu bleiben und Ihr Ziel zu verfolgen. Anstatt klein beizugeben, bleiben Sie ausdauernd und wiederholen das, was Sie wollen, mit BIB, egal, welche noch so logisch anmutenden Argumente von der anderen Seite kommen. Sie brauchen nicht nachzugeben und auf die Wünsche des anderen einzugehen. Sie haben Ihre eigenen Ziele und haben das Recht, sich für diese stark zu machen.

Ich möchte dies an einem konkreten Beispiel vorstellen.

Beispiel: Im Rahmen eines Coachings arbeitete ich mit der Leiterin einer Firmenküche. Sie war verantwortlich dafür, dass 650 Mitarbeiter der Firma in der Kantine rechtzeitig ihr Mittagessen bekamen. Die Firma wollte etwas Gutes für die Gesundheit ihrer Mitarbeiter tun und stellte allen Mitarbeitern morgens Äpfel zur Verfügung. Der Produktionsleiter kam zu ihr und bat sie, dass eine ihrer wenigen Mitarbeiterinnen die Äpfel doch in die Produktion bringen möge. Als Antwort wendete sie BIB an.

Bescheinigen: »Ich versteh, dass Sie das wollen.«

Informieren: »Wir haben sehr wenige Mitarbeiterinnen. Da kann Ihnen keine die Äpfel bringen.«

Bestätigung einholen: »Sind Sie damit einverstanden, dass Sie einen Mitarbeiter schicken, der die Äpfel abholt?«
Der Produktionsleiter war nach der ersten Runde nicht damit einverstanden. Sodann wiederholte die Küchenleiterin die BIB-Technik noch zwei Mal und erreichte, dass der Produktionsleiter nach der dritten Runde zustimmte.

5. Unterbrechen oder Vertagen des Gesprächs

Wenn Sie von einem Gesprächspartner wiederholt durch unsachliche Äußerungen oder lautstark unterbrochen werden, ist das definitiv nicht in Ordnung. Das können und dürfen Sie nicht auf sich sitzen lassen.

Um sich klar dagegen abzugrenzen und Stellung zu beziehen, können Sie gezielt um eine Pause bitten oder das Gespräch vertagen, indem Sie zum Beispiel sagen: »Ich möchte das Gespräch mit diesen lautstarken Unterbrechungen jetzt nicht fortsetzen. Ich bin gerne bereit, dass wir das Gespräch zu einem günstigeren Zeitpunkt wieder aufnehmen. Mir ist wichtig, dass wir ein gutes Ergebnis erzielen.«

AUFLÖSUNG DER AUFGABE VON SEITE 200:

WIE VIEL PROZENT DER INFORMATION EINES GESPRÄCHS WERDEN VERMITTELT ÜBER

- Körpersprache, Mimik und Gestik: 55 %

- Stimme (Tonfall, Lautstärke, Sprachrhythmus, Höhe bzw. Tiefe.): 38 %

- Inhalt allein: 7 %

Diese Angaben basieren auf der bis heute häufig zitierten Studie von Dr. Albert Mehrabian, UCLA, 1971 und 1981. Interessant daran ist, dass Körpersprache, Mimik und Gestik einen um so viel höheren Prozentsatz haben wie der Inhalt. Die Ergebnisse verdeutlichen, wie wichtig die Beziehungsebene in einem Gespräch ist.

Erfolgreich Konflikte lösen

Konflikte sind wie das Salz in der Suppe.
Sie sind die Würze des Lebens und
machen die Suppe erst schmackhaft!

Unbekannt

Viele Menschen haben Angst, sich abzugrenzen. Sie fürchten, dass deutliche Worte eine Angriffsfläche bieten, beim anderen einen Widerstand hervorrufen und zu Konflikten führen. Dabei gehören unterschiedliche Vorstellungen, Ansichten, Meinungen zum Alltag. Sie sind Bestandteil von beruflicher Zusammenarbeit und privatem Zusammenleben, denn Menschen sind nun mal verschieden, haben unterschiedliche Sichtweisen, die immer wieder zu Konflikten führen können. Daher ist es sehr wichtig, dass wir lernen, konstruktiv mit Konflikten umzugehen.

Was ist überhaupt ein Konflikt?

Das Wort *Konflikt* kommt von dem lateinischen *conflictus* und bedeutet Aneinanderschlagen, Zusammenstoß, Kampf, Widerstreit, Zwiespalt. Das sagt doch schon sehr viel aus.

Menschen haben unterschiedliche, einander widerstreitende Meinungen, Erwartungen, Bewertungen von bestimmten Situationen oder Ziele. Das ist normal. Zu einem Konflikt kommt es nur, wenn jeder sein Ziel für das Wichtigere hält und darauf beharrt. In so einer Situation kann sich die Atmosphäre emotional aufladen. Wir setzen uns hartnäckig für unser Ziel ein – und der andere auch. Das bisherige Gleichgewicht wackelt, die Verbindung zum anderen ist gefährdet. Wenn nun ein Partner über Körpersprache, Mimik, Gestik und Sprache seine Macht demonstrieren will, fühlt sich der andere verunsichert und unterlegen und versucht seinerseits, sein angeknackstes Selbstwertgefühl zu retten, indem er die Argumente des anderen abwertet. Und so beginnt dann oft ein Kampf um Überlegenheit, um Rechthaben und Rechtbehalten. Dabei hat jeder von seiner eigenen inneren Warte aus ohnehin recht. Die Frage ist, ob jeder auf seiner Position beharren will oder ob sie gemeinsame Interessen finden und den Konflikt lösen wollen.

Manuela (27) hatte Sascha (30) vor zwei Jahren geheiratet. Sie lernte ihn kennen, als sie 17 Jahre alt war. Nach dem Studium bekam sie sofort eine Stellung als Betriebswirtin in einem mittelständischen Unternehmen. Sascha sah gut aus, konnte gut reden, hatte sportliches Talent und handwerkliches Geschick, aus dem er nach seinem Abitur sicher etwas hätte machen können. Doch er lebte von unterschiedlichen Gelegenheitsarbeiten, war latent immer unzufrieden und begann langsam, aber sicher Manuela abzuwerten. »Du bist zu fett, du musst weniger arbeiten, du bist abends zu nichts mehr zu gebrauchen.« Manuela überhörte dies geflissentlich, dabei sank ihr Selbstwertgefühl kaum merklich, aber stetig. Dennoch liebte sie Sascha und dachte langfristig an Kinder. Folgerichtig kaufte sie ein älteres Haus, das sie nach und nach abzahlen musste. Sascha wollte es renovieren. Doch es geschah nicht viel, und wenn, dann nur, wenn dieser Lust dazu hatte. So schleppten sich die Renovierungsarbeiten über Monate hin. Sie war in ihrem Beruf sehr eingespannt, kam manchmal abends später nach Hause und bat Sascha um Unterstützung beim Haushalt und beim Einkauf. Der meinte jedoch, sie solle ihr Zeitmanagement verbessern – außerdem sei er nicht ihr Lakai. Er selbst fühlte sich zunehmend wie ein Versager, der in seinem Leben nichts auf die Reihe gekriegt hat, und war neidisch auf ihren Erfolg. Weil sie ihn nicht unter Druck setzen wollte, schwieg sie lange, aber es rumorte in ihr. Schließlich platzte ihr der Kragen. Sie schrie ihren Mann an mit einer Lautstärke, über die sie selber überrascht war. Ihr Mann schrie zurück. Sie machten sich gegenseitig Vorwürfe, konnten einander nicht mehr zuhören. Von diesem Moment an nahmen die Spannungen zwischen beiden immer mehr zu, bis die Stimmung auf dem Nullpunkt angelangt war. Sie sprachen nur noch das Nötigste miteinander, und jeder kaufte Lebensmittel für sich selbst ein. Manuela war chronisch müde, antriebslos, lustlos, hatte Schwindelanfälle und konnte deswegen wiederholt nicht arbeiten. Eines Tages ging sie mit einem Kollegen zum Mittagessen. Dieser machte ihr Komplimente, wie gut sie arbeite, wie tüchtig sie sei, wie hübsch sie sei. Manuela konnte dies zuerst kaum glauben. Anschließend telefonierte sie mit verschiedenen Freundinnen, die alle miteinander die Aussagen ihres Kollegen bestätigten. Übereinstimmend hielten sie Manuela für hübsch, tüchtig und erfolgreich. Das öffnete ihr im wahrsten Sinn von einem Augenblick zum anderen die Augen.

Einen Tag später sagte Manuela ihrem Mann, dass sie sich von ihm trennen wollte. Er verstand die Welt nicht mehr und meinte: »Schreib mir, was ich tun soll. Ich mach alles, was du willst.« Doch Manuela ließ sich nicht mehr einwickeln. Nach einer Woche hatte sie eine Zwei-Zimmer-Wohnung gemietet und zog aus. Sascha blieb in dem Haus und zahlt jetzt Miete.

Wochen danach sagte sie: »Das passiert mir nicht noch einmal. Nie wieder lasse ich mir so viel gefallen. Nie wieder halte ich so lange meinen Mund.« Und: »Ich fühle mich so befreit wie lange nicht. Ich habe keine Schwindelanfälle mehr, bin guter Laune und habe viel mehr Energie. Sogar meine Kollegen haben das bemerkt!«

Am Beispiel von Manuela können Sie erkennen, wie verdeckte und damit unausgesprochene Konflikte sich auf die Beziehung und auf die Gesundheit auswirken können.

Was passiert, wenn Sie einen Konflikt nicht lösen?

Das zwischenmenschliche Klima wird kälter und förmlicher, die Partner sticheln schneller, reagieren feindseliger und verschlossener. Sie sprechen nicht mehr miteinander über sich, sondern sie beschuldigen sich gegenseitig, gehen wegen Kleinigkeiten an die

Decke oder schweigen, suchen keine gemeinsamen Lösungen. Konflikte bringen die Gefahr einer Eskalation mit sich, wenn sie nicht frühzeitig und zeitnah angesprochen und gelöst werden, so wie es bei Manuela und Sascha war. Sind es zu Beginn nur kleine Konflikte, scheinbar nicht der Rede wert, so können sie, wenn sie unausgesprochen bleiben, immer stärker werden und aus der Kontrolle geraten. Dabei schauen die Konfliktpartner immer mehr auf die Defizite des anderen, ihr Blickwinkel wird immer enger, es stehen ihnen immer weniger Handlungsmöglichkeiten zur Verfügung. Negative Emotionen dominieren, gegenseitige Abwertungen nehmen zu. Es kann sogar zu Handgreiflichkeiten kommen. Gemeinsame Lösungen sind längst vergessen. Je mehr ein Konflikt zunimmt, desto mehr geht es um Sieg oder Niederlage. Und dann wird sogar die eigene Niederlage in Kauf genommen, um dem Konfliktgegner zu schaden. Ende vom Lied: Beide verlieren.[9]

Wofür sind Konflikte gut?

- Sie schaffen Klarheit.

- Sie fördern unseren Mut, für uns selbst einzustehen und herausfordernde Situationen anzupacken.

- Sie unterstützen unsere Kommunikationsfähigkeit.

- Sie fordern uns auf, kreativ zu werden und neue Lösungen zu suchen.

- Wir entwickeln uns weiter – unser Denk- und Handlungsspielraum vergrößert sich.

- Sie schaffen wieder eine Verbindung zum Gesprächspartner und erzeugen ein »Wirgefühl«.

- Sie vertiefen das Vertrauen zu uns selbst und zum anderen, stärken unser Selbstwertgefühl und Selbstbewusstsein.

Unproduktive Konfliktlösungsversuche

Nun haben die meisten von uns weder in der Schule noch zu Hause gelernt, wie wir konstruktiv mit Konflikten umgehen können. Wir kennen daher einige unproduktive Lösungsstrategien, die wir unbewusst automatisiert anwenden:

- Wir leugnen einen Konflikt , tun so, als ob alles in Ordnung wäre, und hoffen, dass er sich von alleine löst.

- Wir werden ironisch, sarkastisch, trotzig oder sind beleidigt, schweigen, werten den anderen ab.

- Wir weisen dem Konfliktpartner die Schuld zu und erwarten, dass dieser den Konflikt für uns löst.

- Wir rechtfertigen unser eigenes Verhalten.

- Wir fühlen uns als Opfer und sehen im anderen den Täter.

- Männer provozieren zum Beispiel andere gerne. Sie spielen mit ihrer Stärke, um andere aus der Reserve und in die schlechtere Position zu bringen.

- Frauen geben zum Beispiel schnell nach und leiden oft still.

- Wir rächen uns.

Langfristig führen diese Strategien zu unbefriedigenden Beziehungsmustern, unter denen alle Parteien leiden, bis sie entweder resignieren oder es zur größtmöglichen Abgrenzung kommt – einer äußeren Trennung. Bei einem Konflikt sollte möglichst bald eine gemeinsame Lösung gefunden werden, bei der beide Partner gewinnen. Wenn sich der Konflikt erst einmal hochgeschaukelt hat oder die Partner kaum mehr miteinander sprechen, dann wird eine gemeinsame Einigung immer schwerer und irgendwann unmöglich. Wie kann so eine gemeinsame Konfliktlösung im Gespräch nun aussehen?

Wie können Sie Konflikte lösen?

Vier Dinge vorab.

• Sie haben das Recht, Ihre Rechte zu vertreten!

• Sie haben das Recht, Ihrem Gesprächspartner mitzuteilen, was Ihnen in einer Beziehung wichtig ist und wo Ihre Grenzen sind.

• Sie haben das Recht, um etwas zu bitten. Und der andere hat das Recht, Ihre Bitte abzulehnen – genau wie Sie das Recht haben, die Bitte Ihres Gesprächspartners abzulehnen.

• Konflikte müssen nicht auf Ihre Kosten gelöst werden!

Sie haben festgestellt, dass Sie einen Konflikt haben *und* dass Sie ihn aktiv lösen wollen. Sie sind bereit, für Ihren Anteil am Konflikt die Verantwortung zu übernehmen. Ein Konflikt sollte möglichst zeitnah angesprochen werden. Bereiten Sie sich gut auf das Konfliktgespräch vor.

Überlegen Sie im Vorfeld, was Sie konkret besprechen wollen, damit Sie konsequent bei *einem* Thema bleiben.

Beginnen Sie wie beim Feedback mit der Beziehungsebene, indem Sie dafür sorgen, dass eine angenehme Atmosphäre zwischen Ihnen entsteht, sodass Sie einen guten Draht zu Ihrem Gesprächspartner herstellen und somit in Resonanz mit ihm sind. Wichtig für das ganze Gespräch ist, dass Sie von Ihrer Seite dem anderen Achtung und Wertschätzung als Mensch entgegenbringen *und* gleichzeitig erkennen, dass Sie selbst – durch Ihre inneren Antreiber, Glaubenssätze, Bewertungen einer Situation – eine andere Position einnehmen als Ihr Gesprächspartner. Bedenken Sie auch, dass Sie bei der anstehenden Konfliktlösung dazulernen und Ihren eigenen Denk- und Handlungsspielraum erweitern können.

In sechs Schritten zur Konfliktlösung

1. Bestandsaufnahme – Beschreibung des Konflikts

Hierbei beschreiben Sie so genau wie möglich die Situation und das Verhalten des anderen, mit dem Sie Schwierigkeiten haben. Sprechen Sie dabei von sich, von Ihren Wahrnehmungen. Lassen Sie Ihrem Gesprächspartner genug Zeit, dass er dann aus seiner Perspektive die konkrete Situation beschreiben kann. Lassen Sie ihn ausreden und funken Sie auf keinen Fall dazwischen, auch wenn Sie die Situation völlig anders bewerten. Es ist doch interessant, wie unterschiedlich zwei Menschen die gleiche Situation betrachten können! Nehmen Sie dabei feststellend wahr, was der andere sagt. Wenn Sie merken, dass Ihre Gefühle hochkochen, atmen Sie tief aus und sagen Sie innerlich »Stopp« zu Ihren Vorwürfen, was der andere hätte anders machen sollen!

Sprechen Sie dann ehrlich und offen von Ihren Bedürfnissen und Bedenken, von Ihren verletzten Gefühlen und Sorgen, sodass jeweils der andere nachvollziehen kann, was in Ihnen in dieser Situation vorgegangen ist.

Wichtig: Bleiben Sie dabei auf der beschreibenden Ebene (auch wenn es nicht einfach ist) und schauen Sie mit innerem Abstand auf die Situation. Es geht nicht darum, auf Ihrer Position zu beharren, sondern um gegenseitiges Interesse, wie die konflikthafte Situation wahrgenommen wird! »Ach, so hast du die Situation gesehen. Jetzt versteh ich, warum du so gehandelt hast.«

Ziel ist es, dass Sie ein gemeinsames Konfliktverständnis schaffen und beide erkennen, worum es wirklich bei diesem Konflikt geht. Wie haben Sie die Situation wahrgenommen? Wie hat der andere die Situation wahrgenommen?

2. Anerkennen der positiven Absichten beider Seiten

Finden Sie in dem Gespräch heraus, was genau Ihre eigene positive Absicht in der Situation war und was die positive Absicht des

Gesprächspartners war. Was war Ihr Wunsch in der Situation? Was wollte Ihr Partner? Dadurch können Sie das gemeinsame Konfliktverständnis vertiefen – und die Verhaltensweisen des je anderen noch besser verstehen. Sie erkennen, dass das Verhalten, das Sie in Konflikt gebracht hat, nicht gegen Sie gerichtet war. Und Ihr Gesprächspartner kann verstehen, warum Sie zum Beispiel wütend oder beleidigt waren. Er merkt, dass dies nicht gegen ihn gerichtet war, und versteht, dass Sie aus Ihren eigenen Bedürfnissen, Erwartungen, Glaubenssätzen heraus nicht anders handeln konnten – genau wie er selbst!

Beide können nun akzeptieren, dass die Situation so war, wie sie war, und stellen an dieser Stelle manchmal fest, dass ihr ganzer Konflikt auf einem Missverständnis beruht hat. In jedem Fall können sie nun Verständnis für die jeweilige Position des anderen aufbringen. Sie erkennen, was sie getrennt hat, aber auch, was sie nun verbindet, nämlich die gegenseitige Akzeptanz und das Verständnis. Dadurch entspannt sich die Situation zwischen beiden Gesprächspartnern entscheidend. Nun suchen Sie ein gemeinsames Ziel dafür, wie sie die unterschiedlichen Bedürfnisse, Erwartungen und Vorstellungen unter einen Hut bringen können.

3. Gemeinsames KLARes Ziel entwickeln –
was wollen wir ab jetzt ändern?

Auf der Basis des nun entstandenen gegenseitigen Verstehens ist es möglich, für ähnliche Fälle ein neues gemeinsames Ziel zu entwickeln, das KLAR formuliert wird. Sie erinnern sich?

K steht für konkret-bildhaft, für konstruktiv formulierte eindeutige Kriterien, woran Sie erkennen, dass das Ziel erreicht wird.

L steht für leidenschaftlich und lebendig, aber auch für Lernchancen und Loslassen. Fragen Sie sich: Welche Lernchancen habe ich, wenn wir ein gemeinsames Ziel entwickeln?

A steht für attraktiv, aktiv. Was tragen Sie selbst aktiv dazu bei? A steht auch für angemessene Größe. Ist das Ziel nicht zu groß, sodass es für beide nicht erreichbar ist? Als-ob-jetzt – Haben Sie Ihr Ziel in der Gegenwartsform formuliert? Allgemeinverträglich – schaden Sie dadurch niemandem? Geht das Ziel nicht auf Kosten Ihres Partners oder auf Ihre eigenen Kosten?

R steht für realistisch, ressourcenorientiert, den Rückfall einkalkulierend! Können Sie beide das Ziel erreichen? Welche Ihrer Eigenschaften und Verhaltensweisen helfen Ihnen, Ihr Ziel zu erreichen, und welche helfen Ihrem Gesprächspartner? Überlegen Sie beide, wie Sie mit einem Rückfall in alte Gewohnheiten umgehen können und welche Konsequenzen dies für beide Seiten haben kann. Damit haben Sie einen Sicherheitsplan für den Fall, dass ...

4. Ideen zur konkreten Umsetzung

Überlegen Sie beide, durch welche konkreten Maßnahmen Sie das Ziel erreichen können. Erlauben Sie sich dabei, kreativ zu sein. Wie könnte ein neuer Umgang für die herausfordernde Situation aussehen?

5. Entscheidung und Commitment

Entscheiden Sie sich nun gemeinsam für konkrete Maßnahmen, die Sie ab jetzt in einer bestimmten Situation durchführen, und geben Sie sich gegenseitig das Commitment (Versprechen), dass Sie die erarbeiteten Maßnahmen umsetzen. Wie flexibel und konstruktiv können Sie nun eine solche Situation handhaben? Was haben Sie dazugelernt? Wie kann dieses die Beziehung zu Ihrem Gesprächspartner verbessern?

6. Durchführung und Nachprüfung

Nun können Sie neugierig sein, wie Sie sich verhalten, wenn Sie wieder einmal miteinander in Konflikt geraten könnten, sich dieses Mal aber anders verhalten. Dann können Sie erfahren, wie befreiend es sein kann, Konflikte frühzeitig und zeitnah mit dem Gesprächspartner zu lösen, und wie dies Ihre Beziehung zum anderen belebt und bereichert. Das Vertrauen zu Ihnen selbst und Ihrem Partner wird durch das Konfliktlösungsgespräch und die anschließenden Erfahrungen vertieft.

Wenn Sie bemerken, dass Ihre getroffenen Vereinbarungen nicht eingehalten werden, setzen Sie sich wieder zusammen und verändern Sie Ziel oder Maßnahmen. Bleiben Sie auch in diesem Fall kreativ und finden Sie flexibel neue Wege! Es lohnt sich!

Beispiel aus dem Berufsleben

Vor ein paar Jahren wurde ich zu einem Coaching zwischen zwei Geschäftsführern einer Baumaschinenfirma geholt. Die beiden kommunizierten seit Monaten ausschließlich über E-Mail miteinander. Die Mitarbeiter hatten sich entweder auf die Seite des einen Geschäftsführers oder auf die Seite des anderen geschlagen. Ein Riss ging durch die Firma, der viel Zeit, Energie und Geld kostete. Die Mitarbeiter der beiden unterschiedlichen Seiten arbeiteten nicht gut zusammen, hielten wichtige Informationen zurück, sodass Projekte zeitverzögert fertig wurden.

Bei der Bestandsaufnahme, in der beide Geschäftsführer jeweils ihre Sicht des Konflikts ansprachen, kam das Folgende heraus: Einer der beiden, ich nenne ihn Herr Müller, hatte gehört, wie der andere am Telefon gesagt hatte: »Der kann nicht viel, von dem halte ich nicht viel, und führen kann er auch nicht.« Diesen Satz hatte Herr Müller auf sich gemünzt. Fassungslos dachte er, dass dieses die wahre Meinung des anderen Geschäftsführers über ihn sei. Herr Müller war so gekränkt, dass er fortan möglichst jeden persönlichen Kontakt mit »dem Lügner« vermieden hatte. Der andere Geschäftsführer wiederum war sehr erstaunt, als er dies hörte. Er erinnerte sich an das Telefonat und meinte, er habe mit einem früheren Kollegen aus einer anderen Firma gesprochen. Dieser habe ihn angerufen und um seine Meinung bezüglich eines gemeinsamen früheren Kollegen gefragt. Er habe schon festgestellt, dass Herr Müller von einem Augenblick zum anderen nicht mehr mit ihm gesprochen habe.

Erst hatte er dessen Verhalten als Laune abgetan, später habe er da-rüber nachgedacht, mit ihm zu reden, dann aber geglaubt, es sei zu spät. Er sei auch verletzt, dass sein Kollege Müller nicht mehr mit ihm gesprochen hat, und er habe keine Ahnung gehabt, warum. Er habe nur festgestellt, dass sein Kollege Müller ihn bei Meetings aus-gegrenzt hatte, dass er ihn so weit wie möglich ignoriert und nega-tiv über ihn gesprochen hatte. Er habe dann auch auf stur geschaltet und seinerseits nicht mehr mit seinem Kollegen Müller gesprochen.

Der ganze Konflikt war dadurch ausgelöst worden, dass einer der Geschäftsführer einen Satz des anderen Geschäftsführers fälschli-cherweise auf sich bezogen und darüber geschwiegen hatte. Zudem hatte ein Teil des Satzes, nämlich »und führen kann er auch nicht«, eigene Zweifel angesprochen, sodass er sich unbewusst wegen seines vermeintlichen Defizits vor dem anderen geschämt hatte. Unausge-sprochen hielt sich Herr Müller selbst für einen »jämmerlichen Kommunikator« und hatte sich dies bewiesen, indem er mit dem anderen niemals über das Telefonat gesprochen hatte.

Positive Absicht: Beide hatten nicht miteinander gesprochen, weil sie sich schützen und es nicht zu einem offenen Eklat kommen lassen wollten.

Als KLARes gemeinsames Ziel hatten sie sich erarbeitet: »Wann immer es zu Unklarheiten oder Missverständnissen kommt, sprechen wir uns gegenseitig an.« Sie hielten dieses Ziel schriftlich auf einem Ziel- und Commitmentblatt fest und unterschrieben beide das Blatt.

Als Maßnahme für die Mitarbeiter luden sie nun wieder zu ge-meinsamen Meetings ein. Auch zum Mittagessen gingen sie zusam-men in die Kantine.

Beispiel aus dem Privatleben

Jenny (29) und Felix (30) waren beide begeisterte Tänzer. Sie lieb-ten es, einmal wöchentlich in einen Tanzklub zu gehen und den Abend dort zu verbringen. Eines Abends kam die frühere Tanz-partnerin von Felix in den Klub, mit der er zwei Jahre lang regel-

mäßig getanzt hatte. Er tanzte etwa zehn Minuten sehr vertraut mit ihr. Jenny schaute erst zu, rannte dann weinend nach draußen. Nach einer Weile kam Felix ihr nach und fragte sie, was denn los sei. Jenny machte ihm Vorwürfe, dass er sooo lange mit seiner früheren Tanzpartnerin auf dem Parkett gewesen sei. Dies sei ein absoluter Affront gegen sie! Felix verstand das Verhalten von Jenny nicht und wollte wieder reingehen. Da meinte Jenny, sie wolle jetzt heim. Sie halte es nicht mehr in dem Tanzklub aus! Also fuhren sie nach Hause. Dort angekommen, meinte Jenny, sie könnten jetzt doch gemütlich Tee trinken, doch Felix sagte: »Mir ist die Lust vergangen. Ich trinke ein Bier und schau jetzt fern.« Daraufhin wollte sie nie wieder mit ihm zum Tanzen gehen!

Bei der Bestandsaufnahme schilderte zuerst jeder aus dem eigenen Blickwinkel die konflikthafte Situation.

Dann erarbeiteten wir, welche Bedürfnisse hinter Jennys Verhalten gesteckt hatten. »Ich kam mir überflüssig vor.« Ihr Bedürfnis nach Verbundenheit in der Situation war unbefriedigt. Zudem war ihr Glaubenssatz angesprochen worden: »Mein Partner muss in der Öffentlichkeit zu mir stehen.« Sowie: »Er darf mich nicht allein lassen.« Felix hatte sich gefreut, seine frühere Tanzpartnerin zu treffen und mit ihr aus alter Verbundenheit und Höflichkeit getanzt, weil sie allein gekommen war. Er war sauer, wie Jenny reagiert hatte, und hatte demzufolge keine Lust mehr, zu Hause mit ihr zu reden. Sein Bedürfnis nach Freiraum und Selbstbestimmung war durch Jennys Verhalten infrage gestellt. Er hatte sich von ihr unter Druck gesetzt gefühlt.

Nach der Bestandsaufnahme konnten beide erkennen, welche unterschiedlichen Bedürfnisse in der Situation angesprochen worden waren. Lieber wollte Jenny flüchten als zuschauen, wie Felix sich amüsierte. Felix versicherte nun Jenny, wie sehr er sie liebt und dass er den Freiraum braucht, auch mit seiner früheren Tanzpartnerin zusammen tanzen zu können.

Ihr neues gemeinsames Ziel lautete: Beim Klubabend tanzt Felix zu Beginn mit Jenny und abwechselnd je drei Tänze mit ihr und mit seiner früheren Tanzpartnerin. Als zusätzliche Maßnahme

*haben sich beide das Stichwort »Tango« gegeben. »Tango« heißt:
Aufpassen, an die Abmachung halten!*

*Jenny meinte, es ginge ihr nun besser, weil sie wüsste, dass Felix
ihr Bedürfnis nach Verbindung ernst genommen hätte. Es war nun
völlig in Ordnung für sie, dass er abwechselnd mit seiner früheren
Tanzpartnerin und mit ihr tanzen würde. Und Felix sagte, dass
sein Bedürfnis nach Freiraum dadurch auch befriedigt sei.*

Bei Regelverletzungen können Sie zum Beispiel ein Symbol vereinbaren, dem anderen die berühmte »gelbe Karte« zeigen oder
ein Stichwort verabreden, sodass der Partner sofort wahrnimmt,
dass Gefahr im Verzug ist.

Übung

Tragen Sie aktuell einen Konflikt, den Sie lösen wollen?

○ Nehmen Sie wieder Ihr Logbuch, verwenden Sie die Technik
»In sechs Schritten zur Konfliktlösung« und schreiben Sie auf,
mit wem Sie in Konflikt geraten sind. Überlegen Sie, was Ihr
Anteil an dem Konflikt ist, und halten Sie die konkrete Situation
so genau wie möglich fest. Welche Bedürfnisse hatten Sie, die
nicht befriedigt worden sind? Welche Werte haben Sie, für die
Sie stehen. Welche sind nicht verhandelbar oder welche sind
es? Welches Ergebnis möchten Sie erzielen?

○ Bereiten Sie sich gut auf das Gespräch vor. Je besser Sie
wissen, was Sie wollen, desto besser können Sie Ihre Meinung
vertreten. Und überlegen Sie: Was ist mir bei dem Konflikt
wichtiger: meine Interessen durchzusetzen oder mich auf
einen Konsens einzulassen?

○ Danach vereinbaren Sie mit Ihrem Konfliktpartner ein Gespräch.
Dafür wünsche ich Ihnen gutes Gelingen!

Phasen einer Partnerschaft – deren Konfliktpotenzial und Lernchancen

> Der Ursprung allen Konfliktes zwischen mir und meinen Mitmenschen ist, dass ich nicht sage, was ich meine, und dass ich nicht tue, was ich sage.
>
> Martin Buber (1878–1965)

Konflikte in Paarbeziehungen stellen eine besondere Herausforderung dar. Wir haben ja oftmals die illusionäre Vorstellung der romantischen Liebe im Kopf, in der wir von einer rosaroten, harmonisch-konfliktfreien Wolke immerwährenden Glücks durchs Leben schweben werden. Alles soll so wunderbar bleiben, wie es am Anfang einer Beziehung ist. Der Wunsch danach ist verständlich, doch leider unrealistisch! In jeder Beziehung zieht nach und nach der Alltag ein und stellt die beiden Partner auf die Probe.

Beziehungen durchlaufen die unterschiedlichsten Phasen, das weiß jeder, der länger in einer Beziehung war oder ist. Wer diese Phasen kennt, kann leichter damit umgehen.

Wie sehen diese einzelnen Phasen nun konkret aus?

Die Phasen in einer Paarbeziehung

Phase eins: Die rosarote Brille

Wenn zwei Menschen sich verlieben, so beginnt der Honeymoon. Ausnahmezustand! Sie haben Schmetterlinge im Bauch, die Hormone tanzen, das Leben ist wundervoll! Der eine liest dem anderen jeden Wunsch von den Augen ab, sie wollen alles zusammen unternehmen, sich ständig berühren und spüren eine innige Verbindung, ein Verschmelzen. Sie erleben sich als Einheit, erleben müheloses Geben und Nehmen, wortloses Verstehen, fühlen sich von der Leichtigkeit des Seins getragen, in der es das bedingungslose, fraglose Ja zum Partner gibt. Sie erleben die Freude spielerischen Zusammenseins, vergeben und verzeihen, gehen auf den anderen ein und sind verzückt von jedem noch so banalen Satz, den der geliebte Mensch von sich gibt. Jeder gibt sich Mühe, will dem anderen gefallen, alles ist eitel Wonne und Sonnenschein. Beide sehen im anderen den Partner, der dem eigenen Idealbild entspricht. Damit dies auch so bleibt, werden kleine Verschiedenheiten und vorsichtige Abgrenzungsansätze großzügig übersehen.

Im Verliebtsein erfahren wir eine Dimension des Daseins, die unsere Wahrnehmung erweitert, die unser Herz öffnet und den Verstand alt aussehen lässt. Wir fühlen uns ent-grenzt und bekommen einen Schimmer davon, wie erfüllend und befriedigend das Leben in seiner Vielfalt sein kann. Wir erleben das paradiesische Urgefühl der Zusammengehörigkeit, der Resonanz, des Vertrauens und des tief empfundenen Glücks und sagen vorbehaltlos Ja zu dieser Beziehung.

Persönliche Grenzen und Konflikte in dieser Phase? Fehlanzeige!

Phase zwei: Ent-täuschung

Allmählich kommt zum Vorschein, dass der Partner doch nicht so ganz den eigenen Erwartungen und Vorstellungen entspricht und nicht alle Bedürfnisse und Wünsche erfüllt. Die Frau merkt, dass der Mann nicht ihrem Idealbild vom edlen Ritter ohne Fehl und Tadel entspricht, und der Mann erkennt, dass seine Frau durchaus ihre Eigenheiten hat. Wir nehmen den anderen kritischer wahr.

Zudem haben beide das Bedürfnis, mehr eigenen Freiraum zu beanspruchen und sich dadurch vom anderen abzugrenzen. Er geht wieder mehr seinen Hobbys nach, sie trifft sich mit Freundinnen. Es entsteht ein Abstand zwischen beiden. Beide wundern sich, dass die Beziehung sich verändert, sind darüber enttäuscht, verletzt und wissen nicht, wie sie mit der neuen Situation umgehen können. Die Anfangsphase war doch so schön! Warum ist es

nicht mehr so??? Dass auf große Nähe eine natürliche Abgrenzung folgt, dass danach wieder Nähe entsteht, auf die wieder Abstand folgt – dass dies ein natürlicher Rhythmus wie Einatmen
und Ausatmen ist, daran denken beide nicht. Dies führt unwei-
gerlich zu ersten Konflikten. Es beginnen kleine Sticheleien, und
beide unternehmen verzweifelte Versuche, die frühere Nähe und
Harmonie wiederherzustellen. Umsonst. Beide fühlen sich vom
anderen zurückgewiesen, sind sauer auf ihn und spüren, dass es
Grenzen gibt. Beide haben Angst vor Liebesverlust und wissen
nicht, wie sie dem Partner klarmachen können, dass sie ihn lieben
und mehr Freiraum brauchen. Auch fehlt ihnen oft der Mut, über
die Veränderung der Beziehung zu sprechen. Meist will jetzt ein
Partner mehr Freiraum, der andere spürt, dass sich dieser innerlich entfernt, will genau deshalb mehr Nähe und klammert sich
an. Konflikte um Nähe und Distanz entstehen. Häufig ist es die
Frau, die sich zunehmend anklammert und mit ihrem Mann reden will, während er sich oftmals abgrenzt, indem er am Com-
puter spielt, zum Sport geht und nicht auf die Nähewünsche der
Frau eingeht. Sie wiederum rächt sich, indem sie sich zum Beispiel sexuell verweigert und so seine Nähewünsche zurückweist.

Lernchancen: In dieser Phase haben Frau und Mann die Gelegenheit, ihre Ideale und Normvorstellungen zu erkennen und zu hinterfragen. Sie können der Realität mehr ins Gesicht blicken und
dabei wahrnehmen:

- Mein Partner ist anders als ich und vielschichtiger als mein
  Idealbild, das ich von ihm hatte.
- Er ist nicht vollkommen, und ich bin nicht perfekt. Wir sind
  beide lebendig, lernen dazu und können die Unterschiedlich-
  keit von uns beiden als lehrreich und bereichernd erleben.
- Warum sollte mein Partner all meine Bedürfnisse erfüllen müssen? Warum sollte ich all seine Bedürfnisse erfüllen? Ich anerkenne, dass mein Partner Bedürfnisse hat, die von den meinen
  verschieden sind, auch wenn mir das immer wieder schwerfällt.

- Ich kann meine unerfüllten Erwartungen wahrnehmen und darüber hinauswachsen.
- Nähe und Abstand gehören zur Dynamik einer guten Beziehung. Im Alleinsein sammle ich mich, und in der Nähe verströme ich mich. Beides ist für unsere innere Balance wichtig.

Phase drei: Machtkampf

Die Spannung steigt, wenn es nicht gelungen ist, die ersten Nähe-Distanz-Wünsche offen anzusprechen. Es kommt nun zu Machtspielen und gegenseitiger subtiler Erpressung, in der die Liebe hart auf die Probe gestellt wird. Beide Partner wollen geliebt werden. Sie sind wütend, dass der andere die eigenen Erwartungen partout nicht erfüllt! »Wenn du mich lieben würdest, dann würdest du dich mehr um mich kümmern«, heißt es oder: »Dauernd nörgelst du an mir herum!« Kleinigkeiten können die beiden jetzt auf die Palme bringen, es wird nach Schwächen und Fehlern beim anderen gesucht – und natürlich werden sie gefunden und kritisiert. Jeder will, dass der andere sich ändert, beide fühlen sich vom anderen falsch verstanden und bevormundet! Was in der Phase der Verliebtheit als Gelassenheit galt, wird jetzt als Faulheit oder Desinteresse betitelt.

Was vorher als Ordnungssinn wertgeschätzt wurde, wird jetzt zur Pedanterie! Grenzen werden gegenseitig überschritten, gegenseitige Verletzungen nehmen zu in der illusionären Verkennung, dass der andere doch noch das tut, was von ihm erwartet wird! Jeder kämpft um Liebe und erntet Leid.

Lernchancen: In dieser Phase geht es darum zu begreifen, dass der Partner tatsächlich anders ist und dass alle Erziehungsversuche letztlich fehlschlagen müssen. Er ändert sich nur dann, wenn er das selbst will, aber nicht, wenn wir es einfordern! Wir selbst können uns in der Phase von unseren Erwartungen verabschieden, können Frustrationstoleranz und Akzeptanz, aber auch Mitgefühl für uns und den anderen lernen.

Phase vier: Was nun?

Wenn eigene Bedürfnisse, Gefühle und Erwartungen nicht angesprochen werden, verstärken sich die Konflikte, die nun aber nicht mehr ausgehandelt werden. Die großen Kämpfe sind vorbei. Man hat sich arrangiert, gegenseitige Ressentiments und Positionen verfestigen sich. Man lebt so vor sich hin, zwischen Gleichgültigkeit und Resignation. Keiner von beiden hat es so gewollt! Doch unter der pseudoharmonischen Oberfläche brodelt es weiter. Einer der beiden Partner fühlt sich in dieser Phase oft eingeengt, sucht reaktiv eine Außenbeziehung und überlegt, ob er sich trennen will. »Aufgeben oder am Ball bleiben« lautet das Motto dieser Phase.

Lernchancen: Endlich ehrlich miteinander über die Beziehung, die enttäuschten Erwartungen, die unterschiedlichen Wünsche und Konflikte offen, aber wertschätzend sprechen. Beide Partner sind vom je anderen enttäuscht, sind verletzt. Hier können die enttäuschten eigenen Erwartungen an den anderen erneut angeschaut und die Projektionen zurückgenommen werden. Dadurch hat die Beziehung eine reelle Chance auf einen Neubeginn ihrer Beziehung.

Phase fünf: Trennung oder Neubeginn?

Hier versöhnen sich beide miteinander. Sie verstehen nun die Beziehung als gemeinsamen Wachstums- und Reifeprozess. Sie fragen sich:

Wer bin ich? Welche Bedürfnisse habe ich, die mir wichtig sind zu leben? Was will ich wirklich in der Beziehung? Wie will ich die Beziehung leben? Welche Qualitäten schätze ich am anderen?

Wenn die Partner nun mitfühlend und wertschätzend miteinander reden, finden sie langsam wieder zueinander. Sie merken, dass sie den anderen tatsächlich nicht ändern können und dass der andere ein Mensch mit einer Sehnsucht nach Liebe und

Wertschätzung ist – genau wie Sie, dass er Stärken und Schwächen hat – genau wie Sie selbst, dass er liebenswert und in Ordnung ist – genau wie Sie selbst. Sie übernehmen zunehmend die Verantwortung für sich selbst, können den anderen akzeptieren, wie er ist, und sind bereit, an der Beziehung zu arbeiten. Jetzt können Sie dem anderen den Freiraum lassen, den er braucht und haben selbst auch genügend Freiraum. Es entsteht eine dynamische Balance zwischen Geben und Nehmen, zwischen Nähe und Abstand. Sie genießen die neue Verbundenheit und wissen, wo Sie zu Hause sind. Sie wissen, dass Sie zusammengehören, dass Konflikte normal sind und in jeder Beziehung vorkommen. Sie haben inzwischen Übung darin, Konflikte frühzeitig anzusprechen, und respektieren eigene, aber auch die Grenzen des Partners.

Wenn Sie jetzt dagegen weiter über Ihre wahren Gefühle schweigen, verurteilen Sie den anderen und sich immer mehr, verschanzen sich hinter Ihren Grenzen, verstärken Abwehr, resignieren oder trennen sich endgültig.[10]

Natürlich habe ich die einzelnen Phasen prototypisch in ihrem Verlauf geschildert. Gerade für Paare ist es wichtig, behutsam und einfühlsam mit Konflikten umzugehen, denn hier werden durch die enge Bindung oftmals alte Wunden aus der Kindheit aufgerissen. Will ein Partner mehr Freiraum, so kann dies der Auslöser dafür sein, dass im anderen das schmerzliche Gefühl reaktiviert wird, nicht gut genug, nicht liebenswert zu sein und verlassen zu werden. Dies bleibt jedoch meist unbewusst, und so schiebt dieser Partner demjenigen, der mehr Freiraum will, die Schuld zu am eigenen Schmerz. Wird ihm jedoch bewusst, dass dies »alte Gefühle« sind, so kann diese schmerzliche Verletzung aus der Kindheit gefühlt, benannt und geheilt werden. Das bedeutet, dass Paare sehr feinfühlig wahrnehmen müssen, wer welchen Anteil am Konflikt hat und wie er gemeinsam gelöst werden kann.

Vorsicht! Wie Sie Manipulationsversuche anderer erkennen

> Das, was wir an einem Menschen erkennen,
> das entzünden wir an ihm auch.
>
> Friedrich Nietzsche (1844–1900)

Wie kommt es, dass uns manche Menschen manipulieren können und andere dagegen nicht?

Woran können wir selbst erkennen, dass wir gerade Gefahr laufen, uns manipulieren zu lassen?

Wenn ein Mensch uns nicht viel bedeutet oder wir vom anderen gar nichts wollen, können wir sehr wohl Nein sagen und uns erfolgreich abgrenzen. Wir können auch Nein sagen, wenn uns ein anderer nicht gut kennt. Dagegen kennen Arbeitskollegen, Lebenspartner, Freunde, Mutter oder Vater sehr gut unsere Schwachpunkte. Sie wissen genau, welche Knöpfe sie bei uns drücken müssen und mit welchen verdeckten, gelegentlich unfairen Praktiken sie unsere wunden Punkte am besten erwischen. In solchen Situationen wollen sie uns bewusst oder unbewusst für ihre Zwecke einspannen, sodass sie ihre eigenen Interessen und Ziele zu unserem Nachteil durchsetzen. Sie können uns manipulieren und täuschen, wir fallen immer wieder auf sie herein, können uns schlecht wehren und abgrenzen. Dabei wenden Manipulatoren durchaus unterschiedliche Strategien an. Sie können sich liebenswürdig-fürsorglich, hilflos oder aggressiv zeigen, können uns drohen, kritisieren, schmeicheln, um uns ihren Willen aufzudrücken.

In diesem Kapitel werden Ihnen einige typische Verhaltensweisen von Manipulatoren vorgestellt, bei denen Sie besonders aufpassen müssen, um nicht in die Falle zu tappen. Dabei können die Verhaltensweisen eines Manipulators als äußere Auslöser verstanden werden, die – wie überraschend – unsere eigenen inneren Glaubenssätze aktivieren.

»Ich meine es gut mit dir!« – dein Retter in der Not!

Ich möchte zuerst ein eigenes Beispiel vorstellen, denn an ihm wurde mir, zwar spät, aber doch klar, wie prototypisch eine Manipulation ablaufen kann.

Es ist Jahre her. Ich erinnere mich aber noch sehr genau an die Situation. Einer meiner früheren Kooperationspartner und ich hatten einen Auftrag, mehrere Trainings im Ausland durchzuführen. Die Hälfte der Trainings lag hinter uns, und wir hatten ein paar freie Tage. Mir ging es ziemlich schlecht, ich hatte Schüttelfrost und war mehr als abgeschlagen (zu dem Zeitpunkt wusste ich noch nicht, dass ich eine Tropenkrankheit hatte). Mein Geschäftspartner lud mich zum Tee in die Cafeteria des Hotels ein. Er war ungewohnt fürsorglich und zuvorkommend, sprach leise und war rührend bemüht um meine Gesundheit. Dies tat mir in meiner misslichen Lage mehr als gut. Ich freute mich darüber und fühlte mich gut aufgehoben. Aber ich hatte ein ungutes Gefühl, irgendetwas stimmte nicht. Diesen aufkeimenden Argwohn drängte ich immer wieder in den Hintergrund, doch das dumpfe Gefühl, dass etwas nicht in Ordnung war, blieb. Es dauerte in der Tat nicht lange, da sprach er mit genau demselben fürsorglichen, liebevollen Ton eine finanzielle Forderung in Verbindung mit einer Drohung aus. Mir wurde schwindelig, ich nahm extrem einen inneren Konflikt wahr und wusste, dass ich Nein zu seiner Forderung hätte sagen müssen, überstieg sie doch fast den Rahmen unserer kleinen Firma. Aber wie durch einen dichten Nebel sagte ich Ja, obwohl alles in meinem Kopf dagegen rebellierte. Im gleichen fürsorglichen Ton wünschte er mir gute Besserung und sprach noch einige liebevoll gütige Sätze. Allerdings dauerte es nicht mehr lange, und seine Audienz war beendet. Er stand auf und ging. Ich saß da wie gelähmt und verstand die Welt nicht mehr.

Kein Zweifel, dieser damalige Kooperationspartner hatte bei mir einen wunden Punkt erwischt.

Geschockt über mein eigenes Verhalten, ging ich, nachdem ich wieder in Deutschland war, zur Supervision. Ich wollte Klarheit darüber, wie es dazu kommen konnte, mich dermaßen manipulieren zu lassen. Und was kam dabei heraus? Hier sind zusammengefasst die Ergebnisse: Ich war geschwächt durch meinen körperlichen Zustand. Dadurch war ich nicht in meiner vollen Kraft und hatte keine Abwehrmöglichkeiten mehr.

Mir wurde klar, dass ich mich immer dann schwerlich abgrenzen konnte, wenn sich jemand besonders fürsorglich mir gegenüber verhielt. Schließlich erkannte ich den bis dahin verborgenen Glaubenssatz, der mein Verhalten steuerte: »Ein anderer meint es gut, wenn er fürsorglich ist.« Warum hätte ich mich da einem anderen Menschen gegenüber abgrenzen sollen, wo er es doch nur gut mit mir gemeint hatte??? Zuerst war es mir ein Rätsel, woher dieser Glaubenssatz stammen konnte, doch dann fiel es mir wie Schuppen von den Augen: Als kleines Kind lag ich über einen längeren Zeitraum im Krankenhaus. Krankenschwestern und Ärzte hatten sich liebevoll-fürsorglich um mich gekümmert, waren um meine Gesundung bemüht, und ich hatte das beruhigende Gefühl gewonnen, dass alle es gut mit mir meinten, und ihnen vollkommen vertraut. So konnte ich mich damals entspannen, fühlte mich aufgehoben und angenommen und sagte selbstverständlich Ja zu dem, was sie taten und wie sie mit mir umgingen.

Damals hatte sich diese Erfahrung als neuronales Netzwerk in mir gespeichert, das prompt aktiviert werden konnte, sobald jemand den Anschein geweckt hatte, sich so fürsorglich um mich zu kümmern. Erst als ich die Situation mit dem Kooperationspartner erlebt hatte, konnte ich mich daraus lösen. Aus meinem früheren Glaubenssatz »Ein anderer meint es gut, wenn er fürsorglich ist« wurde »Ich erlaube mir, auf mich zu hören!«.

Damit komme ich bis heute gut zurecht. Übrigens: Ich bin diesem Arbeitspartner wirklich dankbar. Durch ihn habe ich die

Chance bekommen, mich aus einer alten Abhängigkeit zu lösen und meinen Denk- und Handlungsspielraum zu erweitern.

Vorsicht: Nicht jeder meint es gut, wenn er sich überfürsorglich verhält. Er kann Sie gnadenlos übervorteilen. Wenn Sie anfällig sind für diese Art der Manipulation, spüren Sie genau hin, welcher Glaubenssatz bei Ihnen aktiviert worden ist. Es könnte auch dieser sein: »Ich bin hilflos und brauche jemanden, der mir hilft.«

Wenn wir Sie (dich) nicht hätten! – Manipulation durch den Appell an Ihre (deine) Hilfsbereitschaft

Dieser Satz spricht vornehmlich Frauen an, denn sie sind es, die sich häufig selbstlos in den Dienst von anderen stellen. »Wenn wir Sie nicht hätten.« Oder: »Wie gut, dass eine weiß, wie's geht!« Diese Sätze sind die Ernte für zusätzliche Arbeit im Beruf, die kein anderer machen will! Sie sind die Auszeichnung im Privatleben für unermüdlichen Einsatz, dass Sie sich um unangenehme Dinge anderer kümmern und sich engagieren, dass Sie einer Freundin einen Reißverschluss einnähen, ihr tatkräftig bei der Steuererklärung helfen, dass Sie einen Freund quer durch die Stadt fahren, damit er zu seinem Arzt kommt, obwohl er locker mit der U-Bahn fahren könnte, dass Sie einem Kind der Nachbarin Englisch-Nachhilfeunterricht geben, dass Sie bei Problemen anderer zupackend Lösungen suchen …

Für all die Extrataten erhalten Sie die wunderbare Bestätigung, dass Sie zur Stelle sind, wenn Sie gebraucht werden. Sie erhalten die Bestätigung, dass Sie für andere wichtig und unentbehrlich sind, und können denen zeigen, wie vielseitig, kreativ, intelligent Sie sind, wie gut Sie organisieren und dass Sie vor keiner noch so unbequemen Arbeit zurückschrecken.

Sobald ein anderer Sie um etwas bittet, springen bei Ihnen Glaubenssätze an wie: »Ich muss anderen helfen.« »Ich muss mich um andere kümmern.« Andere schmeicheln Ihnen mit einem charmanten Lächeln, weil sie wissen, dass Sie dadurch geködert werden können. Diese lehnen sich entspannt zurück, machen es sich auf Ihre Kosten bequem, während Sie lästige Zusatzaufgaben erledigen und selbst zu kurz kommen.

Vorsicht, wenn andere Sie um einen Gefallen bitten, mit ihren Problemen zu Ihnen kommen oder Ihre Vielseitigkeit ansprechen – atmen Sie tief durch und überlegen Sie, was für Sie stimmig ist. Sie haben das Recht, das zu tun, was Sie selbst tun wollen. Geben Sie sich Bedenkzeit, bevor Sie antworten!

Manipulation durch Schuldzuweisung und Kritik

Aus dem Privatleben

Sabine und Toni sind verlobt, leben seit zwei Jahren zusammen, er studiert, und sie arbeitet in der IT-Branche. Toni weiß, dass Sabine ihn sehr liebt und viel Wert auf eine harmonische Beziehung legt. Er weiß genau, wie er sie behandeln muss, damit sie spurt! Er hat feste Vorstellungen, wie eine Beziehung zu laufen hat, nämlich dass die Frau den Haushalt macht und mit ihm die Freizeit verbringt. Toni ist sehr gesundheitsbewusst, ist oft im Fitnessstudio und will natürlich, dass Sabine mitkommt. Wenn sie keine Lust hat, dann meckert er an ihrer Faulheit herum, spielt den Beleidigten nach dem Motto »Da sind wir schon verlobt, ich will was mit dir unternehmen, und du lässt mich hängen! Dabei täte es dir auch gut, wenn du dich bewegst, wo du doch den ganzen Tag sitzt!«. Wenn Sabine zögerlich »Ich will aber lieber einen gemütlichen Abend zu Hause haben«, sagt, kommt Toni so richtig in Fahrt. Er bezeichnet sie als egoistisch und fährt sämtliche Argumente auf, die er zur Verfügung hat, spricht unentwegt auf sie ein und kritisiert sie. Dadurch bekommt sie ein schlechtes Gewissen. Irgendwann gibt sie nach, packt ihre Sachen und schleppt sich ins Fitnessstudio, obwohl sie überhaupt keine Lust dazu hat! Sie fühlt sich beschämt, erniedrigt und gleich-

zeitig verpflichtet, das zu tun, was er will, und kapituliert. Damit ist Tonis Welt wieder in Ordnung. Er hat sich und ihr bewiesen, dass seine Interessen wichtiger sind als ihre. Nun lobt er sie, dass sie sich aufrafft. Für den Rest des Abends ist er besonders liebevoll zu ihr.

Sabine hat folgenden Glaubenssatz: Ich muss tun, was er will, dann liebt er mich. Zudem hat sie einen starken inneren Kritiker, der ihre Ängste schürt, indem er so interessante Weisheiten von sich gibt wie: »*Wenn du nicht das tust, was er will, dann wirst du verlassen. Streng dich an! Streng dich mehr an!*«

Vorsicht: Wenn jemand Sie als egoistisch oder selbstsüchtig beschuldigt, Sie oftmals kritisiert, dann können Sie davon ausgehen, dass er Sie manipulieren will. Erkennen Sie vielmehr, dass derjenige Ihnen genau das vorwirft, wie er sich in dem Moment verhält: egoistisch und selbstsüchtig.

Zudem können Sie bei sich selbst überprüfen, ob Sie einen Glaubenssatz haben wie »Ich muss tun, was mein Freund/Mann will ... Dann liebt er mich«. »Wenn ich das nicht tue, dann verlässt er mich.«

Manipulation durch Aggression

Aus dem Arbeitsleben

Im Coaching arbeitete ich mit einem Mann, der sehr erfolgreich in seinem Beruf war. Einige wichtige Geschäftskunden hatten sich bei seinem Chef über ihn beschwert, da er seine Position oftmals dominant, laut und kurz angebunden vertreten hatte. Er hatte durch Tonfall, Mimik und Gestik deren Grenzen überschritten, hatte nur seine Meinung gelten lassen und seine Macht durch das forsche Vorgehen demonstriert, sodass sich seine Kunden gezwungen fühlten nachzugeben. Keiner der Kunden wollte mehr mit ihm Gespräche und Verhandlungen führen.

Aus dem Privatleben

> »Wenn mein Mann mich anschreit, so ziehe ich den Kopf ein und tu, was er will«, sagte Ilka, eine Trainingsteilnehmerin mit sanfter Stimme. Sie fühlte sich in solchen Augenblicken hilflos, ohnmächtig, erstarrt und hätte sich am liebsten verkrochen. »Ich vergesse dann, was ich sagen will, kann mich nicht mehr konzentrieren.«

Häufig sind es Männer, die ihre Meinung aggressiv durchsetzen wollen. Aggression kann hier als Mittel der Stärke verstanden und als Manipulation benutzt werden, um seine eigenen Ziele ohne Rücksicht auf Verluste durchzusetzen. Aufgrund der stimmlichen Lautstärke und der körperlichen Demonstration von Überlegenheit wird auf unbewusster Ebene Angriffsbereitschaft signalisiert. Dies erleben andere Menschen als Gefahr und Bedrohung, besonders dann, wenn ihr eigener Kampfreflex unterentwickelt ist. Sie reagieren mit Unterwerfung, sie sind zwar damit auf der vermeintlich sicheren Seite, müssen dafür jedoch Nachteile in Kauf nehmen. Natürlich hängt dieses Verhalten wieder mit frühkindlichen Erfahrungen und Glaubenssätzen zusammen.

Vorsicht: Wenn jemand Sie anschreit, so will er Sie einschüchtern, um sein Ziel zu erreichen. Atmen Sie tief durch, erkennen Sie, was er im Schilde führt. Aktivieren Sie Ihre Ressourcen, dann können Sie seinen Tonfall klar und entschieden zurückweisen.

Manipulation über Liebesentzug

Manche Menschen reagieren in Gesprächen oder Diskussionen beleidigt, schweigen und ziehen sich völlig zurück. Sie grenzen sich massiv ab und wollen, dass wir hinter ihnen herlaufen, bei ihnen um gut Wetter bitten ... und nachgeben. Wenn wir das tun, dann haben sie erreicht, was sie wollen – wir richten uns nach deren Willen.

Vorsicht: Wenn jemand beleidigt reagiert, prüfen Sie nach, was derjenige mit seinem Verhalten möchte. Ihre Lernchance dabei ist es, auszuhalten, dass er sich im Moment aus seinen eigenen Gründen von Ihnen abwendet. Möglicherweise bekommen Sie das Gefühl, abgewiesen worden zu werden. Überprüfen Sie dann, welcher Glaubenssatz durch dessen Verhalten aktiviert worden sein könnte. Zum Beispiel: »X mag mich nicht mehr.« »Ich bin nicht liebenswert.« »Ich muss nachgeben, sonst werde ich verlassen.«

Welche konstruktiven Alternativen können Sie zu diesen Glaubenssätzen entwickeln, um leichter damit umgehen zu können, wenn jemand Sie durch das Beleidigtsein oder den Rückzug manipulieren will?

ALLEN MANIPULATIONSSTRATEGIEN
GEMEINSAM IST:

- Jeder Mensch hat wunde Punkte, durch die er verletzbar und daher manipulierbar ist.

- Je größer unsere eigene Angst vor Liebesverlust, Ablehnung oder Arbeitsplatzverlust ist, desto leichter können uns andere für ihre Zwecke einspannen.

- Wenn wir einem Manipulator immer wieder nachgeben, so belohnen wir dessen Verhalten. Er weiß zunehmend, womit er uns gefügig machen und seinen Willen durchsetzen kann. Er testet immer wieder unsere Grenzen und will wissen, wie weit er gehen kann. Je mehr Macht wir ihm geben, desto leichteres Spiel hat er.

- Keiner kann uns von einem Tag zum anderen manipulieren. Dies ist ein gemeinsamer schleichender Lernprozess zwischen uns und dem Manipulator, ein gegenseitiges Wechselspiel, bei dem sich zunehmend bestimmte Rollen und Verhaltensweisen einschleifen, die sich danach in Variation wiederholen. So gewinnt der Manipulator immer mehr die Kontrolle über unser Verhalten.

- Manipulatoren selbst haben auch Ängste, jedoch haben sie andere Strategien gelernt, damit umzugehen. Tatsache ist, dass jeder von uns manchmal manipuliert, es ist *nie* nur der eine! Und so kann derjenige, den ich bis jetzt als Manipulator bezeichnet habe, sich von uns durchaus auch manipuliert fühlen. Aber das ist dessen Sache.

- Wir können jedem Manipulator dankbar sein. Er macht uns auf eine Lernchance aufmerksam. Wir können zunehmend achtsam wahrnehmen, durch welche Verhaltensweisen wir besonders leicht zu manipulieren sind, können dahinterliegende Glaubenssätze und unrealistische Erwartungen erforschen, sie erleichtert annehmen und in konstruktive Alternativen verwandeln.

Übung

Beantworten Sie bitte die Fragen und schreiben Sie die Antworten in Ihr Logbuch:

○ Gibt es Verhaltensweisen anderer, bei denen Sie besonders achtsam sein müssen, damit Sie nicht über den Tisch gezogen werden? Wenn ja, bei welchen?

○ Welche Gegenmaßnahmen können Sie hierfür entwickeln?

Mitgefühl mit sich selbst –
Tor zum inneren Frieden

Das Mitgefühl mit uns selbst schenkt uns das Vermögen,
die Verurteilung in Vergebung zu verwandeln, den Hass in
Freundschaft und die Furcht in Respekt vor allen Lebewesen.

Jack Kornfield (*1945)

Wenn ein anderer Mensch körperliche oder emotionale Schmerzen hat und leidet, ist es für die meisten von uns völlig selbstverständlich, dass wir uns ihm mitfühlend zuwenden. Auch dann, wenn er an den Folgen eines unachtsamen Missgeschicks oder einer unbedachten, selbst verschuldeten Entscheidung leidet. Wir haben Verständnis für den anderen, fühlen mit ihm und lassen uns manchmal von dessen Gefühlen mitreißen, wenn wir uns nicht genügend abgrenzen. Friedrich Nietzsche sagte einst: »Den anderen verstehen, das heißt, sein Gefühl in uns zu erzeugen.«

Natürlich wäre es auch möglich, mit Schadenfreude und leichter Herabsetzung zu reagieren, wenn bei einem anderen Menschen etwas schiefläuft. Nicht umsonst heißt es: »Wer den Schaden hat, braucht für den Spott nicht zu sorgen.« Dabei halten wir eine innere Trennung vom anderen aufrecht, wehren unsere Gefühle ab, verschließen uns und behalten das Gefühl subtiler Überlegenheit. Bei Mitgefühl hingegen öffnet sich unser Herz, wir sind präsent, geben dem anderen Raum für seine Gefühle, Empfindungen und Gedanken. Wir hören ihm einfühlsam und nicht wertend zu, nehmen Anteil, unterstützen, trösten oder lachen mit ihm, sodass er sich aufgehoben, sicher und als Person angenommen fühlt. Er spürt, dass er mit seinem Problem, seinen Sorgen und Ängsten nicht allein ist. So kann sich auch dessen Herz öffnen, und er kann der Wahrheit ins Gesicht blicken, so schmerzvoll und unangenehm sie auch sein mag. In solchen Momenten spüren wir eine tiefe Verbindung zum anderen Menschen – letztlich kann es sogar eine direkte Begegnung jenseits von Vorstellungen, Konzepten und Worten sein. Das ist weit mehr als Mitleid, denn dort leidet man mit, identifiziert sich mit ihm und bleibt zu zweit im Leiden hängen. Mitgefühl öffnet jedoch den Weg zu Vertrauen, Wahrheit und ist das Tor zu innerem Frieden.

Mitgefühl mit anderen Menschen zu haben ist ein Ausdruck emotionaler Intelligenz. Doch was ist mit dem Mitgefühl uns selbst gegenüber? – »Ist das nicht selbstsüchtig?« »Ist das nicht das Gleiche wie Selbstmitleid? Wenn ich in Selbstmitleid versinke, dann tu ich ja gar nichts mehr, sondern jammere nur noch!« Viele Menschen können sich selbst gut kritisieren, aber mit dem Selbstmitgefühl hapert es. Unter Selbstmitgefühl verstehe ich eine freundlich-liebevolle Zuwendung zu mir selbst, gleichgültig, ob es sich um eine schmerzvolle oder eine alltägliche Situation handelt. Ich höre in mich hinein, gebe mir Zeit und Raum, mich zu öffnen, habe Verständnis für mich und meine Situation.

Es geht darum, die Wahrheit einer Situation, die Wahrheit aller Gedanken, Gefühle, Empfindungen, Erfahrungen, aber auch meine Begrenzungen zu fühlen, zu spüren, den eigenen Schmerz zuzulassen und liebevoll zu umarmen.

Die Fähigkeit zu fühlen und zu spüren ist die Voraussetzung und Basis für Mitgefühl mit anderen, aber auch mit mir selbst. Dabei bin ich präsent, behutsam, einfühlsam und nehme nicht wertend wahr, was ich gerade jetzt brauche bzw. gebraucht hätte, was mir guttut, und gebe mir dies. Ich halte mich selbst zunehmend für einen wertvollen Menschen, kümmere mich um mich und sorge gut für mich.

Wozu brauche ich Mitgefühl mit mir selbst?

Mitgefühl mit sich selbst ist *das* Gegenmittel und *die* Alternative zu den rigiden, strengen Maßstäben des inneren Kritikers wie auch der inneren Antreiber. Wer kein Mitgefühl mit sich selbst hat, dessen Haltung bleibt hart, er kann sich nicht vertrauen, unterdrückt seinen Schmerz, versteckt seine Verletzlichkeit, wehrt alles, was im Entferntesten unangenehm werden könnte, sofort ab. Er selbst bleibt in seiner starren Abwehr gefangen, er bleibt in seiner gewohnt-vertrauten Komfortzone, bleibt isoliert und getrennt von sich, vom allumfassenden Leben.

Wenn unser innerer Kritiker wieder einmal zur Höchstform aufläuft und uns mahnt, bloß nicht im Arbeitstempo nachzulassen, uns im Verbund mit einem inneren Antreiber auffordert, noch mehr zu leisten oder es auch wirklich allen recht zu machen, so können Sie mitfühlend zu Ihrem inneren Kind so etwas sagen wie: »Du Liebes, strengst dich so an, willst so viel leisten, willst es allen recht machen – jetzt hast du erst einmal eine kleine Verschnaufpause verdient!« Atmen Sie danach tief aus, spüren Ihren Körper. In aller Regel erfolgt dann sofort eine kleine Entspannung, die vorher nicht möglich war. Sie kommen wieder zu sich, gewinnen inneren Abstand, fühlen sich wohler in Ihrer Haut, Ihr Blickwinkel weitet sich. Sie finden zu ein Stück weit zu Ihrem Vertrauen zurück und können sich liebevoll-freundlich und bewusst sagen: »Eins nach dem anderen, eins nach dem anderen«, oder: »Ich darf es jetzt mir Recht machen«, und wenden sich wieder Ihren aktuellen Aufgaben zu.

Sie können aufmunternd fürsorgliche Worte zu sich selbst sagen, können sich in herausfordernden Situationen bewusst Mut zusprechen, so wie Sie es auch einer guten Freundin/einem guten Freund gegenüber tun würden: »Du schaffst das, ich bin bei dir.« Oder Sie können Fragen stellen wie: »Was kann dir jetzt helfen, um dein Ziel zu erreichen?« Oder: »Was brauchst du jetzt, damit es dir in der Situation X besser geht?« So werden Sie sich nach und nach selbst zu einer guten Freundin/einem guten Freund. Und der Vorteil ist: Wann immer Sie es brauchen, können Sie diesen Teil in sich stärken – gerade dann, wenn's mal nicht so gut läuft, wenn Sie sich verletzt fühlen, krank sind, einen Verlust erlitten haben oder wenn Sie etwas Neues vorhaben. Kümmern Sie sich ganz bewusst um Ihr inneres Kind, das in solchen Situationen besondere Zuwendung braucht. Und wenn sich der innere Kritiker dabei melden sollte, versichern Sie ihm, dass er zu einem anderen Zeitpunkt Gehör findet.

Wenn Sie sich als Erwachsener immer wieder liebevoll-mitfühlend Ihrem inneren Kind zuwenden, können Spannungen, Widerstand und Schmerzen schmelzen. Sie sind in der Lage, sich vertrauend zu öffnen, sich der Wahrheit zu stellen, diese anzuerkennen, auch wenn sie erst mal schmerzhaft sein kann. Sie weichen Ihrem Schmerz nicht mehr aus, sondern lassen ihn zu. So können alte Wunden gesehen werden und heilen. Und gleichzeitig entsteht eine Verbindung zu Ihnen selbst, die erfüllend, beglückend und nährend zugleich ist. Je besser Ihr Kontakt mit Ihrem inneren Kind wird, desto mehr Zutrauen bekommt es, desto mehr äußert es seine Bedürfnisse und Wünsche. Sie spüren eine neue Sehnsucht nach Lebendigkeit, Kreativität und spielerischer Leichtigkeit, Sie erleben sich als neugierig, ehrlich und authentisch und bekommen immer mehr Vertrauen und Lust, alte Grenzen hinter sich zu lassen und neue Seiten zu zeigen. Sie können sich in jedem Fall überraschen lassen, wie bunt Ihr Leben wird getreu dem eingangs erwähnten Motto »Das Leben ist zu bunt, um Trübsal zu blasen«.

Wie Untersuchungen zeigen, leiden Menschen, die selbstmitfühlend sind, weniger unter Ängsten und Depressionen, können Stresssituationen besser meistern und beugen daher einem Burnout vor.

Mitgefühl mit sich selbst ist ein ganz wesentlicher Schlüssel zu Selbstliebe, ein Tor zu innerer Freiheit und seelischer Gesundheit.

Eine junge Frau, die ich im Coaching begleiten konnte, hatte in ihrer Kindheit extrem unter ihrer überkritischen Mutter gelitten. Ihre Mutter nannte sie »hässlich, dick und dumm«, und egal, was sie machte, es war nie gut genug für sie. Wenn sie weinte, bekam sie von der Mutter eine Extraportion Strafe getreu dem Motto »Du bist selber schuld, reiß dich am Riemen, sonst bekommst du kein Abend-essen«. Als Reaktion darauf unterdrückte sie ihre Verletzlichkeit, ihren Schmerz, ihre Gefühle. Sie lernte, die Zähne zusammenzu-beißen, sich zusammenzureißen, die Knie durchzudrücken, den Rü-cken gerade zu halten und flach zu atmen.

Ihr Chef hatte sie ins Coaching geschickt, weil sie im Umgang mit anderen Kollegen hart, abweisend und barsch war und diese gna-denlos kritisierte. Sie bezeichnete ihr Verhalten als »ehrlich und of-fen, ohne zu schleimen«. Aber alle in der Abteilung empfanden ihre Worte als verletzend, hartherzig und mitleidslos. Als ihr Chef sie auf ihr Verhalten ansprach, brach sie sofort in Tränen aus, fühlte sich bis aufs Mark getroffen und meinte: »Wenn Sie so unzufrieden mit mir sind, dann muss ich jetzt wohl kündigen.« Doch sobald einem Kollegen etwas fehlte, war sie die Erste, die alles stehen und liegen ließ, diesem Kollegen zur Seite stand und ihn mitfühlend unter-stützte.

Durch ihre Mutter hatte sie einen überstarken inneren Kritiker entwickelt, der nicht nur an sie selbst, sondern auch an alle anderen höchste Ansprüche stellte. Sie sah bei anderen sofort deren Schwach-punkte, bemerkte augenblicklich, wenn ein Argument nicht ganz stichhaltig war, und kanzelte denjenigen rigoros ab. Sie behandelte andere so, wie ihre Mutter sie als Kind behandelt hatte. Zu Beginn des Coachings zeigte sie Mitgefühl für andere Menschen, die in ei-ner Notlage waren. Dabei erlebte ich sie als extrem feinfühlig mit gutem Gespür dafür, was diese Menschen brauchten, doch sobald es um ihre Verletzungen ging, wehrte sie ab.

Aus gutem Grund, hatte sie doch erfahren, wie schmerzvoll es war, wenn sie sich verletzlich gezeigt hatte. Langsam gewann sie Vertrauen, konnte sich mehr entspannen, atmete ruhiger, bekam Zugang zu ihren Körperempfindungen, ihren eigenen Kraftquellen und entwickelte einen geschützten inneren Raum, der ihr Stärke verlieh. Gleichzeitig löste sich die jahrelang festgehaltene Anspan-nung. Die junge Frau wurde zunehmend weicher, milder in ihrem Urteil sich selbst gegenüber. Dadurch konnte sie die Verletztheit und die Schmerzen ihres inneren Kindes zulassen, ohne Angst haben zu müssen, erneut abgelehnt zu werden. Voller Mitgefühl, Liebe und Zärtlichkeit konnte sie – nach anfänglicher Skepsis – mit ihrem inneren Kind, das sich so lange allein und verlassen gefühlt hatte, Kontakt aufnehmen. Sie umarmte es behutsam und spürte, wie gut ihr das tat. Kreativ, wie sie war, entwickelte sie für sich ein Morgenritual, in dem sie ihr inneres Kind auf den Tag einstimmte, sowie ein Abendritual, in dem sie es in den Arm nahm und liebevoll mit ihm sprach.

Das Coaching war ein Prozess, in dem sie Tränen des Schmerzes, der Trauer und der Erleichterung weinte, sich durch ihr Mitgefühl mit sich selbst von den Fesseln der Vergangenheit befreien konnte und sich selbst als liebenswerten Menschen wahrnahm. Sie konnte ihr Verhalten besser verstehen und einordnen und lernte dabei, wertschätzend und klar zu kommunizieren. Ihr wurde bewusst, wie wichtig es ist, die Beziehungsebene in einem Gespräch zu integrieren.

Mitgefühl mit dem inneren Kind

Schauen wir nun eine Situation von der Seite des inneren Kindes aus an. Vielleicht kennen Sie den berühmten Satz, der sowohl dem weltbekannten Hypnotherapeuten Milton Erickson als auch Erich Kästner zugesprochen wird: »Es ist nie zu spät für eine glückliche Kindheit.«

Als ich den Satz zum ersten Mal hörte, dachte ich sofort: »So ein Schmarrn!« Doch je länger ich mich mit ihm beschäftigte, desto mehr musste ich meinen ersten Eindruck, der zweifelsfrei von meinem inneren Kritiker stammte, revidieren.

Wenn Sie an Ihren inneren Kritiker denken, der ja dem verinnerlichten kritischen Elternteil entspricht und so abwertend, hart und harsch spricht, dann ist es kein Wunder, dass Ihr inneres Kind sich angegriffen fühlt. Es fühlt sich schwach, hilflos, bekommt Schuldgefühle oder schämt sich, fühlt sich zurückgewiesen, verlassen und hat Angst davor, bestraft zu werden und abgelehnt zu werden. Das innere Kind reagiert verängstigt, erstarrt und kann nicht mehr optimal handeln.

Was glauben Sie, braucht Ihr inneres Kind in einer solchen Situation? Was benötigt es, um sich sicher und stark zu fühlen?

Richtig, es braucht liebevolle Zuwendung, Verständnis, Mitgefühl und das sichere Gefühl, dass es in seinem Sosein angenommen wird. Ihr inneres Kind muss wissen, dass es nicht allein ist und vor Gefahren beschützt wird, damit es weiterhin kraftvoll, lebendig, zuversichtlich bleiben kann und den Mut hat, neugierig auf neue Situationen zuzugehen. Es braucht Sie, den erwachsenen Menschen, der sein inneres Kind mitfühlend annimmt, ihm zuhört, es liebevoll unterstützt, sodass es sich sicher fühlt, entspannen kann und erlebt, dass es in Ordnung ist, genau so, wie es ist, und weiß, dass es mit seiner Meinung ernst genommen wird. Manchmal hilft es, ihm einen Satz zu sagen wie: »Ich weiß, es ist gerade schwierig für dich, doch ich bin bei dir und helf dir.« So kann Ihr inneres Kind sich rasch wieder beruhigen in dem Wissen, dass es nicht allein ist.

Unser inneres Kind und der innere Kritiker leben beide in uns. Als Erwachsene können wir auf unsere inneren Stimmen und Bilder bewusst achten und wahrnehmen, dass wir uns in manchen Situationen mehr wie das Kind, das wir einmal waren, verhalten – in manchen anderen Situation wie die strengen Eltern. Als erwachsener Mensch sind wir zuständig für den Kontakt zu beiden. Es bedarf unserer Achtsamkeit, dass wir klar zwischen innerem Kind und innerem Kritiker unterscheiden, sodass dieser einerseits unser inneres Kind nicht mehr angreifen kann (zum Beispiel durch die Stopp-Übung Seite 135 ff.), und wir andererseits bewusst die positive Absicht des inneren Kritikers erkennen. Wir können unserem inneren Kind Mitgefühl und Zuspruch geben, wir können es ermutigen, ihm beistehen, wann immer es schwierige oder herausfordernde Situationen durchlebt, sodass es diese Situationen leichter meistern kann.

Übung
MITGEFÜHL MIT DEM INNEREN KIND

Vorübung: Körperscan

O Setzen Sie sich bequem auf einen Stuhl, beide Füße stehen
auf dem Boden. Spüren Sie, wie Sie atmen. Jetzt nehmen Sie
achtsam der Reihe nach Ihren ganzen Körper wahr. Beginnen
Sie bei den Fußsohlen. Sind sie warm oder kühl? Wie erleben
Sie die Verbindung zum Boden?

O Dann gehen Sie mit Ihrer Aufmerksamkeit beide Beine langsam
nach oben und nehmen dabei wahr, welche Empfindungen Sie
jetzt spüren. Auf diese Weise »scannen« Sie langsam Ihren
ganzen Körper. Nehmen Sie sich ausreichend Zeit, sodass Sie
Ihre ganze Aufmerksamkeit auf dem jeweiligen Körperteil
haben und diesen spüren. Nehmen Sie dabei wahr, wie Sie sich
mit Ihrem Körper verbunden, sicher und wohlfühlen.

Hauptübung:

O Erinnern Sie sich nun an eine Situation, in der Sie sich von
einer anderen Person abgewertet, missverstanden oder
gekränkt gefühlt haben.

O Stellen Sie sich als Erwachsener nun vor, wie Ihr inneres Kind
darauf reagiert. Was sehen Sie? Was hören Sie? Wie fühlt es
sich? Was spüren Sie gerade jetzt im Körper? Wie alt fühlt sich
Ihr inneres Kind, während Sie als Erwachsener die inneren
Reaktionen spüren und nicht wertend wahrnehmen? (Meist
fühlt man sich kleiner und jünger, wenn der Kritiker gerade
seine Macht ausspielt.)

O Was hätte Ihr inneres Kind bei den Angriffen des inneren
Kritikers in dieser Situation, an die Sie sich jetzt erinnern,
gebraucht, damit es ihm gut gegangen wäre und es sich

sicher gefühlt hätte? – Geben Sie sich Zeit und stellen Sie sich deutlich mit allen Sinnen vor, dass Sie jetzt Ihrem inneren Kind all dieses geben, was es damals gebraucht hätte. Was genau sehen Sie dann? Was hören Sie? Was fühlen und spüren Sie? Welche Bedürfnisse werden dadurch erfüllt?

O Erlauben Sie sich, *generell* Verständnis für Ihr inneres Kind zu haben – für alles, was es durch Kritik erleiden musste und überstanden hat. Dabei können Sie Ihr inneres Kind liebevoll in den Arm nehmen und es spüren lassen, wie mitfühlend Sie mit ihm sind, sodass es sich beruhigen kann und seine innere Kraft, sein Vertrauen ins Leben sowie seine Zuversicht zurückkommt. Sie können ihm zudem tröstende, liebevolle Worte und Mut zusprechen. Es fühlt die Unterstützung, spürt, dass es umsorgt und geliebt wird, fühlt sich lebendig und gut. Manchmal braucht es Zeit, bis Ihr inneres Kind Vertrauen zu Ihnen hat, schließlich wurde es früher von den Eltern enttäuscht. Haben Sie einfach Geduld – Liebe heilt alte Wunden.

O Gehen Sie nun zu der Ausgangssituation zurück. Was ändert sich dadurch, dass sich Ihr inneres Kind nun als kraftvoll, mutig und zuversichtlich erlebt und weiß, dass es von Ihnen beschützt wird?

Selbstmitgefühl und Zuversicht – Probehandeln für zukünftige Situationen

Wir erleben immer wieder Situationen, in denen wir besonders Selbstmitgefühl und Zuversicht brauchen, zum Beispiel nach Niederlagen, Zurückweisung, Verlusten oder bei einer Krankheit. Wir brauchen aber auch Selbstmitgefühl und innere Kraft für bevorstehende herausfordernde Situationen (zum Beispiel Prüfung, bevorstehende Operation), sodass wir Zweifel und aufkeimende Unsicherheit besänftigen können.

Übung

In welcher konkreten zukünftigen Situation brauchen Sie Selbstmitgefühl und Zuversicht besonders?

○ Stellen Sie sich bildhaft-konkret einige *Minuten vor* dieser Situation vor. Erlauben Sie sich, offen, freundlich-fürsorglich, einfühlsam mit sich selbst umzugehen. Umhüllen Sie sich ganz mit einem wohligen Mantel aus Selbstmitgefühl, bis Sie sich sicher und klar fühlen - in dem untrüglichen Wissen, dass Sie der Situation gewachsen sind.

○ Erinnern Sie sich an frühere Situationen, die Sie erfolgreich gemeistert haben. Welche inneren und äußeren Kraftquellen haben Ihnen damals geholfen? Verbinden Sie sich jetzt wieder damit und nehmen Sie sich viel Zeit dafür, damit Sie dieses Gefühl intensiv im Körper spüren.

○ Stellen Sie sich nun vor, wie Sie diese zukünftige Situation optimal meistern, und nehmen Sie wahr, wie gut Sie sich hinterher fühlen. Was sagen Sie nun zu sich selbst? Was denken Sie über sich? Was haben Sie dazugelernt?

○ Wiederholen Sie diese mentale Vorstellung jeden Tag mehrmals, sodass dieses innere Probehandeln mental schon zur Routine wird, bevor die Situation live eintritt.

Und so wie Selbstmitgefühl ein wesentlicher Schlüssel zu Selbstliebe und ein Tor zu innerem Frieden ist, so ist Dankbarkeit ein wichtiger Schlüssel zur Freude.

Dankbarkeit – Schlüssel zur Freude

Ich bin dankbar, nicht weil es vorteilhaft
ist, sondern weil es Freude macht.

Lucius Annaeus Seneca d. Ä. (55 v. Chr. – 40 n. Chr.)

Die letzten deutlichen Worte meiner Mutter, bevor sie nicht
mehr sprechen konnte, waren: »Sei froh, sei dankbar!« Das war
ihr Lebensmotto. Während ich mich innerlich auf dieses Kapitel
vorbereitete, hat sie Abschied von dieser Welt genommen und ist
gestorben. Obwohl traurig, bin ich dankbar, dass sie so lange ge-
lebt hat, dass sie so lebensbejahend und optimistisch war. Ich bin
dankbar, dass sie meinen Bruder und mich das Staunen über
scheinbar Alltägliches gelehrt hat – interessante Wolkenformati-
onen am Himmel zu sehen und Geschichten darüber zu erfinden,
die Sonne oder den Wind auf der Haut zu spüren, Blumen am
Wegesrand oder glitzernde Tautropfen auf den Blättern nach einem Regenguss zu bewundern, dem Rauschen des Waldes zuzuhören, dem Gezwitscher der Vögel zu lauschen, Beeren zu sammeln und sie einzeln auf der Zunge zergehen zu lassen, dabei
deren Geschmack intensiv zu erfahren. Es gab unendlich viel zu
bestaunen und dankbar dafür zu sein, dass wir dieses erleben durf-
ten. Sie lehrte uns, dass vieles nicht selbstverständlich ist, was wir
für selbstverständlich halten, und dankbar zu sein für das tägliche
Essen, für unser Zuhause, für unsere Gesundheit etc. Weil es so
viele Gelegenheiten gab, dankbar zu sein, fühlten wir uns als Kinder tatsächlich oftmals reich beschenkt. Aber manchmal hat mich
als Kind das ewige Anhalten, Lauschen und Betrachten beim Spa-
zierengehen auch genervt.

Doch gerade in diesen Stunden ist Dankbarkeit wie eine Welle,
die mich durch meine Trauer trägt.

Und es hat einige Zeit gedauert, bis ich wirklich verstanden
hatte, was Dankbarkeit bedeutet.

Vor vielen Jahren machte ich meine erste Ayurveda-Kur in Sri Lanka, lag im Palmengarten des Zentrums und ärgerte mich immer noch über das unfaire Verhalten einer Freundin, obwohl das auslösende Ereignis mehrere Wochen zurücklag und ich Tausende Kilometer von ihr entfernt war. Sie hatte im Beisein anderer Freunde mich mehrmals mitten im Satz unterbrochen, mich nicht ausreden lassen und meine Meinung vehement verurteilt. Ich fühlte mich persönlich angegriffen und bloßgestellt. Für mich war ihr Verhalten absolut unfair, doch anstatt hinterher mit ihr darüber zu reden, schluckte ich beschämt meinen Ärger runter, mit dem Erfolg, dass er in mir blieb!

Den Duft von Jasmin und das sanfte Fächeln der Palmen in dem Ayurveda-Resort nahm ich kaum wahr. Ich konnte die Schönheit der Landschaft nicht genießen, denn gedanklich war ich immer noch mit dem unfairen Verhalten dieser Freundin beschäftigt!! Mental drehte ich mich im Kreis: Mein Körper war angespannt. Obwohl ich im Liegestuhl lag, fühlte ich mich gestresst – inmitten einer Oase der Ruhe!

Plötzlich wurde mir mein Gedankenkarussell bewusst, und so begann ich achtsam, meine Gedanken und Gefühle zu beobachten … Dadurch wurde die völlige Identifikation mit dem automatisch ablaufenden Muster unterbrochen. Erstaunt entdeckte ich, dass meine Gedanken sich bislang ständig wiederholten, dass ich meinen Ärger durch dieses ständige Durchspielen der Situation am Leben gehalten und mich schlecht gefühlt hatte. Zudem musste ich mir eingestehen, dass meine Wut aufgrund meiner Sicht der Dinge völlig unproduktiv war und höchstens mir selbst schadete. Mein Ärger hatte mir weder geholfen, mich bei der Kur zu entspannen, noch hatte er dafür gesorgt, dass ich eine bessere Beziehung zu meiner Freundin bekam! Diese war Tausende von Kilometern entfernt und hatte vermutlich nicht den blassesten Schimmer, dass ich mich über ihr Verhalten aufregte!

War ich bis zu dem Augenblick völlig fixiert auf meine persönliche Sicht der Situation gewesen, konnte ich nun – Wochen später – meine Verletztheit und den Schmerz zulassen und schließlich den

Glaubenssatz, der zu meiner Verärgerung geführt hatte, erkennen:
»Alle müssen fair sein.« Dadurch gewann ich inneren Abstand.
Schließlich versetzte ich mich noch in die Lage meiner Freundin und
kam zu dem Schluss, dass sie einfach engagiert, aber unbedacht war.
Zudem wurde mir klar, dass ich Dinge, die ich nicht als richtig emp-
fand, unbedingt ansprechen musste! Für all die Erkenntnisse konnte
ich doch dankbar sein, oder?

Manchmal sind wir so in unserem mentalen Muster gefangen, sehen nur noch das »unmögliche« Verhalten des anderen, halten ihn für egoistisch und erkennen nicht, dass wir selbst in dem Moment mindestens ebenso egoistisch an unseren eigenen Vorstellungen und unserem verletzten Stolz festhalten. Wir merken nicht, wie selbstgerecht wir auf unserem vermeintlichen Recht beharren in der vagen Hoffnung, dass der andere doch noch sein Fehlverhalten (!) erkennt und sich bei uns entschuldigt!.

Natürlich können wir frustrierende Situationen unseres Lebens mental wieder und wieder durchspielen, uns beklagen, schimpfen, jammern. Das können wir tun … Langfristig ist dies ein gutes Rezept für Verbitterung. Das Rezept für Freude hingegen ist Dankbarkeit.

Dankbarkeit – das Hausrezept für Freude

Wir könnten bei den unterschiedlichsten Gelegenheiten fragen: »Wofür könnte ich gerade jetzt dankbar sein?« Oder: »Wofür bin ich gerade jetzt dankbar?« Mit den Augen der Dankbarkeit erleben wir viele beglückende Augenblicke.

Es gibt Situationen, in denen es uns leichtfällt, dankbar zu sein, die Herausforderung liegt darin, das Geschenk auch in schwierigen Situationen zu erkennen.

Der Philosoph Andreas Tenzer sagte: »Dankbarkeit macht den Ärmsten reich.« In unserer rastlosen Gesellschaft sind wir oft so mit den Aufgaben des Alltags beschäftigt, dass wir vieles übersehen oder für selbstverständlich halten. Und erst wenn das Selbstverständlich-Vertraute plötzlich nicht da ist, bemerken wir schmerzlich, dass etwas fehlt. Erkrankt plötzlich jemand, wird ihm oft erst dann bewusst, welchen Wert Gesundheit hat, und kann dankbar für diese Erkenntnis sein. Wenn es tagelang trüb war, freuen wir uns, wenn die Sonne wieder scheint, und sind dankbar.

Ein Manager, der bei einem Autounfall schwer verletzt wurde und ein Bein verloren hatte, sagte: »Ich kann heute nicht mehr Ski fahren, ich bin heute nicht mehr so schnell wie früher, doch ich danke Gott jeden Tag, dass ich lebe. Mich hat mein Unfall aufgeweckt, und ich sehe die Welt mit anderen Augen. Das fängt schon morgens an – ich bin dankbar dafür, dass meine Frau das Frühstück macht, dass meine Kinder gesund und lebendig sind. Ich bin sogar dankbar, wenn ich auf dem Weg zum Büro im Stau stehe. Dann hab ich Zeit zum Innehalten und kann in aller Ruhe die Umgebung auf mich wirken lassen. Es gibt heute vieles, wofür ich dankbar bin – das alles habe ich erst nach meinem Unfall entdeckt.«

Dankbarkeit umfasst das Innehalten, Wertschätzen, die Fähigkeit zum Staunen verbunden mit der Erkenntnis, dass uns gerade jetzt, in dieser Sekunde, Gutes widerfährt. Unser Herz öffnet sich … Und augenblicklich fühlen wir uns beschenkt.

Wer dankbar ist, findet immer etwas, wofür er dankbar sein kann. Immer.

Wir können nur dankbar sein, wenn wir innerlich anhalten, achtsam wahrnehmen, was gerade an Gutem da ist. Wir können dankbar sein für die scheinbar selbstverständlichsten Dinge des Alltags – können dankbar sein dafür, dass wir sehen, hören, fühlen, schmecken und riechen können. Wir können dankbar sein, dass wir gehen, springen, uns bewegen können, dass wir lesen, rechnen, schreiben können, dass wir bei Kälte im Warmen sitzen, dass warmes Wasser aus dem Wasserhahn kommt.

Wir können dankbar dafür sein, dass wir lebendig sind, uns berühren lassen und die unterschiedlichsten Gefühle durchleben können. Wir können dankbar sein dafür, dass wir Glaubenssätze verändern und uns aus alten Mustern lösen können, dass wir innere Kraftquellen aktivieren und für herausfordernde Gespräche gerüstet sind. Wir können dankbar dafür sein, dass wir einen guten Draht zu anderen Menschen herstellen und ihnen Feedback geben können. Wir können dankbar für Konflikte sein, weil wir die Chance haben, dazuzulernen. Wir können dankbar sein, dass wir gute Freunde haben. Wir können dankbar sein für die Höhen und Tiefen unseres Lebens. Wir können dankbar sein für die Natur und ihre Gaben … Dankbarkeit lenkt die Aufmerksamkeit auf die Gegenwart, bringt innere Prozesse in Bewegung, wir lösen uns von unseren »alten Geschichten«, sind lebendig und laden neue Möglichkeiten ins Leben ein.

Der Amerikaner Dr. Robert Emmons ist ein international anerkannter Experte auf dem Gebiet der Dankbarkeit. In einer wissenschaftlichen Studie untersuchte er, welche Effekte Dankbarkeit hat. Er teilte seine Studienteilnehmer in zwei Gruppen. Die eine Gruppe sollte über einen Zeitraum von zehn Wochen täglich jeweils fünf Dinge aufschreiben, wofür sie dankbar waren. Die Kontrollgruppe hingegen sollte täglich fünf Probleme oder Dinge, die schiefliefen, notieren. Er kam dabei zu folgenden Ergebnissen:

- Dankbarkeit verändert unser inneres System – körperlich, emotional, sozial, spirituell.

- Wer dankbar ist und die schönen Augenblicke des Lebens würdigt,
  – hat ein stärkeres Immunsystem und weniger Schmerzen, schläft besser und ist gelassener,
  – ist mit seinem Leben zufriedener, wacher, freudvoller, mitfühlender, großzügiger, präsenter,

– ist optimistischer und glücklicher,

– ist kontaktfreudiger, fühlt sich mit anderen Menschen verbunden, ist weniger einsam.

Das wirklich Erstaunliche an dieser Untersuchung ist, dass allein durch die Veränderung und Verschiebung der Aufmerksamkeit hin zu Dankbarkeit solch bemerkenswerte Resultate erzielt wurden.

Wie die Studie zeigt, können Groll, Ärger und Dankbarkeit nicht gleichzeitig vorhanden sein. In diesem Sinn kann Dankbarkeit negative Gefühle transformieren. Bei manchen Menschen ändert sich durch ihre Dankbarkeit ihr Leben von Grund auf. Sie fühlen sich eingebettet in ein größeres Ganzes und verbunden mit einer höheren Kraft.[11]

Wir können unsere Dankbarkeit auf vielerlei Weisen ausdrücken – nonverbal, über ein Lächeln, eine Berührung, über unsere Haltung, Gestik und Mimik.

Wir können Menschen ohne besonderen Grund mit einem kleinen Geschenk, einer Aufmerksamkeit überraschen, sie spontan zum Spaziergang oder zu einem selbst gekochten Abendessen einladen. Wir können dabei wirklich kreativ sein!

Wir können verbal danken, zum Beispiel einer Verkäuferin, die uns freundlich und gut bedient hat, können dem Kfz-Mechaniker danken, der unser Auto repariert hat.

Wir können auch zu dem »Danke« noch einen Zusatz hinzufügen wie: »Danke für die freundliche Bedienung« oder »Vielen Dank, dass mein Auto in so zuverlässigen Händen ist«.

Das mag zwar banal klingen, doch solche Sätze haben ihre Wirkung. Sie bereichern unseren Alltag, auch den der Verkäuferin oder des Kfz-Mechanikers, und verbessern unsere Beziehung zu den beiden. Wir teilen etwas von uns mit und fühlen uns mit dem anderen verbunden.

Sie können auch ganz bewusst **Dankbarkeitsrituale** entwickeln, denn Rituale helfen uns, unser Inneres auszudrücken.

• Wenn jemand schwer krank war und wieder gesund wurde, so kann er seinen »zweiten Geburtstag« feiern.

• Wenn jemand gestorben ist, so kann jeden Abend eine besondere Kerze angezündet und diesem Menschen für die gemeinsame Zeit gedankt werden.

• Wir können uns abends fünf Minuten still hinsetzen und uns selber danken, dass wir zum Beispiel den Mut hatten, Veränderungen in unserem Leben aktiv herbeizuführen.

Das wirklich Wichtige ist, dass wir uns auf diese Weise für die kleinen Wunder scheinbar selbstverständlicher Situationen öffnen und ein erweitertes Blickfeld gewinnen.

So hat Dankbarkeit nichts mit mechanischen Höflichkeitsfloskeln zu tun. Ein »Danke«, von Herzen gesprochen, erfüllt uns mit Freude, lässt uns das Gute im Leben erkennen und stimmt uns versöhnlicher. Wir fühlen uns verbunden, sicher und schöpfen daraus Kraft zum Handeln.

Übung

Vielleicht haben Sie Lust auf ein Experiment zum Thema »Dankbarkeit«, bei dem Sie nur gewinnen können. Dazu lenken Sie Ihre Aufmerksamkeit bewusst in Richtung Dankbarkeit. Sinnvoll ist es – in Anlehnung an die Untersuchung von Emmons –, sich zehn Wochen täglich mit Dankbarkeit zu beschäftigen.

○ Schreiben Sie täglich je fünf Dinge in Ihr Logbuch, für die Sie dankbar sind oder sein könnten:

Fragen zur Anregung:

○ Wofür könnte ich im Augenblick dankbar sein?

○ Wem und wofür bin ich dankbar?

○ Wofür genau kann ich beruflich dankbar sein?

○ Wann habe ich zum letzten Mal jemandem gedankt?

○ Wie fühle ich mich, wenn ich jemandem bewusst danke?

○ Notieren Sie Ihre fünf Punkte, für die Sie dankbar sind oder sein könnten. Wenn Sie diese aufgeschrieben haben, nehmen Sie sich die Zeit, Ihre Notizen langsam zu lesen, zu fühlen und zu spüren, wie es Ihnen nun geht und was sich in Ihnen verändert hat.

Lassen Sie sich überraschen, was sich innerlich verändert hat, wenn Sie tatsächlich zehn Wochen am Ball geblieben sind und sich mit dem Thema »Dankbarkeit« beschäftigt haben.

Vergeben – die letzte Hürde

> Sobald du dir selbst vergibst,
> kannst du in Frieden leben.
>
> Gabi Pörner

Manchmal arrangieren wir uns oberflächlich mit einem anderen Menschen, der uns sehr verletzt und übel mitgespielt hat. Wir können ihm gegenüber weder Mitgefühl noch die geringste Dankbarkeit empfinden. Und vergeben können wir ihm erst recht nicht, zu tief sitzen die Wunden, zu groß ist die Verletzung. Das ist besonders dann der Fall, wenn wir betrogen, übervorteilt, verraten, respektlos behandelt worden sind oder körperliche und seelische Übergriffe und Gewalt erfahren haben.

Wir können zum Beispiel weder unserem Chef verzeihen, dass er uns vor anderen im Meeting wiederholt bloßgestellt und herabgesetzt hat, noch unserem Partner, dass er uns wiederholt angelogen hat und fremdgegangen ist. Wir können dem Vater nicht vergeben, dass er uns als Kind immer wieder geschlagen hat, obwohl er längst gestorben ist, oder der Mutter, dass sie »mit einem anderen Mann abgehauen ist und mich mit einem Vater allein hat sitzen lassen«, wie es ein Trainingsteilnehmer schilderte.

Manchmal reicht schon ein einziger Satz in einer Auseinandersetzung, manchmal eine herabsetzende Bemerkung oder der Vorwurf eines Freundes, der uns bis ins Mark verletzt, sodass wir dies im Hinterkopf behalten und so etwas denken wie: »Das verzeih ich ihm nie! Warte nur, ich zeig's dir schon bei Gelegenheit.« Alltäglich verletzende Kleinigkeiten können sich im Lauf der Zeit summieren. Es ist, als ob man Rabattmarken sammelte und nur auf die nächste Verletzung warten würde, damit man sie wieder zum Rabattmarkenheft hinzufügen kann. Dadurch kann ein gegenseitiger Verletzungs-Vergeltungs-Prozess in Gang kommen, ein Teufelskreis, bei dem es am Ende nur Verlierer gibt.

Es gibt aber auch Situationen, bei denen wir uns selbst lange nicht verzeihen können, wenn wir zum Beispiel einen gravierenden Fehler gemacht haben oder wenn wir bei Unfallfolgen, Arbeitslosigkeit oder Niederlagen mit dem Schicksal hadern. Das Gefühl erlittener Demütigung, Bloßstellung oder ungerechter Behandlung nagt an uns. Wir wollen uns für das erlittene Unrecht – zumindest gedanklich – rächen. Wir wollen unser verletztes Selbstwertgefühl wiederherstellen, wollen Genugtuung und Vergeltung. Ja, der Verursacher an unserer Misere soll selbst auch so leiden wie wir oder soll büßen oder sich zumindest bei uns für sein Verhalten entschuldigen. Er soll zeigen, dass es ihm leidtut und dass er seine Tat bereut.

Diese Gedanken und Gefühle sind nur allzu verständlich und entlasten uns kurzfristig. Doch langfristig führen sie zu Groll, Unzufriedenheit, sogar zu Hass und verschlechtern unsere Kommunikation. Wenn wir zum Beispiel einem Kollegen etwas nicht verzeihen, dann ist es nicht mehr möglich, mit ihm offen und vorbehaltlos zu sprechen. Wir betrachten den anderen ausschließlich mit der Brille unserer Vorurteile, sind im Gespräch mit ihm angespannt und in Habachtstellung, sprechen nur das Nötigste mit ihm. Es bleibt eine Kluft zwischen ihm und uns, die sich immer schwerer überbrücken lässt. Obendrein weiß unser Kollege vielleicht nicht einmal, was er Schlimmes verbrochen hat, wenn wir es ihm nicht sagen. Und selbst wenn er es weiß, wer sagt, dass er sich bei uns entschuldigen will? Wer sagt, dass er sein Verhalten bereut? Vielleicht sieht er von seinem Standpunkt aus die Lage ganz anders. Oder er erkennt sein Vergehen, fühlt sich schuldig, bringt es jedoch nicht fertig, sich bei uns zu entschuldigen, und leidet selbst. Aber letztendlich ist das seine Angelegenheit. Unabhängig davon, was mit ihm los ist, ist es für unseren eigenen inneren Frieden vordringlich, dass wir mit Verletzungen konstruktiv umgehen und uns selbst, aber auch anderen verzeihen können.

Was bedeuten Vergeben und Verzeihen?

Bevor ich dieses Kapitel zu schreiben begann, habe ich viele Menschen befragt, ob es für sie einen Unterschied gäbe zwischen Vergeben und Verzeihen. Manche machen einen Unterschied, wobei sie sagen, dass man Kleinigkeiten verzeiht, größere Vergehen vergibt. Andere wiederum meinten das genaue Gegenteil. Auch in der Literatur gibt es keine einheitliche Bedeutung. Um Missverständnissen vorzubeugen, benutze ich hier Vergeben und Verzeihen gleichbedeutend.

Feststehend aber ist: Alle Religionen betonen die Wichtigkeit von Vergebung. Sie sprechen davon, dass Vergebung ein Weg ist, mit sich selbst und mit anderen wieder ins Reine zu kommen. Dabei geht es in erster Linie um uns selbst, um unseren eigenen inneren Frieden.

Jede Beziehung – beruflich wie privat – beruht auf bewussten oder unbewussten Vereinbarungen, Glaubenssätzen und Verhaltensregeln, auf kulturellen Werten und Normen, die entweder verbal vereinbart oder unterstellt werden und Auskunft darüber geben, wie wir uns in bestimmten Situationen verhalten sollen. »Wir gehen fair und ehrlich miteinander um« oder »Wir sprechen Probleme, Konflikte offen an« sind dafür Beispiele.

Wird nun vom Partner eine für uns wichtige Regel, somit eine grundlegende Grenze, absichtlich oder unbeabsichtigt gebrochen, so wird dies von uns als empfindliche Störung des Gleichgewichts, als Vertrauensbruch und massive Verletzung erlebt. Der andere hat in unseren Augen etwas Wesentliches falsch gemacht. So war das von uns nicht vorgesehen und hätte demzufolge nicht passieren dürfen! Dennoch ist es passiert! Er soll seinen Fehler, sein Vergehen zugeben, bereuen und uns um Verzeihung bitten! Darauf können wir manchmal lange warten, denn der andere sieht die Situation in aller Regel anders als wir!

Verzeihen ist ein Prozess, der in unserem Inneren geschehen muss, besonders dann, wenn der andere nicht mehr erreichbar ist, wenn wir jeglichen Kontakt zu dieser Person abgebrochen haben oder wenn es ausschließlich uns selbst betrifft. Wenn es sich jedoch um Beziehungen handelt, die wir fortführen wollen, so ist es wichtig, mit dem anderen auch über unsere Verletzungen und seine Grenzüberschreitung zu sprechen, damit der andere weiß, dass sein Verhalten für uns absolut nicht in Ordnung war. Damit machen wir uns selbst erneut verletzlich.

Verzeihen ist keine einfache, aber eine lohnenswerte, lebenslange Lernaufgabe auf dem Weg des persönlichen Reifens. Wir können dies als aktiven Entwicklungs-, Loslösungs- und Heilungsprozess verstehen, bei dem wir zunehmend die Selbstverantwortung für unser eigenes Denken, Fühlen und Handeln übernehmen. Wir sind durch das Verzeihen bereit, mit dem Rechthaben und unseren Forderungen, dass der andere unbedingt das tun muss, was wir wollen, aufzuhören, und verzichten bewusst auf unsere Vorwürfe, unsere Rachegedanken. Wir springen dabei über unseren eigenen Schatten, obwohl uns übel mitgespielt wurde. Vergeben fängt bei uns selbst an und ist die Verarbeitung eines verletzenden Ereignisses. Wir anerkennen, dass dieses für uns schlimm, traurig, verletzend war *und* dass wir selbst uns nicht anders verhalten konnten. Wir anerkennen, dass auch der andere aus dessen Sicht nicht anders handeln konnte, sonst hätte er es ja getan! Anstatt den anderen weiter zu verurteilen, ihn auf seine Tat zu reduzieren und als Sündenbock für das eigene Leid zu stempeln, können wir – bestenfalls – sehen, dass der andere auch ein Mensch ist, ein Mensch, der einen schwerwiegenden Fehler gemacht hat. Wir begreifen, dass wir alle Menschen sind, die jemand anderen verletzen können, können Verständnis für beide Seiten entwickeln, uns von den eigenen festgefahrenen Urteilen lösen und unsere Verletzungen heilen. Wenn wir aus tiefstem Herzen – nicht nur vom Verstand aus – vergeben, sind wir frei.

Im Vergebungsprozess bemerken wir, dass wir die verletzende Situation immer wieder ins Gedächtnis gerufen haben. Dadurch können wir unseren eigenen Anteil an der Aufrechterhaltung der

Verletzung sowie des Leidens bewusst wahrnehmen. Wir gewinnen Abstand dazu, können die vergangene Situation annehmen und loslassen. Unser Gesichtsfeld erweitert sich, und wir entdecken dabei, dass nach vielen trüben Tagen auch die Sonne wieder scheint.

Der Verlauf des Verzeihens kann recht vielschichtig sein, und bis man sich und/oder dem anderen innerlich wirklich verziehen hat, kann es lange dauern. Wenn wir verziehen haben, merken wir daran, dass wir keine negativen Gefühle mehr entwickeln, wenn wir an die damalig kränkende Situation denken. Wir sind dem anderen wieder wohlwollender gesonnen und können uns mit ihm versöhnen. Doch das gelingt nicht immer. In solchen Fällen gilt es, Verständnis und Mitgefühl für uns selbst zu entwickeln und uns auch damit auszusöhnen.

Was Vergeben und Verzeihen nicht bedeuten

Verzeihen und Vergeben heißt nicht Vergessen.

Es bedeutet auch nicht, ein Verhalten, eine Tat zu verharmlosen oder zu entschuldigen.

Vergeben und Verzeihen bedeuten weder, dass wir eine Handlung gutheißen oder dem anderen für sein Verhalten Absolution erteilen und ihm einen Freibrief für seine Tat ausstellen!

Warum fallen uns Vergeben und Verzeihen so schwer?

- Wir haben das Gefühl, dass die Tat so schwer wiegt, dass es »niemals möglich ist, dem anderen zu verzeihen«.

- Wir warten darauf, dass der andere den ersten Schritt macht, schließlich hat dieser doch eine Regel schwer verletzt.

- Oder wir tun nur so, als ob wir dem anderen alles vergeben und verziehen haben, um unser Gesicht zu wahren, um uns ja nicht angreifbar zu machen oder verletzt zu werden.

- Wir halten Vergeben und Verzeihen für eine Schwäche und haben Angst, dass der andere dann unsere Gutmütigkeit ausnutzen und sein grenzüberschreitendes Verhalten wiederholen kann.

Letztlich geht es beim Verzeihen immer um uns selbst. Verzeihen wir nicht, leben wir weiter mit unseren inneren Wunden und unseren Ressentiments uns selbst und anderen gegenüber. Wer nicht vergeben kann, verbittert und sperrt die Türen zur Verbindung mit anderen und zur Lebensfreude zu. Wir bleiben an die Vergangenheit und den Übeltäter gebunden, wie dies Beispiel zeigt.

> *»Ich konnte meinem früheren Partner lange nicht verzeihen«, erzählte Max, Geschäftsführer einer kleinen Softwareberatung. »Ich habe ihm voll vertraut, hatte er doch immer wieder davon gesprochen, wie wichtig ihm Partnerschaft und Ehrlichkeit seien. Nachdem ich ihm die Firma abgekauft hatte, habe ich festgestellt, dass er mich all die Jahre unserer gemeinsamen Arbeit finanziell betrogen hat. Wie konnte ich so dumm sein und seinen Worten vertrauen? Ich hätte mich selber auch mit der Buchhaltung beschäftigen sollen, doch das lag damals nicht in meinem Arbeitsbereich«, sagte Max erregt. Er quälte sich auch noch nach sieben Jahren mit diesen Gedanken. Jedes Mal, wenn er daran dachte oder darüber sprach, kochte die alte Wut in ihm hoch und vergiftete seinen inneren Frieden. Er dachte nur noch an seinen ehemaligen Partner und dessen unfaires Verhalten.*

Bei genauerer Betrachtung können wir zwei Seiten feststellen:

1. Die Seite des Partners, der Max jahrelang finanziell über den Tisch gezogen hat, die Werte einer ehrlichen Partnerschaft missbraucht und einseitig für seine Zwecke genutzt hat.

2. Max, der gekränkt ist und sich selbst nicht verziehen hat, dass er den Worten seines früheren Partners vertraut hat, sie für bare Münze genommen und daher dessen Buchhaltung nie

infrage gestellt hat. Sein eigener Anteil an der Situation war seine Vertrauensseligkeit gewesen.

Natürlich kann man die Wut von Max verstehen. Wer will schon gerne übers Ohr gehauen werden? Doch er trägt seine Wut nun schon seit sieben Jahren in sich, und er kann auch die nächsten sieben Jahre seinem Partner die Schuld am eigenen Schmerz geben. Das steht ihm frei. Wenn er sich von seiner Wut und all den anderen unliebsamen Begleitgefühlen lösen will, muss er lernen, die Verantwortung für sein Denken und Fühlen zu übernehmen, und sich selbst wie auch seinem Partner verzeihen.

Wer verletzt wurde, schiebt die Schuld oft dem anderen zu. Damit gibt er seine Macht ab und fühlt sich selbst ohnmächtig. Er betrachtet den anderen als Täter und sieht sich als Opfer, dem etwas angetan wurde – einmalig oder immer wieder –, und läuft damit Gefahr, an die Vergangenheit gebunden sowie in Ärger und Leid stecken zu bleiben.

Vergeben und Verzeihen ist die letzte Hürde für ein erfülltes Leben und achtsame Kommunikation. So ist es uns möglich, die unterbrochene Verbindung zum anderen wiederherzustellen und die Beziehung – beruflich wie privat – auf neue Beine zu stellen.

> Solange du dem anderen sein Anderssein nicht verzeihen kannst, bist du noch weit weg vom Weg der Weisheit.
>
> Chinesisches Sprichwort

Ein Seminarteilnehmer erzählte mir folgende Geschichte:

Eines Tages kommt ein Schüler zu seinem Meister mit dem Anliegen, dass er anderen Menschen bestimmte Dinge einfach nicht verzeihen könne. Er würde immer wieder daran denken und sich darüber ärgern, sein Seelenfrieden sei zutiefst gestört. Da schaute ihn der Meister an und sagte:

»Hol dir einen Kartoffelsack, Kartoffeln und ein Messer. Für jede Tat, die du einem anderen oder dir selbst nicht verziehen hast, ritze bei einer Kartoffel dessen Anfangsbuchstaben ein und stecke sie in den Sack. Wo immer du auch hingehst, trage diesen Sack eine Woche lang mit dir. Danach komme wieder und berichte.«

Der Schüler tat wie ihm geheißen. Immer wieder ritzte er Anfangsbuchstaben in eine Kartoffel und steckte sie in den Sack. Dieser wurde immer schwerer, es war mühsam und unangenehm, so viel Gewicht mit sich zu schleppen. Nach einer Woche erschien er bei dem Meister mit seinem Sack auf dem Rücken und stellte diesen unter Ächzen ab. Der Schüler sah angestrengt, abgekämpft und müde aus.

»Nun«, fragte der Meister, »welche Erfahrungen hast du mit den Kartoffeln und dem Sack gemacht?«

Hörbar atmete der Schüler aus. »Der Sack wog schwer«, begann er. »Ich musste ihn immer wieder absetzen, und er verbreitete zunehmend einen üblen Gestank.«

Der Meister nickte.

»Schließlich machten die Leute einen Bogen um mich, weil sie mein Gestöhne und den Geruch nicht ertragen konnten. Am liebsten hätte ich den Sack irgendwo abgestellt und wäre ohne Sack weitergegangen.«

Wieder nickte der Meister. »Was lernst du nun daraus?«

Der Schüler zuckte mit den Schultern und schaute den Meister fragend an.

Nach einer langen Nachdenkpause teilte der Meister mit: »Ganz einfach: Wer nachtragend ist, hat viel zu schleppen. Wenn du den Sack leerst, dann bist du frei.«

Wer nicht verzeiht, hat viel zu tragen! Wenn Sie nicht vergeben, dann schaden Sie sich letztlich selbst. Sie bleiben in Ihrem verletzten Stolz, im Rechthaben, in Ressentiments gefangen, halten an Urteilen über vergangene Situationen fest und können darüber krank werden. Verzeihen ist daher für uns selbst wichtig, für unser eigenes Wohlbefinden, für unsere eigene Gesundheit.

VERGEBEN UND VERZEIHEN

Wenn wir vergeben, dann

- lassen wir alte Verletzungen und Kränkungen los.

- können wir unliebsame Gefühle integrieren und »alte Geschichten« abschließen.

- lösen wir uns von dem anderen und finden zu unserer inneren Kraft und Energie zurück.

- fühlen wir uns wieder verbunden, erleben inneren Frieden und sind »bei uns«.

- werden Selbstwertgefühl und Selbstachtung gestärkt.

- können wir Situationen, Menschen und uns selbst unter neuen Blickwinkeln betrachten und können zu einem neuen vertrauensvollen Miteinander finden.

- sind wir frei *von* der Vergangenheit und frei *für* die Gegenwart.

Aus der »Forgiveness-Forschung« ist bekannt, dass Verzeihen sich auch körperlich messbar auswirkt. Es senkt die Ausschüttung des Stresshormons Cortisol und wirkt positiv bei Rückenschmerzen und Depressionen.

Wirkliche Vergebung ist ein Weg zu innerer Freiheit und eine Rückkehr zur Liebe.

Wie können wir vergeben?

Fragen Sie sich im Vorfeld:

- Was bedeutet »Vergeben« für mich?
- Warum ist es für mich wichtig, mir selbst und anderen zu verzeihen?

- Welches konkrete Verhalten eines anderen konnte ich bisher nicht verzeihen?
- Was haben Sie sich selbst noch nicht verziehen?
- Bin ich bereit, mich meinem Schmerz zu stellen, *ohne* wegzulaufen oder diesen zu bekämpfen?
- Bin ich bereit, auf meine Urteile und meine Erwartungen an andere zu verzichten?
- Bin ich wirklich bereit, mir selbst zu verzeihen und mich von der Vergangenheit zu lösen?

Übung
UM VERZEIHUNG BITTEN

Manchmal kränken wir andere Menschen und fügen ihnen Leid zu. Wir sind manchmal übergriffig, treffen nicht den richtigen Ton im Gespräch oder verletzen die Glaubenssätze und Erwartungen anderer. Auch wir machen unbeabsichtigt Fehler, sodass es an uns liegt, uns beim anderen zu entschuldigen und um Verzeihung zu bitten. Hier helfen fünf Schritte:

○ Positiver Beginn: »Ich möchte gerne mit dir noch mal über X sprechen.«

○ Benennung der Situation. »Ja, ich habe in der Situation X gesagt/getan.«

○ Benennung der Gefühle des anderen: »Ich habe bemerkt, dass dich mein Verhalten verletzt hat.«

○ Bitten um Verzeihung: »Das tut mir leid. Bitte, verzeihe mir.«

○ Positiver Abschluss: »Es liegt mir so viel an unserer Beziehung.«

Es ist eine Herausforderung, sich eigene Fehler einzugestehen, sie zu akzeptieren und weiter wertschätzend mit sich selbst und dem anderen umzugehen. Doch hier hilft das Wissen: Sie haben zu dem jeweiligen Zeitpunkt so gut gehandelt, wie es möglich war. Sie haben *immer* Ihr Bestes gegeben. Erst im Nachhinein stellt sich manchmal etwas als Fehler heraus. In der jeweilig gegenwärtigen Situation selbst können Sie gar keinen Fehler machen, eben weil Sie *jetzt* – zum gegenwärtigen Zeitpunkt – immer so gut handeln, wie Sie handeln können.

Wenn Sie um Verzeihung bitten, haben Sie keine Garantie, dass der andere dies annimmt. Wichtig aber ist, dass Sie es ehrlich meinen, denn der andere spürt dies. Verzeihen ist zudem verbunden mit dem Versprechen, sich zu verändern. So können Sie an den eigenen Schwachpunkten arbeiten und über bisherige Verhaltensweisen hinauswachsen, dennoch kann es immer wieder passieren, dass Sie andere verletzen.

Es gibt verschiedene Möglichkeiten zur inneren Vergebung:

1. Sie können einen Brief schreiben

Manchmal wurden Sie von einem Menschen sehr verletzt. Vielleicht haben Sie keinen Kontakt mehr zu ihm – oder er ist schon verstorben. Schreiben Sie ihm einen ehrlichen, offenen Brief.

○ Denken Sie an die Person, während Sie den Brief schreiben.

○ Schreiben Sie alle Vorwürfe auf, die Sie mit der Person verbinden, auch alle unerfüllten Sehnsüchte, Bedürfnisse und Wünsche.

○ Erlauben Sie sich, alle Gefühle wahrzunehmen und aufzuschreiben – Trauer, Wut Hass, Ohnmacht, Liebe, Freude, Angst, Schmerz …

○ Schreiben Sie genau auf, welche Situationen Sie verletzt haben, zum Beispiel: »Ich verzeihe dir nicht, dass du mich in der Situation X allein gelassen hast.«

○ Nehmen Sie nicht wertend wahr, wie Sie körperlich darauf reagieren, während Sie dies schreiben.

Wenn Sie den Brief fertig geschrieben haben, können Sie den Brief abschicken oder Sie verbrennen ihn in einem feierlichen Ritual und sehen zu, wie sich Ihre Verletzungen in Rauch auflösen.

2. In sieben Schritte zum inneren Verzeihen

Vorübung: Erinnern Sie sich als Erstes an Ihre inneren Kraftquellen und laden Sie sich damit auf, sodass Sie sich gut fühlen.

○ Denken Sie nun an ein auslösendes Ereignis, in welchem Sie von einem anderen Menschen verletzt wurden.
Stellen Sie sich die Situation konkret vor. Sehen Sie diese mit etwas Abstand wie in einer filmischen Szene vor sich ablaufen. Wo hat die Situation stattgefunden, und wer war dabei? Was war der kritische auslösende Faktor? Was hat der andere gesagt/getan? Wie haben Sie darauf reagiert? Wie haben Sie sich dabei gefühlt und körperlich empfunden?

○ Nun geht es darum herauszufinden, wodurch Sie sich so verletzt gefühlt haben. Welche Ihrer alten Muster – Glaubenssätze, Erwartungen oder Wünsche, Werte und Normen – hat der andere in dieser Situation verletzt? Was hätte der andere auf keinen Fall tun dürfen? Welche Ihrer Bedürfnisse wurden missachtet?

○ Erlauben Sie sich, Verständnis für sich selbst zu haben, mitzufühlen und anzuerkennen, dass die Situation für Sie kränkend war. Erkennen Sie nun Ihren eigenen Anteil, wodurch Sie die Verletzung aufrechterhalten (zum Beispiel durch wiederholtes Gedankenkreisen). Übernehmen Sie jetzt die Verantwortung für Ihre Gedanken und Gefühle, auch wenn das nicht leichtfällt.

○ Denken Sie nun an den anderen – dieser schaut mit seiner eigenen Brille in die Welt. Erkennen Sie dabei, dass der andere das Recht hat, so zu handeln, wie er handeln will, auch wenn er Ihre Werte und Normen verletzt hat und Ihnen das ganz und gar nicht behagt.

○ Lösen Sie sich nun von Ihren inneren Bewertungen und anerkennen Sie, dass Sie und der andere – dass Sie beide nicht anders handeln konnten, und anerkennen Sie, dass die Situation so war, wie sie war. »Die Situation war, wie sie war. Ich akzeptiere und liebe mich so, wie ich bin.«

○ Verzeihen Sie sich selbst, dass Sie reagiert haben, wie Sie in der Situation reagiert haben. Verzeihen Sie dem anderen, dass er aus seinen eigenen Gründen – die Sie nicht wissen können – so gehandelt hat, wie er gehandelt hat.

○ Danken Sie sich dafür, dass Sie diese Übung bis zum Abschluss gemacht und dabei alle möglichen Gefühle und Gedanken durchlebt haben. Und danken Sie dem anderen. Durch ihn haben Sie eine neue Einsicht gewonnen, etwas über sich gelernt und können nun die *ganze* Situation verstehen.

Gerade bei tieferen Verletzungen ist es sinnvoll, diese Übung wiederholt durchzuführen, um jedes Mal ein Stückchen mehr Abstand und Freiheit zu gewinnen.

3. Ho'oponopono

In den letzten Jahren wurde die hawaiianische Vergebungsmethode Ho'oponopono in der westlichen Welt bekannt. Ho'oponopono bedeutet »etwas richtig stellen«, »Fehler wiedergutmachen« und »etwas in Ordnung bringen«. Es dient dazu, in Familien und in Beziehungen bei einem Konflikt die Harmonie wiederherzustellen und geistige wie körperliche Krankheiten zu heilen. Durch Gebet, Innenschau, Aussprache, Schuldbekenntnis und Reue, Vergebung sowie Selbstvergebung finden die Menschen ihr inneres Gleichgewicht wieder.

○ Die Methode fußt auf vier einfachen Sätzen, die von Herzen
   gesprochen werden:

   »Es tut mir leid. Bitte verzeih mir. Ich liebe dich. Danke.«

Verzeihung und Bitte kann sich an verschiedene Menschen richten,
wobei man sich die betreffende Person im Geist vorstellt oder das
Ritual mit einer nahestehenden Person live durchführt.

Dabei stellt sich derjenige ehrlich der Wahrheit einer Situation, ohne
auszuweichen oder dagegen zu kämpfen, und durchlebt eine Vielzahl unterschiedlicher unliebsamer Emotionen und findet schließlich seinen inneren Frieden.

> Die empfangene Ungerechtigkeit zu verzeihen bedeutet,
> sich selbst die Wunde seines Herzens zu heilen.
>
> Vinzenz von Paul (1581–1660)

Die Kraft der Selbstbestimmung – dynamische Balance von Ja und Nein

> Du bist auf dieser Welt, um deine Melodie zu
> singen, um deinen Tanz zu tanzen. Du bist auf
> der Welt, um dein Bild zu malen und deinen
> Weg zu gehen. Tu es und warte nicht darauf,
> bis andere dir die Erlaubnis dazu erteilen.
>
> Gabi Pörner

Sie haben in Ihrem Leben viele Erfahrungen gemacht und sind beim Durcharbeiten dieses Buches einen weiten Weg gegangen. Sie haben die vielen Puzzleteile in die Hand genommen und zu einem Bild zusammengefügt. Dabei mag es bei einzelnen Teilen leicht, bei anderen herausfordernd gewesen sein, sie einzuordnen. Manche haben sich ähnlich gesehen und waren doch anders.

Sie können nun Ihre Kraftquellen aktivieren, innere Bremsen lösen und lebenserweiternde Glaubenssätze entwickeln. Sie haben erprobte Kommunikationsmethoden kennengelernt und wissen, wie Sie selbstbewusst Nein sagen und sich erfolgreich abgrenzen können. Natürlich gibt es immer wieder Rückfälle in alte Denk- und Verhaltensmuster, sie gehören dazu und sind in Wahrheit ein Motivationstest für Ihre eigene Entwicklung. Sie haben erfahren, warum Sie früher zu viel gegeben und zu wenig bekommen haben, und wissen heute, wie wichtig es ist, immer wieder innezuhalten, auf sich selbst zu hören, die eigenen Bedürfnisse und Ziele ernst zu nehmen und sich dafür einzusetzen. Sie können jetzt freundlich, aber sicher Nein sagen und bewusst mit gutem Gefühl Ja sagen. In beiden Fällen stehen Sie zu dem, was Sie sagen. Ihr klares Nein ist dann ein Ausdruck Ihrer inneren Klarheit, Kraft und Stärke, ein Ausdruck Ihrer Individualität genauso wie Ihr bewusst ausgesprochenes Ja.

Jetzt können Sie je nach Situation selbstbestimmt Ja zu Ihrem Ja sagen und können mit gutem Gewissen Nein sagen. Sie können dadurch neugierig über Ihre bisherigen Grenzen hinauswachsen, sich so zeigen, wie Sie sind, und sich weiterentwickeln, aber auch rechtzeitig sich selbst und anderen Grenzen setzen. So bleibt Ihre Integrität gewahrt, und der Austausch von Geben und Nehmen, von Nähe und Distanz befindet sich in einer dynamischen Balance. Sie gewinnen durch Ihre Klarheit weiter an Profil, Kontur und Sicherheit. Mit jedem bewusst gesagten Ja oder Nein. Dadurch wissen andere Menschen im Berufs- und Privatleben, woran sie mit Ihnen sind. Vertrauen, Selbstachtung und Selbstwertgefühl steigen

Nein sagen will gelernt sein! Ja sagen auch!

Wer selbstbewusst Nein sagen und sich abgrenzen kann, kann auch Ja sagen – Ja zu sich – und mit anderen in Verbindung treten. Er anerkennt (manchmal schweren Herzens), dass andere Menschen anders denken und handeln, und weiß, dass niemand perfekt ist, nicht mal er selber! Er sagt auch Ja zu seinen Stärken wie zu eigenen persönlichen Begrenzungen, sagt Ja zu den Schicksalsschlägen, denn wenn er Nein sagen würde, wären sie trotzdem da.

So führt ein bewusst gesagtes Nein und Ja letztlich zur Akzeptanz des Lebens selber – zum großen JA zum Leben.

Jetzt geht es um Sie, um die Qualität Ihres Lebens – und die bestimmen Sie selbst! Sie sind die Hauptperson Ihres Lebens – es kommt auf Sie an! Ihre Stimme zählt. Erlauben Sie sich, Ihr eigenes Leben zu leben und zu tun, was Sie für stimmig halten. Sie müssen nicht darauf warten, bis andere Ihnen die Erlaubnis geben. Ich wünsche Ihnen dazu viel Kraft, Ausdauer und Freude!

Und wenn Sie mir Ihre Erfahrungen schreiben oder an einem Training zum Thema »Nein sagen will gelernt sein« teilnehmen wollen, so freue ich mich darüber. Meine Mailadresse:

Welcome@Tim-Training.de

Danksagung

Beim Schreiben dieses Buches habe ich mich an viele Menschen erinnert, die mich auf meinem Weg begleitet haben. Ich danke ihnen allen.

Zuallererst bin ich meiner Mutter dankbar. Sie hat mir die Augen für die kleinen alltäglichen Wunder geöffnet und mich Dankbarkeit gelehrt. Ich bin in Dankbarkeit all meinen Lehrern und Lehrerinnen verbunden, durch die ich hinderliche Glaubenssätze und unrealistische Erwartungen wahrnehmen konnte, auch wenn dies nicht immer einfach war. Mein Dank gilt auch allen Trainings- und Coachingteilnehmern, durch deren Offenheit, Ehrlichkeit und Vertrauen ich vieles lernen durfte. Bedanken möchte ich mich bei meinen Freunden, die mich während des Schreibens geduldig unterstützt und Verständnis gezeigt haben, wenn ich immer wieder Nein zu ihren Einladungen gesagt habe.

Mein besonderer Dank gilt Michael Görden, der mich zu diesem Buch inspiriert hat, sowie Frau Stuhldreier und Frau Jänisch für ihre wunderbare hilfreiche und liebevolle Betreuung. Danke.

Gabi Pörner

Literatur

Almaas, A.H., *Essentielles Sein, die Bedeutung des Lebens*, Arbor-Verlag, Freiamt 2000

Bauer, Joachim, *Prinzip Menschlichkeit, Warum wir von Natur aus kooperieren*, München 2010

Boroson, Martin, *One moment meditation. Stille in einer hektischen Welt*, Kamphausen, Bielefeld 2012

Brown, Brene, *Die Gaben der Unvollkommenheit. Leben aus vollem Herzen*, Kamphausen, Bielefeld 2012

Brown, Byron, *Die Befreiung vom inneren Richter, die Intelligenz der Seele erkennen*, Kamphausen, Bielefeld 2002

Dilts, Robert, *Die Veränderung von Glaubenssystemen, NLP-Glaubensarbeit*, Junfermann, Paderborn 2010

Dyckhoff, Katja; Westerhausen, Thomas, *NLP-Master-Handbuch, 2002*

Ellis, Albert, *Grundlagen und Methoden der rational-emotiven Verhaltenstherapie*, Klett-Cotta, Stuttgart 1997

Eichinger, Uschi; Hofmann, Kyra, *Der Burnout-Irrtum. Ausgebrannt durch Vitaminstoffmangel*, systemed, Lünen 2012

Ferdinand Falkenberg, *Das Burnout-Syndrom bei Lehrkräften*, Grin Verlag, München 2008

Fromm, Erich, *Die Furcht vor der Freiheit*, dtv, München 2008

Glasl, Friedrich, *Konfliktmanagement. Ein Handbuch für Führungskräfte, Beraterinnen und Berater*, Freies Geistesleben GmbH, Stuttgart 2004

Jaermann, Claude, *Burnout-Irrtum*, Zeitschrift Spuren, Winter 2013, S. 48–51

Kraaz von Rohr, Ingrid, Pörner, Gabi, *Das Phönix Prinzip*, Allegria, Berlin 2012

Lucas, Marsha, *Schalten Sie Ihr Gehirn auf Liebe. Erfüllende Beziehungen durch Achtsamkeitsmeditationen*, J. Kamphausen Verlag, Bielefeld 2013

Martin, Manfred; Pörner, Gabi, *Das gesunde Unternehmen, Body-Mind-Management, die neue Stufe der Unternehmensevolution*, Langen-Müller, München 1999

Neff, Kristin, *Selbstmitgefühl, Wie wir uns mit unseren Schwächen versöhnen und uns selbst beste Freunde werden*, Kailash, München 2012

O'Connor, Joseph; Seymour, John, *Neurolinguistisches Programmieren, Gelungene Kommunikation und persönliche Entfaltung*, Vak-Verlag, Freiburg 2010

Osho, *Bewusstsein, Beobachte, ohne zu urteilen*, Allegria, Berlin 2004

Osho, *Der Mut, Du selbst zu sein*, Allegria, Berlin 2005

Pörner, Gabi, *Lebe Deine Vision; Lebe Deine Freude; Lebe den Augenblick; Lebe Deine Liebe* (Geschenkbücher mit Aphorismen), Ars Edition, München 2005

Reddemann, Luise; Wetzel, Sylvia, *Der Weg entsteht unter deinen Füßen. Achtsamkeit und Mitgefühl in Übergängen und Lebenskrisen*, Kreuz-Verlag, Freiburg 2012

Robbins, Anthony, *Das Robbins Power Prinzip. Wie Sie Ihre wahren inneren Kräfte sofort einsetzen*, Allegria, Berlin 2004

rueetschli.net/wp-content/uploads2012/02/antreiber.pdf

Schmidt, Gunther, *Burnout-Kompetenz – Chance für optimale Lebensbalance*, ManagerSeminare Verlags GmbH, 2011

Spitz, René, *Vom Säugling zum Kleinkind. Naturgeschichte der Mutter-Kind-Beziehungen im ersten Lebensjahr*, Klett-Cotta, Stuttgart, 5. Auflage 1976

Smith, Manuel, *Sag Nein ohne Skrupel. Die neue Methode zur Steigerung von Selbstsicherheit und Selbstbehauptung*, mvg, München 2010

Tulku, Tarthang, *Aus dem Herzen gesprochen, Weisheiten eines tibetischen Lama für Menschen aus dem Westen*, Dharma Publishing, Köln 2007

Thich Nhat Hanh, *Das Wunder der Achtsamkeit*, Theseus, Berlin 1988

Ware, Bronnie, *5 Dinge, die Sterbende am meisten bereuen*. Arkana, München 2013

Wengenroth, Matthias, *Das Leben annehmen. So hilft Akzeptanz- und Commitmenttherapie (ACT)*, Huber, Bern 2008

Wikipedia:
www.e-r-langlotz.de/systemische_familientherapie/familientherapie_texte.php
www.psychologische-praxis.rielaender.de/Literatur/Hospitalismus.pdf
www.frauenzimmer.de › Liebe & Singles

Zinn, Jon Kabat, *Gesund durch Meditation. Das große Buch der Selbstheilung*, Mens-Sana, München 2011

Fußnoten

[1] Vergleiche auch Albert Ellis, *Grundlagen und Methoden der rational-emotiven Verhaltenstherapie*, München 1997.

[2] Siehe *www.rueetschli,net/wp-content/uploads2012/02/antreiber.pdf).*

[3] In Anlehnung an Katja Dyckhoff, *NLP-Master-Handbuch 2002*, S. 46 ff.

[4] Bronnie Ware, *5 Dinge, die Sterbende am meisten bereuen.*

[5] Ferdinand Falkenberg, *Das Burnout-Syndrom bei Lehrkräften*, 2008, S. 84 f.

[6] Wer sich näher damit befassen will: Uschi Eichinger & Katja Hoffmann-Nachum, *Der Burn-out-Irrtum.*

[7] Vgl. Matthias Wengenroth: *Das Leben annehmen. So hilft Akzeptanz- und Commitmenttherapie*, S. 113 f.

[8] Vgl. Ingrid Kraaz von Rohr und Gabi Pörner, *Das Phönix Prinzip.*

[9] Wer sich ausführlich mit Konfliktdynamik beschäftigen will, dem empfehle ich ein Buch von dem bekannten Konfliktforscher Friedrich Glasl, der die Eskalationsstufen eines Konflikts wissenschaftlich untersucht und beschrieben hat.

[10] Vgl. *www.frauenzimmer.de* › *Liebe & Singles.*

[11] Wer mehr darüber wissen will, siehe: *greatergood.berkeley.edu.*

Weitere Informationen

Dr. Gabi Pörner bietet privat Workshops an zu den Themen:

- Nein sagen will gelernt sein! Erfolgreich Grenzen setzen
- Der Phönix-Prozess – konstruktiver Umgang mit Veränderungen *(mit Co-Trainerin)*
- Das Selbstakzeptanztraining (SAT)

Seit vielen Jahren führt sie ihre Trainingsprogramme international erfolgreich für Unternehmen durch. Ihre Schwerpunkte sind:

- Effektive Selbstführung und Veränderungskompetenz
- Persönlichkeitsentwicklung und mentale Stärke
- Inneres Feuer statt Burnout *(zusammen mit Carola Frank)*
- Führungsjahrestrainings
- Grundlagen der Kommunikation

www.Tim-Training.de

Das Rundumpaket für ein erfülltes Leben

INGRID KRAAZ VON ROHR
GABI PÖRNER
Das Phoenix-Prinzip
240 Seiten
€ [D] 8,99 / € [A] 9,30
sFr 12,50
ISBN 978-3-548-74565-7

Ein praktisches Werkzeug, mit dem Sie über Ihre Gedanken- und Gewohnheitsmuster hinauswachsen, Klarheit gewinnen und mit Ihrer wahren Natur in Verbindung kommen können. Sie können antrainierte Perspektiven wechseln, bewusst neue Möglichkeiten für Ihr Leben entwickeln und diese aktiv umsetzen.